当代世界农业丛书

印度尼西亚农业

王勇辉 等 著

中国农业出版社
北 京

图书在版编目（CIP）数据

印度尼西亚农业/王勇辉等著．—北京：中国农业出版社，2021.12

（当代世界农业丛书）

ISBN 978-7-109-28006-9

Ⅰ．①印…　Ⅱ．①王…　Ⅲ．①农业经济－概况－印度尼西亚　Ⅳ．①F334.2

中国版本图书馆 CIP 数据核字（2021）第 039634 号

印度尼西亚农业
YINDUNIXIYA NONGYE

中国农业出版社出版

地址：北京市朝阳区麦子店街 18 号楼

邮编：100125

出版人：陈邦勋

策划统筹：胡乐鸣　苑　荣　赵　刚　徐　晖　张丽四　闫保荣

责任编辑：姚　红

版式设计：王　晨　责任校对：吴丽婷

印刷：北京通州皇家印刷厂

版次：2021 年 12 月第 1 版

印次：2021 年 12 月北京第 1 次印刷

发行：新华书店北京发行所

开本：787mm×1092mm　1/16

印张：16.5

字数：300 千字

定价：88.00 元

当代世界农业丛书编委会

序

| *Preface* |

2018 年 6 月，习近平总书记在中央外事工作会议上提出"当前中国处于近代以来最好的发展时期，世界处于百年未有之大变局"的重大战略论断，对包括农业在内的各领域以创新的精神、开放的视野，认识新阶段、坚持新理念、谋划新格局具有重要指导意义。农业是衣食之源、民生之基。中国农业现代化取得举世瞩目的巨大成就，不仅为中国经济社会发展奠定了坚实基础，而且为当代世界农业发展提供了新经验、注入了新动力。与此同时，中国农业现代化的巨大进步，与中国不断学习借鉴世界农业现代化的先进技术和成功经验，与不断融入世界农业现代化的进程是分不开的。今天，在世界处于百年未有之大变局、世界经济全球化进程深入发展、中国农业现代化进入新阶段的重要历史时刻，更加深入、系统、全面地研究和了解世界农业变化及发展规律，同时从当代世界农业发展的角度，诠释中国农业现代化的成就及其经验，是当前我国农业工作重要而紧迫的任务。为贯彻国务院领导同志的要求，2019 年 7 月农业农村部决定组织编著出版"当代世界农业丛书"，专门成立了由部领导牵头的丛书编辑委员会，从全国遴选了相关部门（单位）负责人、对世界农业研究有造诣的权威专家学者和中国驻外使馆工作人员，参与丛书的编著工作。丛书共设 25 卷，包含 1 本总论卷（《当代世界农业》）和 24 本国别卷，国别卷涵盖了除中国外的所有 G20 成员，还有五大洲的其他一些农业重要国家和地区，尤其是发展中国家和地区。

在编写过程中，大家感到，丛书的编写，是一次对国内关于世界农业研究力量的总动员，业界很受鼓舞。编委会以及所有参与者表示一定要尽心尽责，把它编纂成高质量权威读物，使之对于促进中国与世界农业国际交流与合作，推动世界农业科研教学等有重要参考价值。但同时，大家也切实感到，至今我国对世界农业的研究基础薄弱，对发达国家（地区）与发展中国家（地区）的农业研究很不平衡，有关研究国外农业的理论成果少，基础资料少，获取国外资料存在诸多不便。编委会、各卷作者、编审人员本着认真负责、深入研究、质量第一的原则，克服新冠肺炎疫情带来的诸多困难。编委会多次组织召开专家研讨会，拟订丛书编写大纲、制订详细写作指南。各卷作者、编审人员千方百计收集资料，不厌其烦研讨，字斟句酌修改，一丝不苟地推进丛书编著工作。在初稿完成后，丛书编委会还先后组织农业农村部有关领导和专家对书稿进行反复审核，对有些书稿的部分章节做了大幅修改；之后又特别请中国国际问题研究院院长徐步、中国农业大学世界农业问题研究专家樊胜根对丛书进行审改。中国农业出版社高度重视，从领导到职工认真负责、精益求精。历经两年三个月时间，在国务院领导和农业农村部领导的关心、指导下，在所有参与者的无私奉献、辛勤努力下，丛书终于付梓与读者见面。在此，一并表示衷心感谢和敬意！

即便如此，呈现在广大读者面前的成书，也肯定存在许多不足之处，恳请广大读者和行业专家提出宝贵意见，以便修订再版时完善。

屈欣荣

2021 年 10 月

前　言

|Foreword|

　　印度尼西亚是东南亚最大的国家，全国陆地面积 1 916 906.77 千米²，人口 26 807 万（2019 年）。全国共有 34 个省，有 5 个省级行政区享有特区地位。作为发展中国家，印度尼西亚也是个农业大国。印度尼西亚农业总用地面积 6 230 万公顷（2017 年），位列世界第 12 位，东南亚地区第一位。印度尼西亚有 120 多个活火山，它还是一个多河流国家，长度在 40 千米以上的河流多达 100 余条，这些地质特点决定了印度尼西亚具有肥沃的土地和丰富的农业资源。

　　印度尼西亚由太平洋和印度洋之间约 17 000 个大小岛屿组成，是世界上最大的群岛国家，号称"千岛之国"。作为一个热带国家，印度尼西亚没有春夏秋冬，受季风影响，全年只有旱季和雨季两个季节，年均降水量 2 000 多毫米，这些气候特点使得印度尼西亚农业具有自己的特点，特别适合油棕、橡胶、咖啡和茶叶等的种植与生产。印度尼西亚是世界上最大的棕榈油生产国。印度尼西亚的种植业主要集中在爪哇地区，其次是苏门答腊和苏拉威西，水稻、大豆、玉米、木薯和甘薯的主要种植地区和收获地区均在爪哇。

　　2014 年以来，印度尼西亚政府大力发展基础设施建设，把发展经济和改善民生作为印度尼西亚政府的重点工作。印度尼西亚经济在近几年的增长速度比较快，但总体上，印度尼西亚的基础设施还比较落后，特别是在农村地区，农业生产还主要依靠人力。由于印度尼西亚国民的平均受教育水平不高，农村地区的劳动者素质不高，导致生产效率较低。就整体而言，印度尼西亚的农业生产以家庭为主，属于劳动密集型产业。也正是如此，印度尼西亚农村合作社联合会（Induk KUD）在全国建立起了合作社网络，旨在帮助农业、农村和农民的发展。

随着中国经济发展和"一带一路"的建设，中国与印度尼西亚在农业等领域的合作逐步加深，中国地方政府与企业通过"经济走廊"、产业园区、农产品交易、农作物合作种植等形式，与印度尼西亚开展多种形式的农业产能合作。中国与印度尼西亚农业合作是互惠共赢的，一方面促进了印度尼西亚农业和农村地区的发展，给当地农民增加了就业，并且提高了印度尼西亚农业的科技水平和农民的现代化意识；另一方面，中国成熟的农业技术得以转移，并且使得印度尼西亚成为中国一些原料作物的重要供应国，如 2019 年，印度尼西亚是中国棕榈油最大供应国。随着中国科技水平和综合国力的不断提升，以及中国与印度尼西亚全面战略伙伴关系的进一步推进，双方农业合作将向更广、更深的层面发展。同时，由于中国与印度尼西亚存在社会体制、文化习俗、法律体系等诸多差异，双方农业合作也存在许多挑战，这需要政府、企业和相关个人做更多细致的工作，深入了解印度尼西亚的国情，评估相关投资合作的实际情况，尽量降低投资合作风险。

本书是团队共同努力的结果。我们在 2020 年新冠疫情暴发伊始，坚持每半个月以网络会议的形式讨论稿件，其中有些部分的资料非常少，比如"印度尼西亚农业政策""印度尼西亚农业科技与推广体系"等部分，写作难度比较大。

本书由华中师范大学政治与国际关系学院王勇辉老师负责全书框架的拟定并参与全书各章的撰写和修改，其余主要参与撰写者具体分工情况如下：第一、二章靳思培；第三章靳思培、杜江帆；第四章鲍远洁；第五、六章王雪微；第七章黄翌、王雪微；第八章鲍远洁；第九章杜江帆；第十章鲍远洁、杜江帆。

由于作者水平有限，书中难免存在不足之处，恳请读者批评指正。

王勇辉

2021 年 10 月

目 录

| Contents |

第一章 CHAPTER 1
印度尼西亚地理概况 ▶▶▶

一、地理位置

印度尼西亚位于亚洲东南部，地跨赤道，处于北纬 6°04′30″至南纬 11°00′36″，东经 94°58′21″～141°01′10″，由太平洋和印度洋之间约 17 000 个大小岛屿组成，是世界上最大的群岛国家，号称"千岛之国"[1]。

群岛横跨太平洋和印度洋两大洋、亚洲和大洋洲两大洲，西部与马来西亚、新加坡分守马六甲海峡两岸，北面与菲律宾、南面与澳大利亚隔海相望，东与巴布亚新几内亚和东帝汶、北与马来西亚相接。根据印度尼西亚中央统计局的记录，印度尼西亚全国陆地面积 1 916 906.77 千米^2，2019 年全国人口 26 807 万人[2]，人均国内生产总值 4 135 美元，国内生产总值 1.12 万亿美元[3]。

二、气候条件

印度尼西亚位于赤道附近，是低纬度国家，热带雨林气候，陆地上的温度比较稳定，沿海平原平均温度 28℃，内陆和山区平均温度 26℃，高山地区平均温度 23℃，季节变化对温度的影响不大，也被称为"长夏之国"。全年分雨

---

① 数据来源：Statistik Year Book of Indonesia 2020，印度尼西亚中央统计局，2020 年。
② 数据来源：Statistik Year Book of Indonesia 2020，印度尼西亚中央统计局，2020 年。
③ 数据来源：印度尼西亚中央银行网站，http：//www.bi.go.id/。

旱两季，年平均降水量 2 000 多毫米。全年昼夜变化仅为半小时左右，东西两端时差约 3 小时。

印度尼西亚的岛屿结构和横跨赤道的地理位置，使其全年高温。此外，它位于亚洲和澳大利亚两块大陆之间，使它暴露在季风带来的季节性降水模式中。影响区域温度差异的主要因素是海拔，沿海地区气温最高，海拔 600 米以上的地区温度明显较低，但只有巴布亚的毛克山脉海拔足够高，会有降雪。

印度尼西亚全年的相对湿度在 70%～90%，不同地区的降水差异较大。尽管不同季节或不同地区的气温变化不大，但在海拔较高的地区，较低的气温占主导地位。一般来说，海拔每升高 90 米，气温下降约 1℃，一些高海拔内陆山区会遭遇夜间霜冻。印度尼西亚大部分地区全年降水量较大，最大降水量出现在 12 月至翌年 3 月。而从爪哇中部向东到澳大利亚，旱季 6 月至 10 月的干旱程度越来越明显，帝汶岛和松巴岛在这几个月几乎没有降水。降水量最大的地区是苏门答腊、加里曼丹、苏拉威西和新几内亚西部的山区，这些地区的年降水量超过 3 000 毫米。加里曼丹其余地区、苏门答腊岛、新几内亚西部、爪哇西部和中部以及苏拉威西和马鲁古群岛的大部分地区，每年平均降水量至少为 2 000 毫米。东爪哇岛、巴厘岛、南部和中部的苏拉威西岛，以及帝汶岛，降水量一般在 1 500～2 000 毫米，而距离澳大利亚最近的小巽他群岛只有 1 000～1 500 毫米。印度尼西亚没有通常发生在低纬度地区的强热带气旋，但雷暴很常见[①]。

三、地形特点

印度尼西亚主要由岛屿和海洋构成。根据印度尼西亚中央统计局的记录，印度尼西亚共有大大小小约 17 000 个岛屿（其中约 6 000 个是有人定居的岛屿），其中 13 466 个岛屿在联合国登记了有效坐标。主要岛屿有 7 个，分别是爪哇岛、苏门答腊岛、加里曼丹岛、努沙登加拉群岛、苏拉威西岛、廖内群岛和邦加-勿里洞群岛。加里曼丹岛与文莱和马来西亚共有，新几内亚岛与巴布亚新几内亚共有，帝汶岛与东帝汶共有。

印度尼西亚有 120 多个活火山，还有数百个已灭绝火山。它们沿着该国的

---

① 参见大英百科网站，http://www.britannica.com/place/Indonesia/；印度尼西亚旅游网站，http://www.indonesia.travel/cn/zh-cn/general-information/climate。

外围呈月牙形，穿过苏门答腊和爪哇，直到弗洛勒斯，然后向北穿过班达海，到达与苏拉威西北部火山的交界处。火山喷发并不罕见，位于爪哇中部日惹附近的默拉皮火山经常爆发，对道路、田野和村庄造成广泛破坏，但使土壤更加肥沃[①]。

四、土壤

印度尼西亚的土壤形成离不开气候和烃源岩之间的相互作用。爪哇岛上的岩石主要是安第斯火山岩，而流纹岩主要分布在苏门答腊岛，廖内群岛上主要是花岗岩，加里曼丹是花岗岩和沉积物，新几内亚西部的岩石也主要是沉积物。在潮湿地区的红土含有氧化铁和氢氧化铝，它们的肥力取决于源岩，它们包括厚重的黑色或灰黑色的边缘岩土和石灰岩土，而黑土产于旱季明显的地区。苏门答腊东北海岸的安山岩火山沉积物上的土壤是最肥沃的。爪哇岛和苏拉威西岛上有安山岩火山物质的衍生或富集物，也形成了高度肥沃的土壤。火山灰还会漂浮在河道中，被输送到广阔的灌溉区域。在加里曼丹等一些地区土壤中的矿物质被河流的冲积物取代。

印度尼西亚大部分地区的持续高温和强降水造成土壤快速侵蚀、深层化学风化和淋溶，通常会产生贫瘠的土壤。在加里曼丹等热带雨林覆盖的地区，土壤受到森林的保护，当植物死亡时，它们会迅速分解成被植物吸收的养分。尽管这些土壤适宜耕种，但它们不能支持大量的农业人口，因为砍伐森林打破了生态循环，可能导致土壤加速退化[②]。

印度尼西亚拥有 40% 的热带泥炭地。泥炭地仅占地球表面积的 3%，但其中所含的碳却与地球上所有植被吸收的碳的数量相当，在全球气候调节中起关键作用。世界上约有 15% 的泥炭地由于被用于种植、放牧、林业和取水等用途，已经被排干，出现了长期退化。印度尼西亚棕榈油业的发展对泥炭森林造成威胁，尽管印度尼西亚有上百万公顷的休耕地，但种植商在森林中建立种植园，这样在产出棕榈油之前，可以先把木材卖掉赚钱[③]。

---

① 参见大英百科网站，http://www.britannica.com/place/Indonesia/。
② 参见大英百科网站，http://www.britannica.com/place/Indonesia/。
③ 参见《泥炭沼泽森林在燃烧》，联合国粮农组织 2010 年 2 月 12 日，http://www.dw.com/zh；《粮农组织为开展更深入的泥炭地测绘和监测工作提供指导》，联合国粮农组织 2020 年 3 月 18 日，http://www.fao.org/news/story/zh/item/1266944/icode/。

五、河流湖泊

印度尼西亚是多河流国家，长度在 40 千米以上的河流多达 100 余条，其中巴布亚 28 条，加里曼丹 25 条，爪哇 18 条，苏门答腊 17 条，苏拉威西 12 条。除巴布亚有几条源于雪山的河流外，其他均为雨水河[①]。

平原和沼泽沿狭长的海岸线延伸，这里形成许多湖泊，在山区，多为火山湖。苏门答腊岛上有许多湖泊，其中最著名的是多巴湖，它位于苏门答腊岛北部，海拔约 900 米，面积约 1 140 千米^2。苏拉威西还有几个大而深的湖泊，包括岛南部的托乌蒂湖和马塔玛湖，以及中心的波索湖。

印度尼西亚许多岛屿之间的浅海区域蕴藏着丰富的近海石油、天然气、矿物和海产品资源[②]。

六、动植物

（一）植物

印度尼西亚大约有 40 000 种开花植物，包括 5 000 种兰花，还有世界上最大的花——大王花。有超过 3 000 种树，在印度尼西亚的森林中，木本植物、藤蔓植物非常丰富，数千种植物被直接或间接地用于经济目的。

在印度尼西亚最重要的植被类型是低地和丘陵混合热带雨林，树种丰富，包括高树冠和有扶壁的树木和木质的粗茎藤本植物；附生植物，能从空气中获得营养，通常生活在另一种植物上，如兰花和蕨类植物；腐生植物，以死的或腐烂的物质为生。到了海拔 1 500 米以上地区，森林被温带山地森林所取代，主要是橡树、月桂、茶和木兰属植物。印度尼西亚的另一种典型植被是红树林，红树林是形成呼吸根或支柱根的树木，它们只生长在泥泞海岸的咸水中。红树林沼泽在苏门答腊东部、加里曼丹南部、新几内亚西部和东南部的浅海区域广泛分布。

（二）动物

印度尼西亚位于两个世界主要动物区之间的过渡地带：西部是亚洲的东

[①] 许利平，薛松，刘畅，《印度尼西亚》，社会科学文献出版社，2019 年，第 5 页。
[②] 参见大英百科网站，http://www.britannica.com/place/Indonesia/。

方、东部是澳大利亚和新几内亚。在印度尼西亚西部，亚洲动物群落包括犀牛、猩猩、老虎和大象等哺乳动物。而东部与澳大利亚动物区系有关的动物包括凤头鹦鹉、园丁鸟和天堂鸟等鸟类，以及有袋类动物，如班迪科动物（小型食虫、食草有袋哺乳动物）和尖吻兽（颜色鲜艳、毛茸茸的树栖有袋动物）。

印度尼西亚的许多岛屿都有特有物种，如爪哇孔雀和苏门答腊龙哥鸟。有一种苏门答腊山羊，生活在苏门答腊巴里桑山脉陡峭的山坡上。长鼻猴是加里曼丹特有的一种独特物种，而大型野猪巴比鲁萨和角几乎笔直的小型野牛塔马劳只能在苏拉威西发现。科莫多龙是一种巨大的史前蜥蜴，它有3.7米长，生活在松巴哇和弗洛勒斯之间的两个小岛上。

其中一些特有的物种已经变得极为罕见。例如，大部分稀有单角爪哇犀牛现在只存在于爪哇岛西端的乌戎库隆国家公园。这种濒临灭绝的物种是世界上最受保护的野生动物之一。还有一种濒危物种是红毛猩猩，原产于婆罗洲和苏门答腊，为了防止捕获和屠杀这些动物，印度尼西亚建立了一些红毛猩猩康复中心和项目，并训练那些被关在笼子里的猩猩回到野外。印度尼西亚有一个巨大而多样的昆虫生态，其中包括许多不寻常的物种：巨大的阿特拉斯蛾、月蛾、珍奇的鸟和燕尾蝶等[①]。

七、行政区划

印度尼西亚的行政区划分为省、市和县、区、村和社区四级，省由市和县组成，省、县和市有各自的地方政府和议会机构。全国共有34个省，有8个省在1999年后成立，它们是北马鲁古省、西巴布亚省、万丹省、邦加-勿里洞省、哥伦打洛省、廖内群岛省、西苏拉威西省和北加里曼丹省，有5个省级行政区享有特区地位，它们是亚齐特区、日惹特区、巴布亚省、西巴布亚省和雅加达首都特区。印度尼西亚官方又将各省份划分为7个地理区，它们是苏门答腊、爪哇、加里曼丹、苏拉威西、马鲁古群岛、努沙登加拉群岛和西新几内亚。按地理位置可划分为五个区域，苏门答腊：亚齐特区、北苏门答腊省、西苏门答腊省、廖内省、占碑省、南苏门答腊省、明古鲁、楠榜、邦加-勿里洞

---

① 参见大英百科网站，http://www.britannica.com/place/Indonesia/。

和廖内群岛。爪哇：雅加达特区、西爪哇省、中爪哇省、日惹特区、东爪哇省和万丹省。努沙登加拉群岛：巴厘岛省、西努沙登加拉省和东努沙登加拉省。加里曼丹：西加里曼丹省、中加里曼丹省、南加里曼丹省、东加里曼丹省和北加里曼丹省。苏拉威西：北苏拉威西省、中苏拉威西省、南苏拉威西省、东南苏拉威西省、哥伦打洛省和西苏拉威西省。马鲁古群岛：马鲁古省和北马鲁古省。西新几内亚：西巴布亚省和巴布亚省。

第二节 农业资源

一、农业资源概况

（一）耕地

世界经济合作组织 2017 年数据显示，2017 年，印度尼西亚农业总用地6 230万公顷，居世界第 12 位，东南亚地区第一位；耕地和永久耕地为5 130万公顷，居世界第八位，东南亚地区第一位；永久牧场有 1 100 万公顷，居世界第 16 位，东南亚地区第一位（图 1-1）。

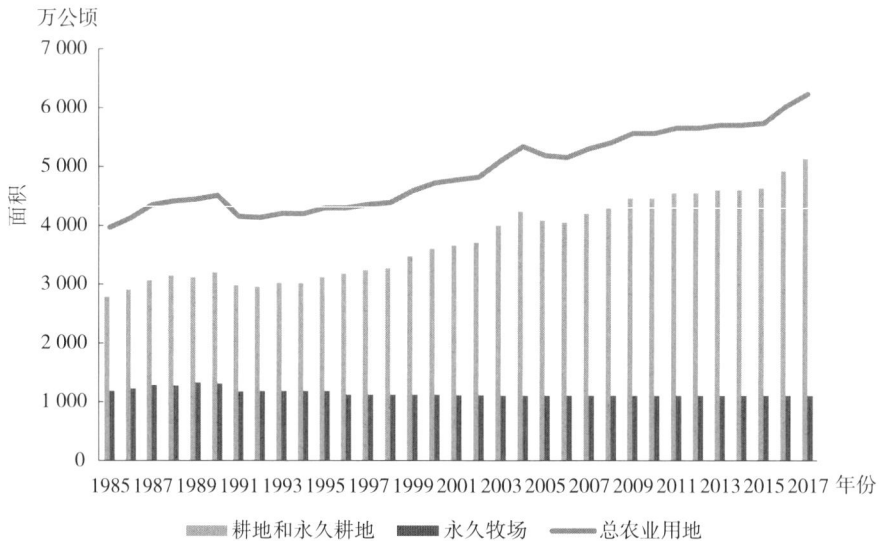

图 1-1 印度尼西亚农业用地情况

数据来源：根据经济合作与发展组织公布的数据整理而作，参见经济合作与发展组织网站，http://www.oecd.org/。

21世纪以来印度尼西亚开始发展有机农业，有机农田面积从2001年的4 000万公顷，增长到2017年的20 804万公顷，居东南亚各国之首。印度尼西亚是以种植业为主的农业大国，拥有的牧场面积和耕地面积均为东南亚第一[①]。

（二）种植园

2019年印度尼西亚按作物类型划分的主要作物的种植面积和产量如表1-1所示。

表1-1　2019年印度尼西亚按作物类型划分的作物种植面积和产量

单位：万公顷、万吨

大型人工林（庄园）			小型人工林（小农）		
年生作物			年生作物		
主要作物	种植面积	产量	主要作物	种植面积	产量
橡胶	43.74	49.79	橡胶	324.61	295.11
椰子	3.29	3.26	椰子	338.04	279.58
油棕　棕榈油	868.89	2 963.75	油棕　棕榈油	603.57	1 622.35
油棕　棕榈仁	—	592.75	油棕　棕榈仁	—	324.47
咖啡	4.25	2.95	咖啡	121.55	73.16
可可	2.6	1.53	可可	157.43	76.88
茶	5.73	8.85	茶	5.15	4.93
丁香	0.87	0.22	腰果	49.52	13.41
			肉豆蔻	23.09	4.39
			胡椒	18.09	8.53
			丁香	56.08	13.28
季节性作物			季节性作物		
主要作物	种植面积	产量	主要作物	种植面积	产量
甘蔗	17.68	93.95	甘蔗	23.29	131.87
烟草	0.01	0.03	烟草	20.47	19.71
			广香	2.14	0.23

数据来源：根据印度尼西亚中央统计局公布的数据整理而作，参见印度尼西亚中央统计局网站，http：//www.bps.go.id/。

印度尼西亚的种植作物经营形式主要划分为：国有庄园、大型私人种植园

---

① 数据来源：经济合作与发展组织网站，http：//www.oecd.org/。

和小农户，按种植规模可划分为大型人工林（庄园）和小型人工林（小农），全国范围更多的种植以小农的形式进行，但在不同产品上表现有差异。橡胶、咖啡、烟草和甘蔗主要由小农种植和供应（图1-2、图1-3）。

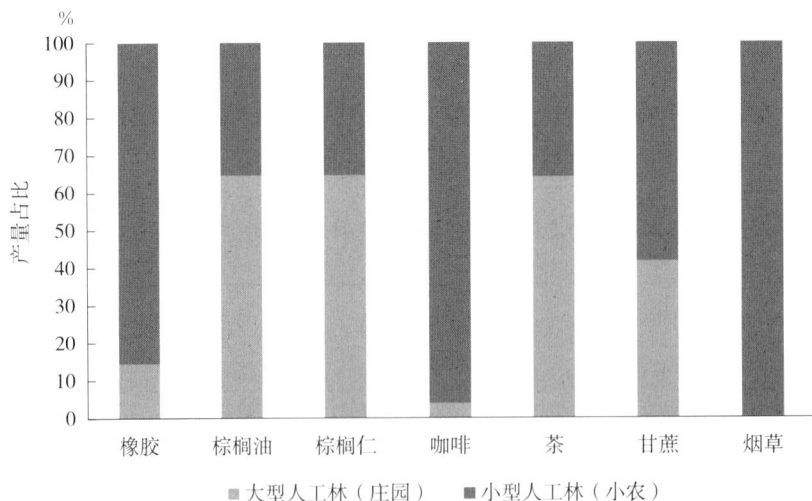

图1-2　2019年印度尼西亚主要作物的庄园和小农种植产量占比

数据来源：根据印度尼西亚中央统计局公布的数据整理而作，参见印度尼西亚中央统计局网站，http：//www.bps.go.id/。

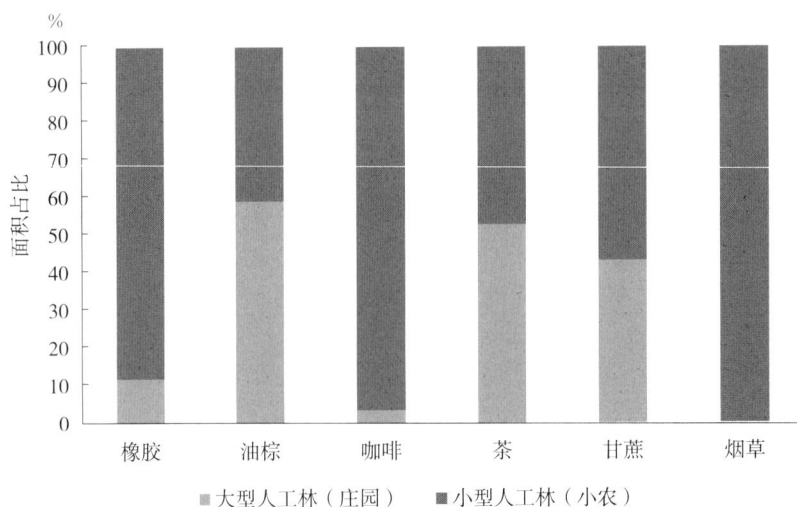

图1-3　2019年印度尼西亚主要作物的庄园和小农种植面积占比

数据来源：根据印度尼西亚中央统计局公布的数据整理而作，参见印度尼西亚中央统计局网站，http：//www.bps.go.id/。

2019年印度尼西亚中央统计局数据显示，全国99.95%的烟草种植以小农形式运作，99.85%的烟草由小农生产；全国96.62%的咖啡由小农种植，96.12%的咖啡由小农生产；88.13%的橡胶由小农种植，85.56%的橡胶由小农生产；56.85%的甘蔗地由小农种植，58.40%的甘蔗由小农生产。油棕和茶的种植与生产则主要由庄园规模种植：2019年印度尼西亚中央统计局数据显示，全国59.01%的油棕种植地属于庄园，并产出全国64.62%的棕榈油和64.62%的棕榈仁；52.67%的茶种植地属于庄园，并产出全国64.22%的茶。

印度尼西亚的大型人工林土地生产率和生产效益普遍高于小农种植。2019年印度尼西亚中央统计局数据计算可得，油棕的大型人工林种植的棕榈油土地生产力是3.41吨/公顷，小农种植的土地生产力是2.69吨/公顷；橡胶的大型人工林种植的土地生产力是1.138吨/公顷，小农种植的土地生产力是0.91吨/公顷；茶的大型人工林种植的土地生产力是1.54吨/公顷，小农种植的土地生产力是0.96吨/公顷；烟草的大型人工林种植的土地生产力是3吨/公顷，小农种植的土地生产力是0.96吨/公顷。但甘蔗的小农种植土地生产力是5.66吨/公顷，高于大型人工林种植的5.13吨/公顷。咖啡作物的两种种植方式土地生产力差别不大，大型人工林种植比小农种植高约0.09吨/公顷。

油棕是印度尼西亚产量最高的经济作物，主要以大规模种植的方式进行，2000年以来油棕种植公司数量远高于其他作物的种植公司且不断增多，从2000年的693家，到2008年首次突破1000家，达到1146家，2018年再次突破2000家，从2017年的1695家扩张到2018年的2165家。其他主要经济作物的种植公司数量均呈减少走势。种植公司数量居第二位的是橡胶公司，2000年以来数量逐渐减少，从453家减少到2019年的329家，始终维持在300家以上。椰子种植公司从2000年的173家减少到2019年的107家，其余主要经济作物的种植公司在2019年均不足百家。

（三）畜牧业公司与养殖场

按资本情况划分，印度尼西亚的畜牧业公司以外资企业为主（表1-2）。自2000年以来，印度尼西亚的畜牧业公司数量大幅减少（表1-3），主要是猪育种公司和饲养公司数量减少，从2000年的52家和320家减少到2019年的6

家和 135 家。

表 1-2　印度尼西亚按资本划分的畜牧业公司数量

资本	奶牛公司		畜牧公司		家禽公司	
	2000 年	2019 年	2000 年	2018 年	2000 年	2018 年
国内资本	—	3	2	5	9	48
国外资本	14	33	21	123	204	346
其他	391	—	455	—	2 076	—
总计	405	36	478	128	2 289	394

注：印度尼西亚中央统计局按牲畜品类将畜牧业公司分为四大部门，其中畜牧公司包含养殖肉牛、水牛、马、绵羊、山羊和猪的畜牧公司。

数据来源：根据印度尼西亚中央统计局公布的数据整理而作，参见印度尼西亚中央统计局网站，http：//www.bps.go.id/。

表 1-3　印度尼西亚按主要生产活动划分的畜牧业公司数量

畜牧业公司	奶牛公司		畜牧公司		肉鸡公司		蛋鸡公司	
	2000 年	2019 年	2000 年	2018 年	2000 年	2018 年	2000 年	2018 年
育种公司	14	1	59	36	20	83	20	46
饲养公司	391	27	419	135	834	103	1 397	144
挤奶公司	—	8	—	—	—	—	—	—
总计	405	36	478	171	854	186	1 417	190

数据来源：根据印度尼西亚中央统计局公布的数据整理而作，参见印度尼西亚中央统计局网站，http：//www.bps.go.id/。

为实现牛肉自给自足，肉牛育种公司从 2000 年的 6 家增加到 2019 年的 26 家，饲养公司从 2000 年的 71 家增加到 2019 年的 109 家。肉牛育种公司和饲养公司的扩张从 2011 年开始初见端倪，当时印度尼西亚政府发布 2010 年至 2014 年牛肉自给自足规划，限制牛肉进口量，大力发展国内肉牛养殖，以期望 2014 年实现牛肉自给自足。

（四）人口与劳动力资源

2019 年印度尼西亚 15 岁及以上的农业从业者 3 811 万人，占各行业就业人数的 29.46%。1992 年前，印度尼西亚的农业从业者的占比维持在 50% 以上，1992 年到 1997 年农业从业者从 4 000 万人减少到 3 500 万人，农业从业者占比从 50% 下降到 40% 左右。此后农业从业者人数波动上升，2003 年达到了 4 200 万人，2006 年开始，农业从业者的占比逐年下降，2009 年首次跌破

40％，2015 年之前维持在 4 000 万人以上，近四年也在 3 800 万人以上（图 1-4）。收入不足是印度尼西亚人选择脱离农业的主要原因。

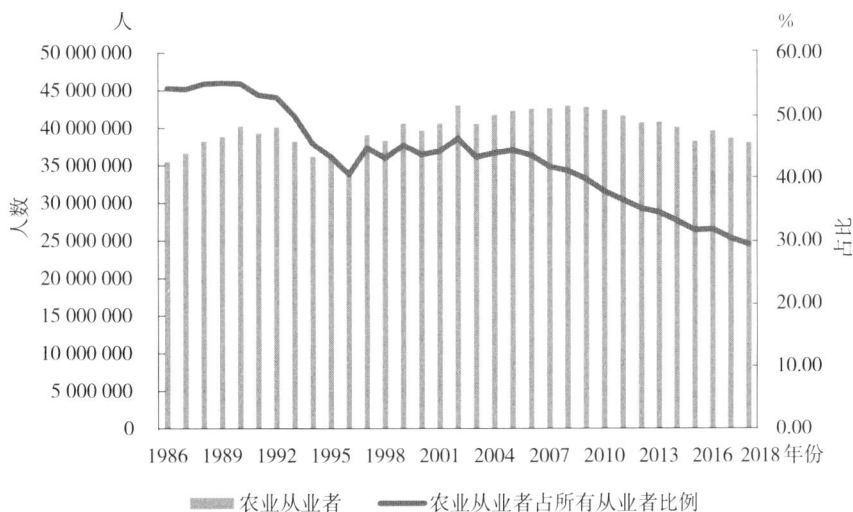

图 1-4　1986—2018 年印度尼西亚 15 岁及以上农业从业者人数及比例
注：印度尼西亚中央统计局统计农业部门范围包括种植业、种植园、林业、畜牧业和渔业。
数据来源：根据印度尼西亚中央统计局公布的数据整理而作，参见印度尼西亚中央统计局网站，http：//www.bps.go.id/。

在印度尼西亚的农业部门中劳工主要以非正式工人的形式从业，据 2018 年印度尼西亚中央统计局统计，印度尼西亚的农业部门非正式工人占比为 88.27％，仅雅加达一省的农业部门非正式工人的百分比在 50％以下，15 个省的非正式工人占比均在 90％以上，其中 4 个在 95％以上：日惹为 95.25％，西努沙登加拉为 96.32％，东努沙登加拉为 97.61％，北马鲁古为 95.51％，巴布亚为 98.31％。

在农业工人创造的农业价值方面，2016 年印度尼西亚农业部门工人创造农业增加值为 1 832 万卢比，比 2015 年增加 0.3％，全国有 19 个省份的农业部门工人创造农业增加值在 1 832～5 332 卢比/人，四个省份人均超过 1 万卢比，排序为：廖内、北加里曼丹、东加里曼丹和雅加达。

按劳动力受教育程度划分，2017 年印度尼西亚 69.55％的 15 岁及以上的农业从业者学历在小学及以下，其中 7.45％的从业者从未上过小学，24.3％的从业者没有从小学毕业，37.8％的从业者为小学学历。15 岁及以上的劳动力，仅有 5.85％的从业者学历为职高或高中及以上（图 1-5）。

人

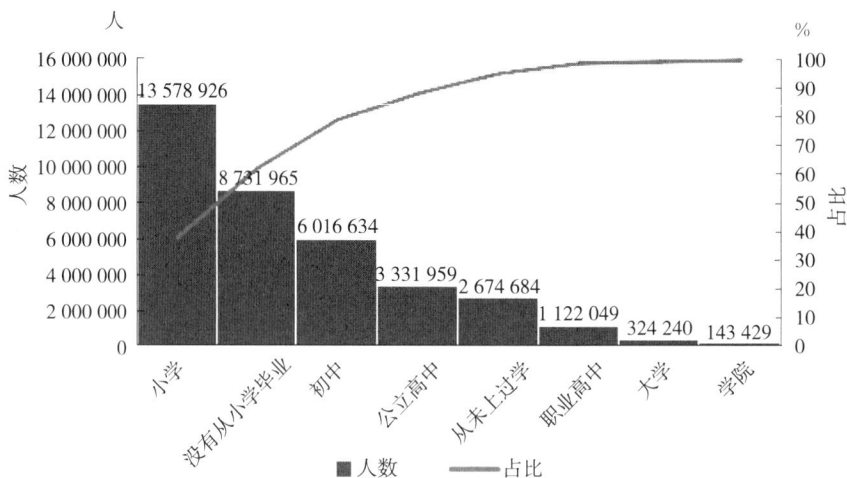

图 1-5 2017 年印度尼西亚 15 岁及以上农业劳动力受教育水平情况
数据来源：根据印度尼西亚中央统计局公布的数据整理而作，参见印度尼西亚中央统计局网站，http://www.bps.go.id/。

二、农业资源的特点

（一）农业资源的地理分布

印度尼西亚的种植业主要集中在爪哇地区，其次是苏门答腊和苏拉威西。粮食作物中水稻、大豆、玉米、木薯和甘薯的主要种植地区均在爪哇。2019年爪哇水稻的种植面积占全国 50.34％，生产了全国 55.54％的稻米；2015年大豆、玉米约 60％的种植地区集中在爪哇，并收获了全国约 60％的大豆和 55％的玉米。苏门答腊是水稻、玉米和木薯的第二大生产地区，是甘薯的第三大生产地区。苏拉威西是大豆的第二大生产地区，稻米、玉米和木薯的第三大生产地区。西新几内亚是甘薯的第二大生产地区，2015年西巴布亚和巴布亚拥有全国 26.02％的甘薯种植地，收获全国 20.02％的甘薯。经济作物的生产相对粮食作物地理分布更为集中，甘蔗和茶的主要生产地在爪哇，2019年 55.82％的甘蔗种植在爪哇地区，并生产了全国 56.73％的甘蔗，55.82％的茶种植在爪哇，并生产全国 82.73％的茶。全国约 60％的油棕、橡胶和咖啡种植在苏门答腊。加里曼丹是第二大棕榈油和橡胶的生产地区。苏拉威西是第二大椰子的生产地区和主要的可可生产地区。印度尼西亚已经实现稻米的自给自足，以玉米为主的杂粮是稻米自足的重要补充。

种植作物的产量主要受种植面积的影响，2016 年以来，接连受自然灾害的打击水稻和玉米的土地生产力有所下降。薯类的土地生产力有比较明显的提高，20 世纪 90 年代木薯的土地生产力约 12 吨/公顷，2015 年提高到 23 吨/公顷。尽管印度尼西亚是油棕和橡胶等热带经济作物的生产大国，但其土地生产力并不高，特别是棕榈油，近十年土地生产力维持在 0.3 吨/公顷，但因为有大面积的种植园而产量大。

印度尼西亚的畜牧业主要集中在爪哇。除了马肉、猪肉和水牛肉之外，家禽的生产也集中在爪哇，供应全国约 95% 的肉类、99% 的鲜奶和 50% 以上的鸡蛋。苏门答腊是鸡肉和牛肉的第二大生产地区，也是鸡蛋的第二大产区。

（二）生产方式以小农为主，生产力低、抵御风险能力弱

印度尼西亚的农业发展水平较低，生产规模较小，以家庭生产为主，属于劳动密集型农业。2018 年印度尼西亚的村庄数量为 83 931 个，约 25% 的村庄被归类为欠发达村庄。2019 年 3 月印度尼西亚中央统计局统计的贫困人口百分比为 9.41%，有 2 514 万人，比 2018 年 9 月减少了 53 万人。印度尼西亚的农村地区人口密度低，耕作方式相对传统，约 70% 的农业从业者受教育程度在小学及以下，大部分农民的劳作主要满足日常生活的需要。印度尼西亚近 90% 的橡胶种植、几乎全部的咖啡和烟草种植、过半的甘蔗种植和近半的茶叶种植，以及约 40% 的油棕种植以小农经营方式进行。大部分的牛由家庭饲养，主要是作为交通、畜力和家庭资产[①]。

大规模的农业生产往往更加集约化，便于使用机械和运用企业化管理以提高生产效率，但印度尼西亚的农业生产主要以家庭生产为主，因此在农业生产中主要面临以下问题：

从小农生产模式上看，在农业生产过程中，印度尼西亚的农民收入水平不高，小农户的家庭生产模式难以投入足够的资金购买农业机械、支付农业培训和肥料等费用，抵御市场风险和自然灾害的能力低。同社区的农民存在自然资源的竞争，因此农民之间的信任也有局限性，缺乏与大企业平等对话的能力[②]。

---

① 数据来源：印度尼西亚中央统计局网站，http://www.bps.go.id/。
② 参见李长钦、李焱、和文龙，等，《全球有机农业 3 种小农组织形式的比较研究》，《世界农业》，2012 年第 11 期，第 16～19 页。

从地理上讲，印度尼西亚的农地在山区或高地通常成片分布，河岸地区沿河流扩展，沿海地区村落较多。在土壤较为贫瘠的高海拔地区，主要分布在喀斯特山区或石灰质地区；在爪哇和苏门答腊岛上，村落主要沿铁轨分布。大多数农村基础设施少，缺乏道路建设的可能，容易发生自然灾害或引发社会冲突。

从基础建设方面讲，印度尼西亚的农村地区缺乏电力、电话和互联网，与外界通信困难，最偏远的村庄很少或从未与外部社区交流，因此政府难以提供帮助。

在区域领导和权限方面，农村社区倾向挑战中央政府的新规定，更偏好遵守地方准则，对中央政府缺乏信任。

在农业发展方面，农业是改善印度尼西亚人民福利的主要部门，然而随着工业化和城市化发展，村庄人口减少、农村青年减少、农业用地减少，降低了农业生产水平[①]。

（三）农业基础设施落后，农业机械化程度低，有机农业技术有待提高

印度尼西亚的农业基础设施和农业机械化程度落后，制约其经济发展。在生产阶段，种植业生产以小农为主，农民家庭难以负担机械投资。在加工阶段，印度尼西亚国内的农业机械制造水平较低，45％的农业机械依靠进口[②]。作物生产区周围需要交通设施运输产品、肥料、机械，而印度尼西亚整体的交通基础设施不发达，这提高了农业投资和生产的成本。此外，印度尼西亚作物的生产率低，提高土地生产力需要在肥料、种子、机械、人才培育等多方面的科技和资金投入。但是这里还有一个问题，采用现代科技和耕作技术来提高生产力对印度尼西亚许多靠小块土地耕种糊口的温饱型农民而言是富有争议的问题。因为在城镇化和现代化发展的背景下，越来越多的印度尼西亚年轻人不再选择以农业为职业，农民的平均年龄正在提高，这不利于新科技方法的实施，这些年迈且小农运作的农民也很难获得银行和信贷机构的资金。

[①] Effendi Andoko, Analysis of Indonesia' Government Strategy for Rural Development through Agriculture, FFTC, Nov 8, 2019, http：//ap. fftc. org. tw/article/1612。

[②] 黄春杰，《2018 年印度尼西亚国际农机展及印度尼西亚农机市场分析》，《农机质量与监督》，2018 年第 11 期，第 45 页。

印度尼西亚在优化农业生产上做出了以下努力：2009 年印度尼西亚开始实行"粮食产区计划"（Food Estate Program）。2010 年 2 月，该计划启动，在印度尼西亚马老奇、巴布亚拨出 160 万公顷土地用于粮食生产。2007 年起，印度尼西亚政府在农业部 No.33/2006 法令下开展了一项面向小农户的振兴计划，重点针对棕榈油、橡胶和可可领域，以解决单位产量偏低的问题，提高土地生产力。为了提高生产力，改善种子和提供肥料也是重要工作。近年来，印度尼西亚生物科技信息中心、茂物农业研究所等研究机构与私营公司，在开发杂交种子和转基因种子方面取得了进展。国营肥料公司 PT Pupuk Kalimantan Timur 在 2010 年初宣布耗资 8.65 亿美元建设新厂，到 2014 年前开始运营。除了提高粮食供应的计划之外，目前也在开展一些其他计划来改善基础设施，用于为农户运送产品[1]。此外，政府也一直强调财政预算和银行贷款向农业倾斜，其中伊斯兰银行业发挥了重要作用。

印度尼西亚自 2001 年开始发展有机农业生产，为了增加有机农业产量，需要改善农业技术以支持堆肥、生物农药和水培系统等；改善农民的教育和推广体系，以提高农业人力资本；可以通过加强农民协作，发挥与有机耕作制度息息相关的农民团体、合作社、协会或公司的作用，以增加资金投入和设施筹备与分配，从而加强本国农民在地区、国家甚至是国际市场上的竞争力。

（四）农业发展以政府为主导，积极利用外资

从历史上看，印度尼西亚政府集中精力加快主食和战略食品的生产。印度尼西亚农业部每五年推出一个农业战略计划，这是《中期国家发展计划》的一部分，以期实现通过提高粮食安全水平和农业竞争力，建立自力更生、繁荣发展的农业社区。

在粮食安全方面，印度尼西亚是亚太地区仅次于中国的第二大以农业为基础的发展中国家，其宪法利益通常是决定食品政策方向的主要或主导因素。印度尼西亚农业部成立粮食安全局，在支持印度尼西亚粮食安全中发挥了积极作用。据其 2019 年粮食安全报告，2018 年印度尼西亚有 117 个地区摆脱了粮食不安全状况。

在有机农业发展方面，一方面，法律法规有待完善，政府法规尚未提供有

---

① 参见印度尼西亚商业网站，http://www.gbgindonesia.com/zh-cn/agriculture/article/2011/agriculture_overview_of_indonesia.php。

机农产品的价格标准，使得生产者和消费者之间难以实现公平交易。另一方面，政府鼓励提高有机农产品的生产率，努力建设、发展农民团体、推广机构、销售机构。同时还加强宣传，向农民、消费者、商人、地方政府、推广人员、农业参与者和其他相关机构普及有机农业的意义和好处。

印度尼西亚政府一向强调引进外资发展农业。2015 年 7 月印度尼西亚农业部长分别与印度、沙特阿拉伯、法国、埃及、新加坡 5 个国家驻印度尼西亚大使签署合作协议，加强双方的农业领域合作，提高印度尼西亚农产品出口额[①]。

2019 年印度尼西亚畜牧业领域 90% 以上的养殖公司为外国资本。2019 年印度尼西亚农业部第 40 号条例出台，内容是关于农业部门的商业许可程序，通过简化和精简业务许可程序，促进投资和资金流动，从而吸引投资者投资本国农业。如果该法规实施得当，将有望促进农业的更高投资，增加农民和农业参与者的就业机会和收入，但也可能对本国有限的自然资源和环境造成不良影响[②]。

（五）农业合作社助力农业发展

印度尼西亚农村合作社联合会（Induk KUD）成立于 1979 年 11 月 12 日，使命是帮助合作社运动扩大联合业务；确保教育、培训等商业行为的创建与实施以支持合作社生存与发展，发展合作业务；改善成员及社区的福利（表 1-4）。

表 1-4　印度尼西亚农村合作社联合会的愿景、使命和战略

愿景	使印度尼西亚农村合作社联合会及其成员成为国民经济和全球经济中主要且可信赖的经济参与者
使命	与成员建立业务联系
战略	1. 鼓励联合会及其成员进行联合购买、联合销售和联合融资 2. 帮助联合会及其成员发展符合当地潜力的、以商品为基础的农业和渔业 3. 创立试点业务，使其成为联合会及其成员学习和实验的场所 4. 创建基于数字的集成信息系统，以促进与成员和关联方的业务沟通

资料来源：此表根据印度尼西亚农村合作社联合会公布的资料整理而作，参见印度尼西亚农村合作社联合会网站，https://induk-kud.com/。

---

① 张中元，《中国与印度尼西亚的农业产能合作研究》，《国际经济合作》，2017 年第 4 期，第 88 页。
② 参见 Tahlim Sudaryanto, Iqbal Rafani, Regulation of the Indonesian Ministry of Agriculture Number 40/2019 on Business Licensing Procedures in Agricultural Sector: Simplifying, Streaming, and Promoting Investments, FFTC, Dec 9, 2019, http://ap.fftc.org.tw/article/1656。

印度尼西亚农村合作社联合会的建设网络遍及全国，联合会下有 29 个省级村组合作社（Koperasi Unit Desa，KUD），另有一个市场交易商合作社（Koperasi Pedagang Pasar，KOPPAS）和一个多用途合作中心（Koperasi Serba Usaha，KSU）。印度尼西亚全国共有 9 437 个高级合作社，涉及 1.34 万个户主，在 29 个省拥有成员，在雅加达有一个多用途合作中心（KSU）[①]。

（六）有机农业发展挑战与潜力并存

2001 年，印度尼西亚农业部启动 2010 年有机农业计划，其愿景是使印度尼西亚成为世界上最大的有机食品生产国之一。印度尼西亚出口的优势有机产品有：大米、咖啡、蜂蜜、茶、巧克力、腰果、可可、椰子糖、椰子油和香草。借助于农业合作社，获得有机认证的大米已在印度尼西亚的 16 个省流通，目前印度尼西亚有机农业发展情况见图 1-6。

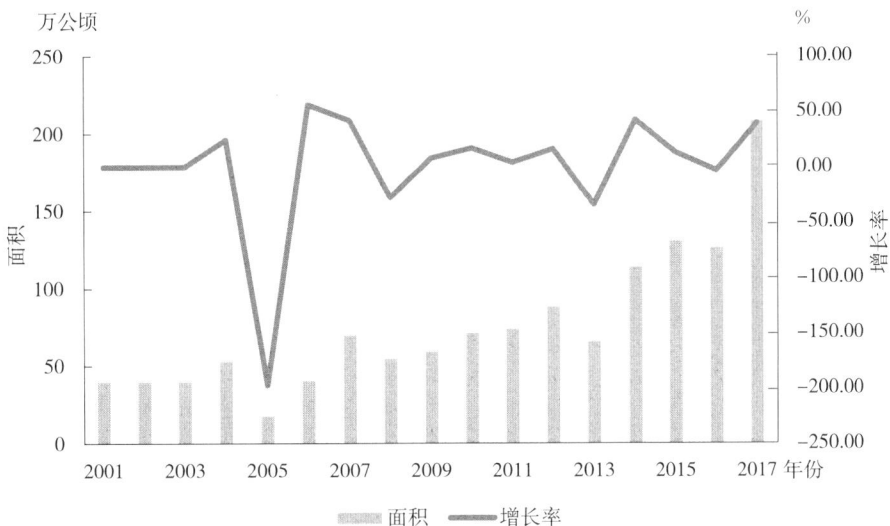

图 1-6　2001—2017 年印度尼西亚有机农田面积

数据来源：根据世界经济合作与发展组织公布的数据而作，参见经济合作与发展组织网站，http：//www.oecd.org/。

有机农业要求使用自然或未受化学物质污染的土地，有机农产品面向中高收入群体。但印度尼西亚土壤通常使用化学肥料和杀虫剂进行密集耕种，有机农田开发需要投入大量资金。另外，国内市场内需不足，农民不愿生产有机农

---

① 参见印度尼西亚农村合作社联合会网站，http：//induk-kud.com；国际合作社联盟（International Co-operation Alliance），http：//www.ica.coop/en/media/news/national-federation-rural-co-operatives-induk-kud。

产品。

　　全球有机农产品市场在过去十年增长显著，2016 年有机市场价值为 931 亿美元，2018 年估计值为 1 615 亿美元。目前的五个主要生产国是印度、乌干达、墨西哥、埃塞俄比亚和菲律宾。印度尼西亚在全球市场上具有竞争潜力，主要因素有：印度尼西亚仍有许多土地资源未被污染可以发展有机耕作制度；作为农业大国印度尼西亚积累了如堆肥、免耕种植和有机农药等农业技术；印度尼西亚政府在积极完善有机农业体系的政府法规和有机产品国家标准。对内，印度尼西亚国内有机市场在大幅增长；对外，印度尼西亚是东盟成员国，对亚洲国家的进出口贸易有优势；印度尼西亚农业部门利益相关者的投资在不断增加[①]。

---

　　① 参见 Effendi Andoko，Edyta Zmudczynska，A Review of Indonesia's Organic Agriculture Development，FFTC，May 28，2019，https：//ap. fftc. org. tw/article/1379。

第二章 CHAPTER 2
印度尼西亚农业生产 ▶▶▶

本节农作物主要介绍印度尼西亚的稻田生产作物，即粮食作物。印度尼西亚的粮食作物主要为水稻和次生粮食作物。水稻可分为湿稻和旱稻，其主要产品是干谷壳稻谷，种植方式以湿稻种植为主；次生粮食作物主要有玉米、大豆、花生、绿豆、木薯、甘薯等，主要产品为干松散玉米、干去壳大豆、干去壳花生、干去壳绿豆，以及木薯和甘薯的新鲜根，主要种植在旱地稻田。

一、水稻

粮食作物是印度尼西亚农业的核心，水稻又是粮食作物的重中之重，水稻的种植面积和产值在总耕地面积和农业总产值中均占过半比重。水稻的主要产区是爪哇岛，其次是同样人口稠密、灌溉条件较好的苏门答腊岛和南苏拉威西。在其他岛屿，主要以旱稻的形式种植。2017年，印度尼西亚水稻产值达到723.9万卢比，居所有粮食作物之首。2019年，印度尼西亚水稻种植面积1 068万公顷，稻谷产量5 460万吨。印度尼西亚的水稻种植历史悠久，优越的气候和土壤条件使大部分地区适合水稻种植，由于印度尼西亚人口众多，饮食结构以稻米为主，对稻米需求量大，稻米生产一直是关系到国民生计的大问题。

（一）水稻生产情况

印度尼西亚中央统计局数据显示，2019年印度尼西亚水稻收割面积为

1 068万公顷，稻米产量5 460万吨，爪哇岛仍然是主要的粮食生产区，2019年爪哇岛六省（雅加达、西爪哇、中爪哇、日惹、东爪哇和万丹）的水稻收割总面积共计537.63万公顷，占全国水稻收割总面积的50.34%，稻米产量共计3 033万吨，占全国稻米总产量的55.55%。其余地区2019年稻米产量排序依次为苏门答腊稻米产量1 093万吨，收割面积为225万公顷；苏拉威西稻米产量723万吨，收割面积150万公顷；努沙登加拉群岛稻米产量279万吨，收割面积为58万公顷；西新几内亚稻米产量27万吨，收割面积6万公顷；马鲁古群岛稻米产量14万吨，收割面积4万公顷。

在地区土地生产率方面，排序依次是苏门答腊、爪哇、努沙登加拉群岛、苏拉威西、西新几内亚、马鲁古群岛和加里曼丹，前两地的水稻土地生产率达到了每公顷5吨以上（图2-1）。

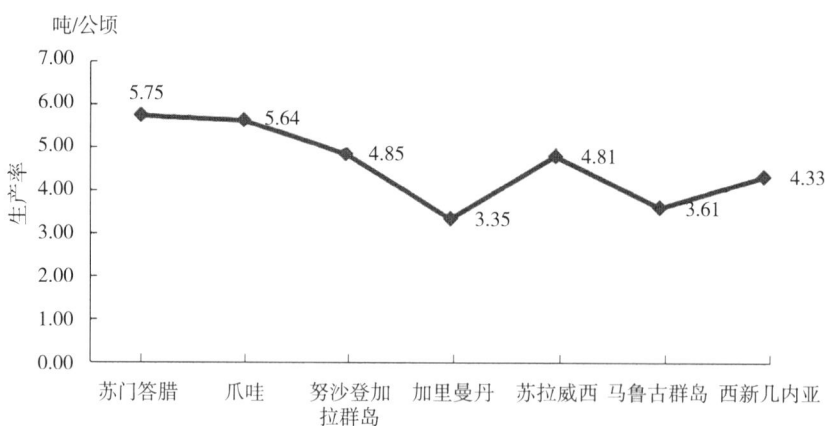

图2-1　2019年印度尼西亚水稻土地生产率地理分布
数据来源：根据印度尼西亚中央统计局公布的数据整理而作，参见印度尼西亚中央统计局网站，http://www.bps.go.id/。

在荷兰殖民时期，荷兰殖民政府推行强迫种植制度，要求印度尼西亚人在稻米的主要产区扩大种植如甘蔗、胡椒等经济作物，这一举措忽略了水稻的种植，随着人口压力越来越大，19世纪40年代爪哇发生连续饥荒。

1945年印度尼西亚独立以来，政府采取措施逐步改善单一殖民地经济结构，20世纪60年代起印度尼西亚政府就开始出台多种措施和政策提高稻米产量，70年代中期推行"绿色革命"，增加投入，吸引国内外资本和技术，积极发展水稻种植，逐步实现粮食自给。80年代中后期，水稻连年增产，1984年稻米产量达到了3 813万吨，自给的基础上还有少量粮食出口。但进入90年代，政府将发展重点转向工业部门，城市化发展挤占了农业用地，1997年旱灾和金融危机后，印度尼西亚粮食产量下滑，重新开始进口粮食[①]。1998 年印度尼西亚稻米生产总量和土地生产率稳步上升，受不利气候和自然灾害影响，个别年份略有波动（图 2-2）。2018 年以来，接连的旱涝自然灾害对水稻生产造成了冲击，给印度尼西亚当局的粮价调控带来挑战，粮食生产仍然是印度尼西亚政府需要解决的头等大事。

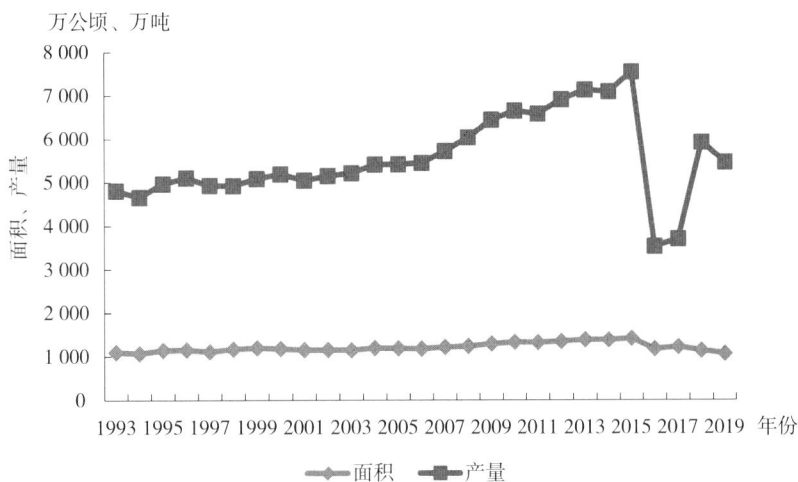

图 2-2　1993—2019 年印度尼西亚水稻收割面积和产量

数据来源：根据印度尼西亚中央统计局公布的数据整理而作，2016 年、2017 年水稻收获面积和产量数取自美国农业部，参见印度尼西亚中央统计局网站，http://www.bps.go.id/，美国农业部网站，http://www.usda.gov/。

（二）水稻生产的社会背景

总体上，水稻的种植面积主导着稻米产量，水稻面积的增长变化和稻米产量走向基本一致。

第一，政府支持和农业技术的进步对提高产量有很大帮助。中国杂交水稻在印度尼西亚有"超级稻"之称。2010 年，"中国-印度尼西亚杂交水稻技术合作项目"在印度尼西亚正式启动，该项目通过选育和推广米质相对优良、更适合当地土壤和气候条件的杂交水稻新品种，同时培训本地技术人才，以实现粮食增产。截至 2015 年，中国杂交水稻技术已推广至印度尼西亚 13 个省份，每公顷产量高出本地品种一倍有余[②]。

[①] 参见许利平，薛松，刘畅，《印度尼西亚》，社会科学文献出版社，2019 年，第 191～194 页。

[②] 《中国杂交水稻助东南亚解决"吃饭问题"》，新华网 2019 年 1 月 6 日，http://www.xinhuanet.com/politics/2019-01/06/c_1123952305.htm。

第二，城市化对水稻种植面积和农业劳动力产生一定冲击。随着印度尼西亚城市化和工业化发展，水稻种植面积呈减少趋势。根据印度尼西亚中央统计局数据，印度尼西亚的水稻收获面积在1983年为1 670万公顷，20世纪90年代以来，印度尼西亚水稻收获面积长期徘徊在1 000万公顷左右，2000年到2015年之间印度尼西亚水稻收获面积在波动中整体扩大，稻米产量也因收获面积增加而有所提升，但印度尼西亚现有耕地面积有限，2015年后又接连遭遇不利气候，稻米产量波动较大。

第三，进口粮食以求粮食安全和调控粮价。对印度尼西亚政府而言，进口稻米首要的目的，是要保住粮储局仓库里的储备，为保险起见，粮储局仓库里的储存量必须多于100万吨。印度尼西亚政府决定2018年1月底从泰国、越南进口50万吨稻米，除了这两个东盟邻国以外，也从巴基斯坦进口，政府指定粮储局为输入商。2019年，印度尼西亚国家粮食后勤总署（简称"国粮署"）拥有1 522家储藏库，总储藏量为370万吨稻米，虽然其收储的农民稻谷只占全国碾干稻谷(GKG)7 000万吨总产量的8%，但对保护农民稻米价格起了相当大的作用①。

第四，国家调控粮价受银行政策阻碍。供应政府稻米储备的任务，没有与稻米分配的政策同时实施，导致政府稻米储备量过剩。若政府责成国粮署分配稻米，国粮署才将使用政府稻米储备量。在稻米分配后，政府才能偿还上述贷款。甚至，政府并没有在年初支付用于供应政府稻米储备的资金。2019年11月，国粮署的稻米或稻谷的采购量共114万吨，仅占当年采购任务180万吨的63.3%。国粮署在采购稻米时的另一个障碍是债务和利息的负担不断增加②。

第五，气候变化严重影响印度尼西亚水稻生产。尽管印度尼西亚重视发展农业技术、进行农业科技教育，总体上农业基础设施仍然落后，大部分地区缺乏完善的蓄水灌溉系统，一旦农业生产遇到旱涝灾害，水稻生产易遭受损失。2019年6月的干旱影响了全国至少100个城市的近103 000公顷稻田，就影响面积而言，东爪哇受影响最大，达到34 006公顷，其次是中爪哇省，达到了

① 《粮食后勤总署计划明年 扩大储藏大米库存量》，印度尼西亚商报2019年12月13日，http://www.shangbaoindonesia.com/read/2019/12/13/economy-1576237090。
② 《截至今年11月18日粮食后勤总署大米采购量仅达63.3%》，印度尼西亚商报2019年11月12日，http://www.shangbaoindonesia.com/read/2019/11/22/economy-1574437021。

32 809 公顷，西爪哇省达到 25 416 公顷，日惹为 6 139 公顷，万丹为 3 464 公顷，西努沙登加拉为 857 公顷，东努沙登加拉为 55 公顷。该年的干旱又使得 2019 年 10 月至 2020 年 3 月的种植季节延迟。洪灾又使爪哇的农作物遭受严重损失，2020 年印度尼西亚爪哇遭遇几个月不断发生的洪灾，大雨淹没了全省 166 715 公顷农业用地中的 13 234 公顷，农作物歉收[①]。

根据《2019 年全球饥饿指数》的报告，印度尼西亚仍然在饥饿方面处于"严重"水平，粮食短缺或通货膨胀将伤害一般人口，特别是脆弱的贫困人口，他们即使在正常的日子里也要将其收入的 60％ 花费在粮食上。

二、玉米

（一）玉米的生产情况

印度尼西亚中央统计局统计数据显示，爪哇岛是印度尼西亚玉米的主要种植区和产区，2015 年爪哇岛玉米收获面积为 254 万公顷，占全国总收获面积 58.07％；玉米产量为 1 061 万吨，占全国总产量 54.12％。其余地区 2015 年玉米生产情况分别为：苏门答腊产量为 426 万吨，收获面积为 75 万公顷；努沙登加拉群岛产量为 169 万吨，收获面积为 43 万公顷；苏拉威西产量为 28 万吨，收获面积为 58 万公顷；加里曼丹产量为 25 万吨，收获面积为 6 万公顷；马鲁古群岛产量为 2.5 万吨，收获面积为 0.7 万公顷；西新几内亚产量为 0.9 万吨，收获面积为 0.4 万公顷。单位面积玉米生产率最高的地区为苏门答腊，达到了每公顷 5.7 吨，其次是苏拉威西、加里曼丹和爪哇，每公顷产量都在 4 吨以上。2015 年全国范围玉米收获面积在万公顷以上的省份有 9 个，分别是：东爪哇为 121 万公顷；中爪哇为 54 万公顷；南苏拉威西为 30 万公顷；楠榜为 29 万公顷；东努沙登加拉为 27 万公顷；北苏门答腊为 24 万公顷；西努沙登加拉为 14 万公顷；哥伦打洛为 13 万公顷；西爪哇为 13 万公顷。2015 年全国范围玉米产量在 100 万吨以上的省份有 6 个，分别是：东爪哇，产量为 613 万吨；中爪哇，产量为 321 万吨；南苏拉威西，产量为 153 万吨；北苏门答腊，产量为 152 万吨；楠榜，产量为 150 万吨。

从土地生产率情况看，苏门答腊地区的玉米土地生产率最高，2015 年达

[①]　Floods put West Java on brink of crop failure，The Jakarta Post，March 1，2020，https：//www.thejakartapost.com/news/2020/02/29/floods-put-west-java-on-brink-of-crop-failure.html。

到了 5.67 吨/公顷（图 2-3）。

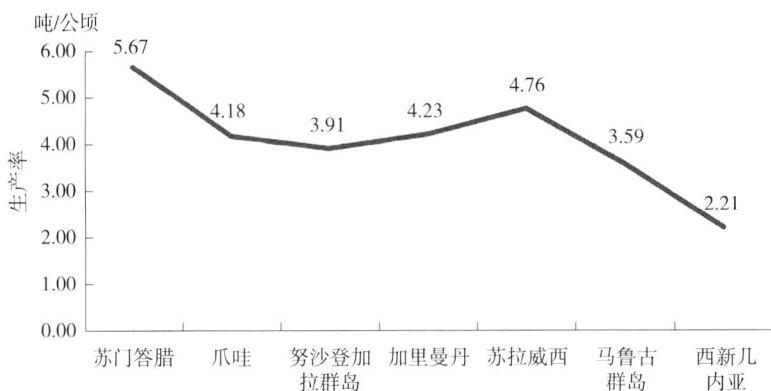

图 2-3　2015 年印度尼西亚玉米生产率地理分布

数据来源：根据印度尼西亚中央统计局公布的数据整理而作，参见印度尼西亚中央统计局网站，http：//www.bps.go.id/。

印度尼西亚生产的玉米主要是作为食品供国内消费者食用，少量用于生产玉米油和牲畜饲料。自 20 世纪 90 年代以来，玉米的种植面积长期保持在 350 万公顷左右，2009 年达到 416 万公顷，此后逐年回落，2014 年为 383 万公顷，2015 年为 378 万公顷（图 2-4）。20 世纪 90 年代以来玉米产量不断攀升，2003 年，玉米产量达到 1 088 万吨，突破了 1 000 万吨大关，此后产量均保持在 1 000 万吨以上。2016 年印度尼西亚农业部认为印度尼西亚需要种植 700 万公

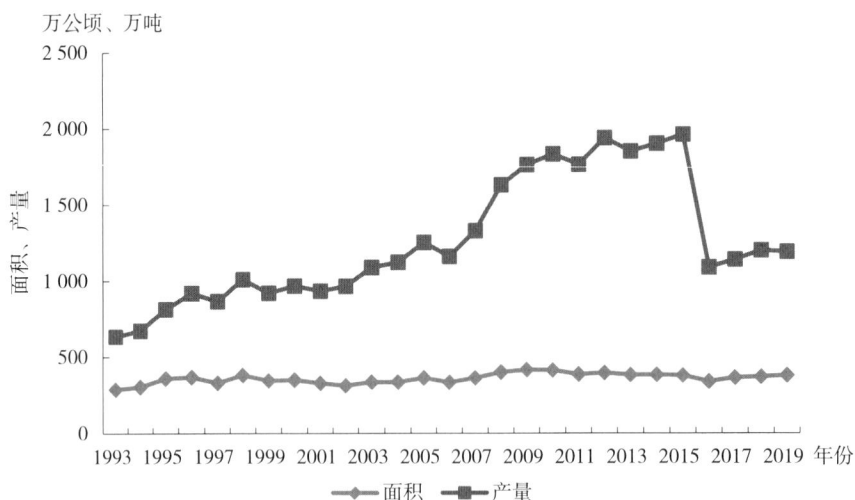

图 2-4　1993—2019 年印度尼西亚玉米收获面积和产量

数据来源：根据印度尼西亚中央统计局公布的数据整理而作，2016 年、2017 年、2018 年和 2019 年玉米收获面积和产量数取自美国农业部，参见印度尼西亚中央统计局网站，http：//www.bps.go.id/，美国农业部网站，http：//www.usda.gov/。

顷玉米才能实现玉米自给自足，而当年玉米种植面积为 440 万公顷。美国农业部预计印度尼西亚 2019/2020 年玉米产量将达到 1 330 万吨，因为政府在非传统地区扩大产量的激励措施继续产生效果。尽管玉米产量增加，但当地饲料部门的需求将继续超过供应。

（二）玉米生产的社会背景

印度尼西亚政府鼓励玉米生产，玉米生产的一个重要任务是作为杂粮分担国内对稻米的需求。20 世纪 80 年代初以来，印度尼西亚政府号召民众多吃杂粮，此后，各种杂粮有了不同程度的增长[①]。同时玉米也成为重要的畜牧饲料，印度尼西亚多次希望停止玉米进口，努力使农业可以更好地自给自足发展，摆脱对进口的依赖。这一想法在国内遭到了一定阻力，禁止进口遭到了印度尼西亚国内家禽业的反对，因为家禽业依赖玉米作为饲料，禁止进口可能会导致玉米供求失衡，从而造成饲料短缺和家禽价格上涨。2011—2015 年，印度尼西亚玉米进口量依次为：300 万吨、150 万吨、295 万吨、310 万吨、274 万吨。印度尼西亚政府曾在 2012 年表示到 2016 年将停止进口玉米，2016 年又将这一目标推迟至 2018 年实现。2016 年印度尼西亚玉米进口量降至 88.47 万吨，较前五年平均进口量减少了 68%，这使得印度尼西亚成为全球第二大小麦进口国。2017 年印度尼西亚农业部表示，计划停止进口玉米。2018 年由于印度尼西亚政府禁止进口玉米，饲料加工业使用小麦替代玉米，导致印度尼西亚进口小麦增多，饲料工业进口小麦剧升至 300 万吨，食品加工业进口小麦约 800 万吨。根据美国农业部数据，2017 年 2 月至 2018 年 2 月，印度尼西亚进口小麦总量达到 1 250 万吨，超过埃及成为全球最大的小麦进口国[②]。

三、豆类

（一）大豆生产情况

根据印度尼西亚中央统计局的数据显示，爪哇岛是大豆的主要种植地区和

---

① 参见许利平，薛松，刘畅，《印度尼西亚》，社会科学文献出版社，2019 年，第 194～195 页。
② 《印度尼西亚成为最大小麦进口国》，驻泗水总领事馆经商室 2018 年 2 月 23 日，http://surabaya. mofcom. gov. cn/article/jmxw/201802/20180202713867. shtml.

生产地区，2015 年爪哇岛的大豆收获面积为 36 万公顷，占全国总收获面积的
62.38%；大豆产量为 60 万吨，占全国总产量的 62.28%。其余地区 2015 年大
豆生产情况排序为：努沙登加拉群岛产量为 14 万吨，收获面积为 6 万公顷；
苏拉威西产量为 11 万吨，收获面积为 6 万公顷；苏门答腊产量为 10 万吨，收
获面积为 7 万公顷；加里曼丹产量为 2 万吨，收获面积为 1 万公顷；西新几内
亚产量为 0.5 万吨，收获面积为 0.4 万公顷。其中东爪哇是大豆种植的主要
省份，2015 年大豆产量为 34 万吨，收获面积是 21 万公顷，比种植面积排
第二位的西努沙登加拉多一倍，西努沙登加拉 2015 年大豆收获面积为 9 万
公顷，大豆产量为 13 万吨；中爪哇大豆收获面积为 7 万公顷，大豆产量为
13 万吨。

在土地生产率上，努沙登加拉是大豆生产率最高的地区，达到每公顷
2.10 吨，其余地区均保持在每公顷 1 吨左右。整体来说，大豆产量年变化和
种植面积相关（图 2-5）。

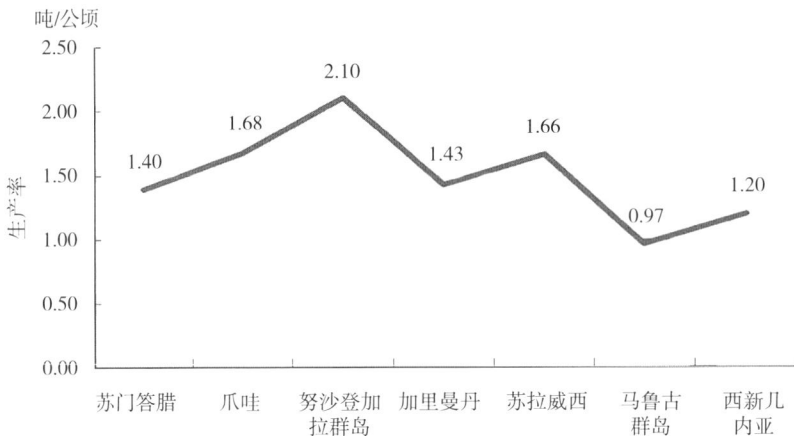

图 2-5　2015 年印度尼西亚大豆生产率地理分布

数据来源：根据印度尼西亚中央统计局公布的数据整理而作，参见印度尼西亚中
央统计局网站，http://www.bps.go.id/。

大豆是印度尼西亚人除了稻米、玉米之外的又一主要食物。大豆在印度尼
西亚主要用来加工成各种食品和小吃，供国内消费。近年来随着家畜业的发
展，大豆也被作为饲料。大豆年产量在 20 世纪 80 年代中期骤升，由 1985 年
的 86 万吨升到 1986 年的 122 万吨，1992 年达到 186 万吨的历史最高值，1995
年后开始逐年下降，2000 年跌至 86 万吨，跌破 100 万吨关口，此后再未有
100 万吨以上的产量（图 2-6）。

万公顷、万吨

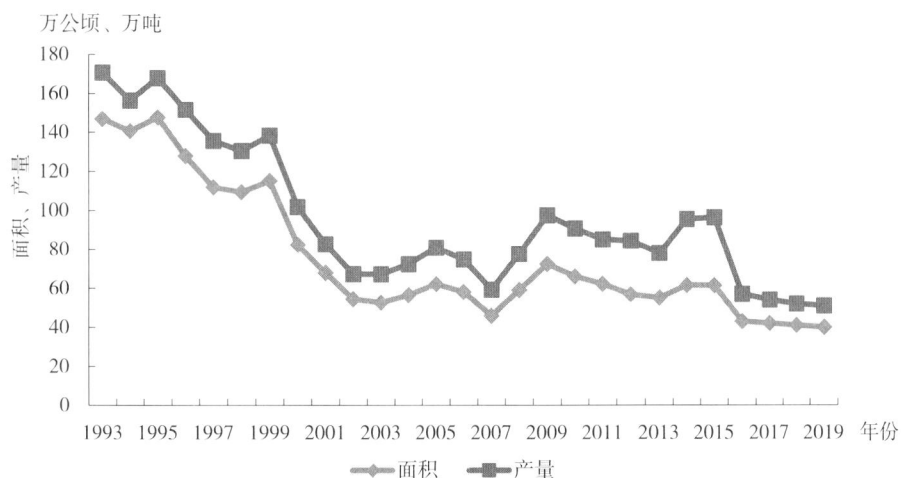

图 2-6　1993—2019 年印度尼西亚大豆收获面积和年产量变化

数据来源：根据印度尼西亚中央统计局公布的数据整理而作，2016 年、2017 年、2018 年和 2019 年大豆收获面积和产量数取自美国农业部，参见印度尼西亚中央统计局网站，http：// www. bps. go. id/；美国农业部网站，http：//www. usda. gov/。

（二）大豆生产的社会背景

大豆在印度尼西亚人的生活中占有重要地位，早在荷兰殖民统治时期，便是中下阶层人民维持基本生活及营养的主要食物。印度尼西亚特色豆制产品有：豆腐（Tauhu）、豆芽（Taoge）、发酵豆饼（Tempe）、虾膏（Terasi）、虾酱（Kecalo）、鱼露（鱼骸 Rusip）和小鱼干（Ikan Teri）。

影响大豆产量的因素主要有：首先，不利的自然条件对印度尼西亚的大豆生产产生不利影响。其次，政府 2014 年开始指定粮储公司负责稳定大豆市价，价格波动也影响着农民的种植选择。最后，种子因素也决定了大豆产量水平。因为大豆种子需求量很大，面向日常消费和工业领域，因此，印度尼西亚也在研究适宜当地条件的优良品种。

部分地区能够实现大豆自给。如中苏拉威西省巴鲁的大豆工业并不受进口大豆影响，因为其需要的全部大豆源自本地产品供应。为了解决国内大豆需求，印度尼西亚进口了大量大豆。2019 年印度尼西亚社会大豆消费需求约为 440 万吨，为了满足社会需求，需要从美国进口 330 万吨大豆。国内大豆种植面临挑战，主要是农民种植的当地品种大豆与进口大豆竞争没有优势，因为进口大豆价格每千克只有 4 800 盾，而当地大豆价格每千克达到 6 800 盾。印度尼西亚政府不断推动农民种植大豆，以求提高产量，满足国内日常需求量。政府通过特殊市场，如医院、学校、军队等对大豆的需求，以帮助农民获利，使他们以每千克 6 800 盾的价格出售大豆。

四、薯类

（一）木薯和甘薯的生产情况

印度尼西亚中央统计局统计数据显示，爪哇和苏门答腊是印度尼西亚木薯的主要生产地，两地贡献了全国近 80% 的木薯产量，超过全国 80% 的木薯种植也分布在这两地。2015 年爪哇的木薯收获面积为 44 万公顷，占全国总收割面积的 46.65%；苏门答腊的收获面积为 35 万公顷，占全国总收获面积的 37.32%。2015 年爪哇木薯产量为 973 万吨，占全国总量的 39.40%，位列全国第二；苏门答腊的产量为 973 万吨，占全国总量的 48.66%，位列全国第一。其余地区 2015 年木薯产量情况排序为：苏拉威西产量为 86 万吨，收获积为 4 万公顷；努沙登加拉群岛产量为 82 万吨，收获面积为 7 万公顷；加里曼丹产量为 38 万吨，收获面积为 2 万公顷；马鲁古群岛产量为 25 万吨，收获面积为 1 万公顷；西新几内亚产量为 5.8 万吨，收获面积为 0.5 万公顷。

在土地生产率方面，苏门答腊、马鲁古群岛和苏拉威西地区的木薯生产率达到了每公顷 20 吨以上，其中苏门答腊每公顷最高可达 27.43 吨，其余区域木薯生产率保持在每公顷 11 吨以上（图 2-7）。

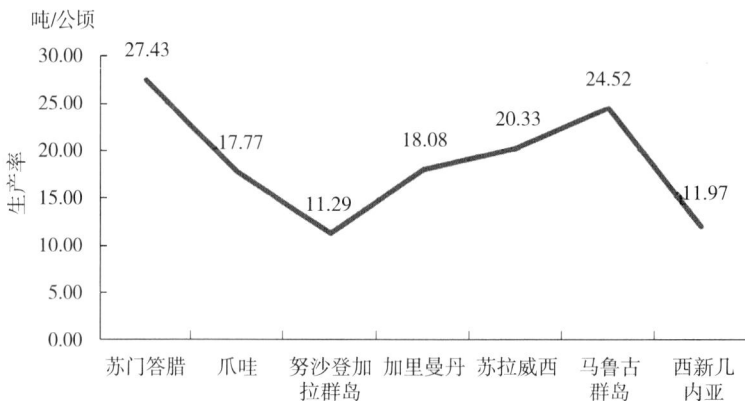

图 2-7　2015 年印度尼西亚木薯生产率地理分布

数据来源：根据印度尼西亚中央统计局公布的数据整理而作，参见印度尼西亚中央统计局网站，http://www.bps.go.id/。

印度尼西亚的木薯生产在 20 世纪 90 年代已经达到年产 1 000 万吨，受自然灾害和国内社会环境动荡影响，90 年代的木薯生产波动较大，步入 2000 年后，木薯年产量稳步上升，2008 年突破年产 2 000 万吨大关，之后直到 2015 年都保持在 2 000 万吨的年产量。20 世纪 90 年代以来木薯的收获面积并没有明显扩大，2006 年之后收获面积不断小幅下降，但木薯单产有所提高（图 2-8）。

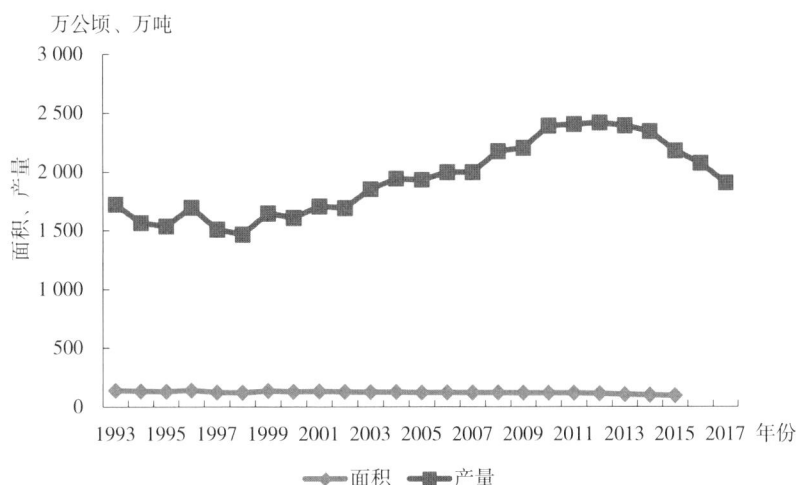

图 2-8 1993—2017 年印度尼西亚木薯收获面积和产量
数据来源：根据印度尼西亚中央统计局公布的数据整理而作，2016 年、2017 年木薯收获面积和产量数取自 TILASTO，参见印度尼西亚中央统计局网站，http://www.bps.go.id/，TILASTO，http://www.usda.gov/。

印度尼西亚中央统计局统计数据显示，爪哇是印度尼西亚主要的甘薯生产地区。2015 年爪哇甘薯收获面积为 6 万公顷，产量为 98 万吨，分别占全国总量的 31.65％和 42.84％。西新几内亚和苏门答腊是甘薯生产的第二梯队，2015 年西新几内亚的甘薯收获面积为 4 万公顷，占全国总收获面积的 26.02％，产量为 46 万吨，占全国总产量的 20.02％；苏门答腊的甘薯收获面积为 3 万公顷，占全国总收获面积的 18.18％，产量为 47 万吨，占全国总产量的 20.30％。其余地区 2015 年的甘薯生产情况为：苏拉威西甘薯产量为 15 万吨，生产面积为 1 万公顷；努沙登加拉群岛甘薯产量为 12 万吨，生产面积为 1 万公顷；马鲁古群岛甘薯产量为 6.4 万吨，生产面积为 0.4 万公顷；加里曼丹甘薯产量为 5.6 万吨，生产面积为 0.5 万公顷。

在甘薯生产率方面，爪哇地区的甘薯生产率最高，可达到每公顷 21.73 吨，其次是苏门答腊（17.93 吨/公顷）和马鲁古群岛（16.01 吨/公顷）。努沙登加拉群岛的甘薯生产率最低，是每公顷 8.98 吨。西爪哇和巴布亚甘薯产量位居第一和第二，2015 年甘薯产量均突破了 40 万吨，分别为 46 万吨和 45 万吨，但这两地的甘薯生产率一般，西爪哇甘薯种植面积为 2 万公顷，甘薯生产率为 19 吨/公顷，巴布亚甘薯种植面积为 4 万公顷，甘薯生产率为 12 吨/公顷。北苏门答腊和西苏门答腊的甘薯单产最高，2015 年甘薯生产率突破了 30 吨/公顷，其次是东爪哇和中爪哇，2015 年甘薯生产率分别为 27 吨/公顷和 21 吨/公顷，以上是所有甘薯生产率在 20 吨/公顷以上的省份，也是所有甘薯产量在 10 万吨以上的省份（图 2-9）。

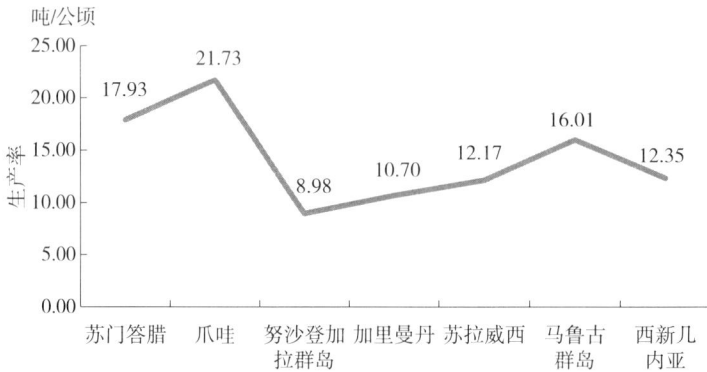

图 2-9　2015 年印度尼西亚甘薯生产率地理分布

数据来源：根据印度尼西亚中央统计局公布的数据整理而作，参见印度尼西亚中央统计局网站，http：//www.bps.go.id/。

印度尼西亚的甘薯生产在 20 世纪 90 年代就已经突破了 200 万吨的年产量，1995 年达到了历史最高值 215 万吨，但此后产量骤降且波动较大。1999

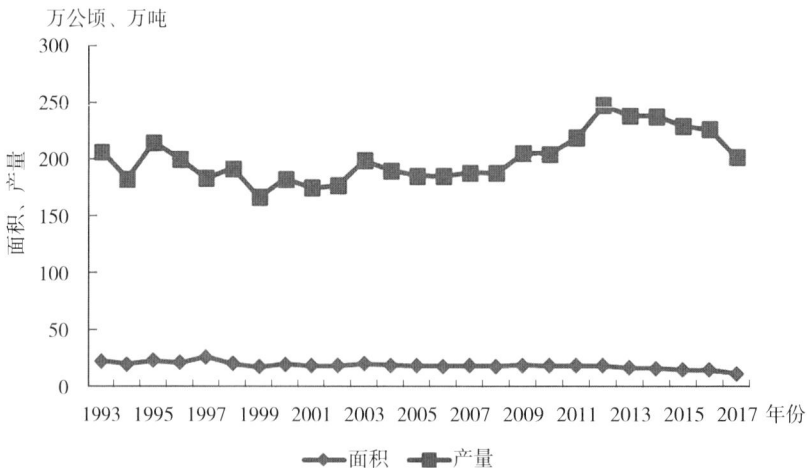

图 2-10　1993—2017 年印度尼西亚甘薯收获面积和产量

数据来源：根据印度尼西亚中央统计局公布的数据整理而作，2016 年、2017 年甘薯收获面积和产量数取自联合国粮农组织，参见印度尼西亚中央统计局网站，http：//www.bps.go.id/，联合国粮农组织网站，http：//www.fao.org/。

年到达了甘薯产量的谷底，为 167 万吨，此后印度尼西亚的甘薯产量周期性攀升，2009 年又一次突破 200 万吨大关，且一直维持在 200 万吨以上的年产量。2012 年达到最高值 248 万吨，2017 年恶劣天气和虫害对甘薯生产造成冲击，产量有明显下降。印度尼西亚的甘薯种植面积在 20 世纪 90 年代上半期有明显的开拓趋势，在 1997 年达到了最高，当年甘薯收获面积为 26 万公顷，此后呈波动下降走势（图 2-10）。2006 年到 2012 年之间，与甘薯收获面积变化相反，甘薯产量逐年增加，农业科技的跨国合作和科技、财政投入大大提高了甘薯的生产能力。

（二）木薯和甘薯生产的社会背景

印度尼西亚是世界第二大木薯生产国。印度尼西亚国内木薯耕地不多，但木薯单产量高。与东南亚另一木薯生产国泰国不同的是，印度尼西亚的木薯生产主要面向国内市场，作为印度尼西亚人的主食食用，是低收入农户的主要食物，也是用于动物饲料、化工行业和食品行业的主要原料。印度尼西亚的木薯生产不能完全满足国内需求，每年还要从国外进口，泰国是其主要木薯进口国。

甘薯被认为是人类最古老的食物之一，1 000 年前在中美洲被纳入人类的食谱中。它的历史可以追溯到公元前 750 年，之后传播到加勒比海地区和南美。1492 年哥伦布第二次前往美洲，在圣托马斯岛上发现了甘薯，后来，这种作物被引进欧洲。16 世纪，西班牙探险家将甘薯带到了菲律宾，而葡萄牙人将甘薯带到了非洲、印度、印度尼西亚和南亚。得益于优越的气候条件，印度尼西亚是世界上最好的甘薯种植国之一，甘薯也是印度尼西亚人重要的美食之一。

第二节　种植园

印度尼西亚的种植园主要生产农业大宗商品，包括棕榈油、橡胶、椰子、咖啡、可可、茶叶和烟草等。印度尼西亚的农业生产部门高度分散，由国有庄园、大型私人种植园和小农户组成。部分经济作物和玉米、大米等主食以及供国内消费的蔬菜主要由小规模农户经营。棕榈油是主要的子行业，主要出口商品为可可、橡胶和咖啡。据印度尼西亚中央统计局数据显示，

2019 年农业部门（包括林业和渔业）生产总值占全国生产总值的 12.72%，其中种植园生产贡献率为 1.51%，以下介绍印度尼西亚种植园的八种主要经济作物。

印度尼西亚中央统计局数据显示，2019 年棕榈油全国产量为 4 586.1 万吨，椰子全国产量为 282.84 万吨，咖啡全国产量为 76.11 万吨，甘蔗全国产量为 225.82 万吨，茶叶全国产量为 13.78 万吨，烟草全国产量为 19.74 万吨（图 2-11）。肥沃的土地，良好的气候和低廉的劳动力成本使印度尼西亚成为世界上最大的棕榈油生产国和出口国。印度尼西亚的油棕种植面积在 2008 年首次超过马来西亚，2018 年其棕榈油产量占全球棕榈油总产量的 56%[1]。

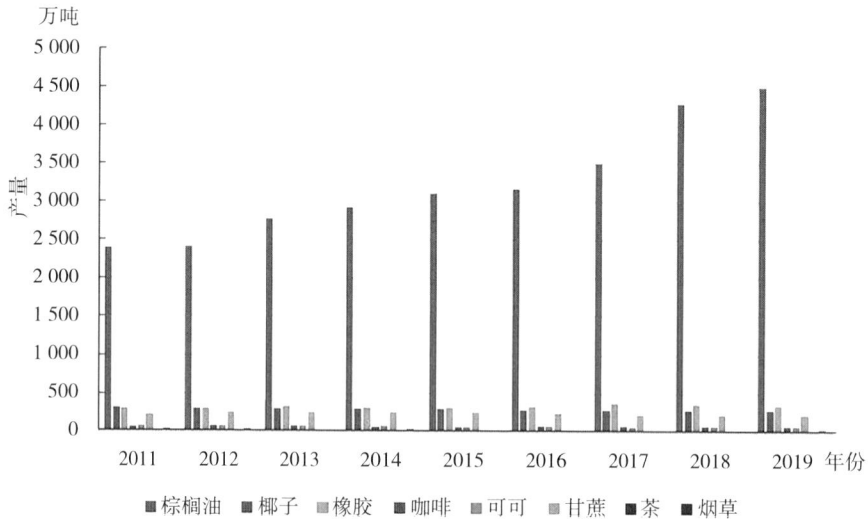

图 2-11　2011—2019 年印度尼西亚主要经济作物产量

数据来源：根据印度尼西亚中央统计局公布的数据整理而作，参见印度尼西亚中央统计局网站，http://www.bps.go.id/。

根据 2012 年至 2019 年印度尼西亚主要经济作物的增长数据，烟草产量的年增长率变化最大，2013 年和 2016 年烟草减产超过 30%，其次是茶叶和可可，茶叶产量在 2015 年和 2016 年有小幅减产，可可在 2015 年和 2017 年有小幅减产。自 2012 年起，棕榈油产量八年连增（图 2-12）。

---

　　① Violante di Canossa，Erwinsyah，万旭生，《中国-印尼棕榈油价值链可持续发展的机遇》，2020 年 3 月，联合国开发计划署驻华代表处。

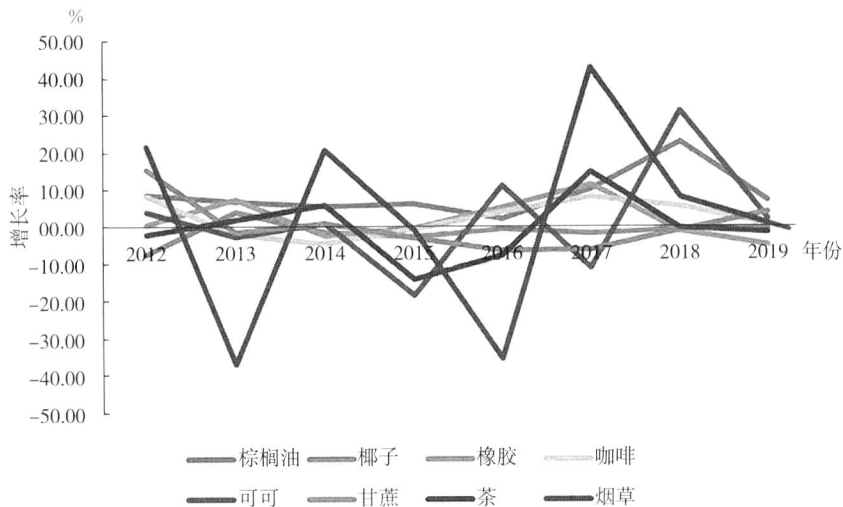

图 2-12　2012—2019 年印度尼西亚主要经济作物产量的年增长率

数据来源：根据印度尼西亚中央统计局公布的数据计算而作，参见印度尼西亚中央统计局网站，http：//www.bps.go.id/。

一、年生作物

（一）油棕

1. 棕榈油的生产情况

印度尼西亚中央统计局数据显示，2019 年印度尼西亚全国油棕种植面积为 1 472.5 万公顷，棕榈油产量为 4 586.1 万吨。全国 90％以上的油棕种植在苏门答腊地区和加里曼丹地区，两地生产了全国超过 95％的棕榈油。其中苏门答腊是油棕的最主要种植地区，2019 年该地区油棕种植面积为 830 万公顷，占全国总种植面积的 56.37％，产量为 2 721 万吨，占全国总产量的 59.33％；位列第二的是加里曼丹地区，2019 年该地区油棕种植面积为 571.4 万公顷，占全国总种植面积的 38.8％，产量为 1 699.4 万吨，占全国总产量的 37.06％。2019 年棕榈油产量在 100 万吨以上的省份有 10 个，种植面积在 100 万公顷以上的省有 7 个，均分布在苏门答腊和加里曼丹地区，它们是：廖内，产量为 912.8 万吨，种植面积为 280.9 万公顷；中加里曼丹，产量为 774.8 万吨，种植面积为 167.6 万公顷；北苏门答腊，产量为 616.4 万吨，种植面积为 160.2 万公顷；南苏门答腊，产量为 407.6 万吨，种植面积为 117.8 万公顷；东加里曼丹，产量为 404.5 万吨，种植面积为 146.1 万公顷；西加里曼丹，产量为

331.6 万吨，种植面积为 186.5 万公顷；占碑，产量为 289.1 万吨，种植面积为 107.1 万公顷；南加里曼丹，产量为 155.7 万吨，种植面积为 55.3 万公顷；亚齐，产量为 108.2 万吨，种植面积为 50 万公顷；明古鲁，产量为 107.4 万吨，种植面积为 31.5 万公顷。

就棕榈油的土地生产率来说，2019 年印度尼西亚的棕榈油生产率首次突破了 3 吨/公顷，达到了 3.11 吨/公顷。就各地区而言，苏门答腊地区的生产率最高，超过了 3 吨/公顷，其余地区，除了不生产棕榈油的努沙登加拉群岛外，均在 2～3 吨/公顷。就具体省份而言，加里曼丹的中加里曼丹和苏门答腊的邦加-勿里洞棕榈油生产率最高，分别达到了 4.62 吨/公顷和 4.17 吨/公顷，北苏门答腊、南苏门答腊、明古鲁、西苏门答腊和廖内位列第二梯队，棕榈油生产率在 3～4 吨/公顷（图 2-13）。

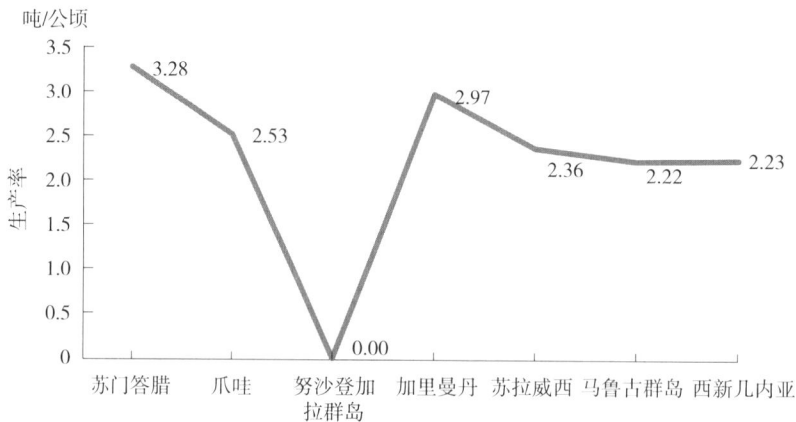

图 2-13 2019 年印度尼西亚棕榈油生产率地理分布

注：印度尼西亚中央统计局未载明具体数据的地区记录为 0，如努沙登加拉群岛。

数据来源：根据印度尼西亚中央统计局公布的数据计算而作，参见印度尼西亚中央统计局网站，http://www.bps.go.id/。

印度尼西亚中央统计局数据显示，进入 21 世纪初，印度尼西亚全国油棕种植面积突破 200 万公顷，2008 年印度尼西亚的棕榈油产量首次超过马来西亚，成为世界上最大的棕榈油生产国，种植面积的扩大是印度尼西亚棕榈油产量提高的主要原因，自 2012 年起，印度尼西亚油棕种植面积突破 1 000 万公顷，随后种植面积稳定扩大，2018 年突破了 1 400 万公顷，棕榈油的产量也连年上涨，2015 年突破了 3 000 万吨，2018 年突破了 4 000 万吨（图 2-14）。

2. 棕榈油生产的社会背景

油棕原产于西非，19 世纪末传入马来西亚，20 世纪初，由于油棕的经济

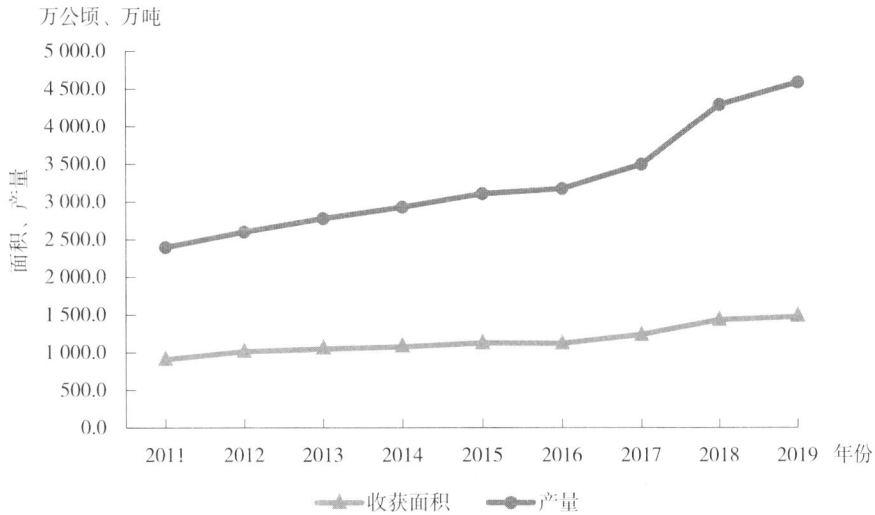

图 2-14　2011—2019 年印度尼西亚油棕面积和棕榈油产量变化

数据来源：根据印度尼西亚中央统计局公布的数据整理而作，参见印度尼西亚中央统计局网站，http：//www.bps.go.id/。

　　价值受到重视，加之东南亚地区的热带雨林气候或热带季风气候和土壤条件适宜种植，全年高温，油棕在马来西亚和印度尼西亚得到广泛种植。1995 年时，马来西亚的棕榈油产量已占世界总产量的一半以上，随着印度尼西亚的种植面积扩大而马来西亚的种植面积受国土总面积所限，2008 年印度尼西亚棕榈油产量大幅增加并首次超越了马来西亚的年产量，成为世界上最大的棕榈油生产国。过去十年中，印度尼西亚的棕榈油产量稳定增加。

　　油棕是年生植物，印度尼西亚的棕榈油生产企业主要分为三类：个体农户（小型种植园）、国有企业（种植园）和大型私人企业（种植园），印度尼西亚的棕榈油生产广泛分布在私营企业中，约占产量的 48％，小农户占 40％，国有种植园占 12％[①]。印度尼西亚的棕榈油生产商很多，一些大规模的公司有：金鹰国际集团（RGM International）、米南伽奥甘农业公司（PT Perkebunan Minanga Ogan）等。按种植规模划分，印度尼西亚的油棕种植主要以大型人工种植林的形式存在，2019 年印度尼西亚油棕大型人工林种植面积为 868.89 万公顷，占全国总种植面积的 59％，小农庄园的种植面积为 603.57 万公顷，占全国总种植面积的 41％。

　　粗棕榈油生产对印度尼西亚的经济至关重要，主要用于家庭食品、生物柴

---

　　① 　参见印度尼西亚商业网站，http：//www.gbgindonesia.com/。

油和生物燃料。2019 年印度尼西亚棕榈油出口额达到 155.7 亿美元，中国、印度和巴基斯坦是其前三大出口国。

印度尼西亚棕榈油产量巨大，但是生产效率相对较低，2019 年全国棕榈油生产效率为 3.11 吨/公顷，而马来西亚常年稳定在 4 吨/公顷以上。除此之外，印度尼西亚棕榈油的发展还面临对热带雨林的破坏、劳工权益、全球油价下跌和欧美市场贸易壁垒等问题。2014 年后，印度尼西亚政府开始更加重视当地的棕榈油行业，2015 年通过了多项有关棕榈油的突破性和商业友好法规，其中包括关于强制性生物柴油掺入 15% 的能源和矿产部长（MEMR）2015 年第 12 号法规、第 15 号政府法规。关于征收种植园基金的 2015 年第 24 号法规和关于收集和利用棕榈油种植园基金的 2015 年第 61 号总统令，以减少对进口燃料的依赖，增加对生物柴油的支持，确保市场对棕榈油的需求，保证棕榈油价格。2011 年印度尼西亚引入了可持续棕榈油系统（ISPO）以确保质量和对环境友好，对工人和当地居民的尊重，规范适用于所有生产者[①]。2016 年起，印度尼西亚政府试图通过与欧盟谈判《全面经济伙伴关系协议》（CEPA）来解决此问题，印度尼西亚和欧盟承诺在 2020 年底完成印度尼西亚-欧盟全面经济伙伴关系协议的谈判[②]。

（二）椰子

1. 椰子的生产情况

根据印度尼西亚中央统计局的数据，2019 年印度尼西亚全国椰子种植面积为 341.3 万公顷，椰子产量为 282.8 万吨，其中小农庄园种植面积为 338.04 万公顷。苏门答腊地区是全国椰子的主要种植地，椰子种植面积占全国总种植面积的 30.97%，占全国总产量的 32.07%，2019 年该地区椰子收获面积为 105.7 万公顷，产量为 90.7 万吨。其次是苏拉威西地区和爪哇地区，前者 2019 年椰子收获面积为 77.7 万公顷，产量为 66 万吨，后者 2019 年椰子收获面积为 74.3 万公顷，产量为 60.4 万吨。就省份而言，廖内收获面积为 42.3 万公顷，产量为 39.1 万吨，位列全国之首，全国还有 5 个省份的收获面积在 20 万公顷以上，共

---

① Sustainable Palm Oil for All'UNDO, Jun 20, 2017, http://www.id.undp.org/content/indonesia/en/hom e/presscenter/articles/2017/06/20/sustainable-palm-oil-for-all.html。

② 《印度尼西亚和欧盟承诺将于今年底完成印度尼西亚-欧盟全面经济伙伴关系协议的谈判》，越通社 2020 年 2 月 23 日，https://zh.vietnamplus.vn。

有 14 个省份的收获面积在 10 万公顷以上，产量在 10 万吨以上的省份有 6 个，除廖内外分别是：北苏拉威西，收获面积 27.6 万公顷，产量为 26.6 万吨；东爪哇，收获面积为 26.2 万公顷，产量为 25.3 万吨；北马鲁古，收获面积 20.2 万公顷，产量为 21 万吨；中苏拉威西，收获面积为 21.9 万公顷，产量为 17 万吨；占碑，收获面积为 12 万公顷，产量为 10.9 万吨。

关于椰子的土地生产率，自 2011 年以来印度尼西亚的椰子生产率常年保持在 0.7～0.8 吨/公顷，2019 年各地区土地生产率均在 0.5～1 吨/公顷，马鲁古地区表现最好。就具体省份而言，日惹和北马古鲁的椰子土地生产率突破了 1 吨/公顷，分别为 1.18 吨/公顷和 1.04 吨/公顷（图 2-15）。

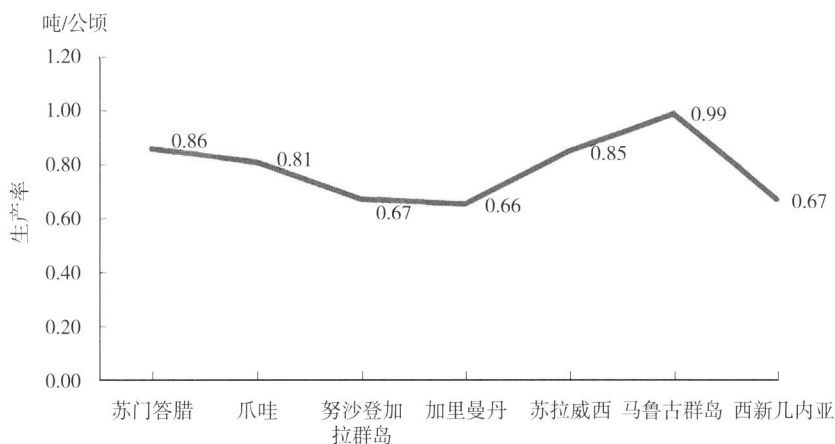

图 2-15　2019 年印度尼西亚椰子生产率地理分布

数据来源：根据印度尼西亚中央统计局公布的数据计算而作，参见印度尼西亚中央统计局网站，http://www.bps.go.id/。

印度尼西亚椰子的种植面积从 2011 年的 376.8 万公顷逐步下降到 2019 年的 341.3 万公顷，产量从 2011 年的 317.4 万吨下降到 2019 年的 282.8 万吨，但仍然是全球最大的椰子生产国，产量从 2015 年跌破 300 万吨后一直没有恢复到 300 万吨以上。2011 年以来，印度尼西亚的椰子土地生产率在 2012 年和 2019 年分别为 0.78 和 0.79 吨/公顷，其余年份均在 0.81～0.83 吨/公顷，可见椰子的产量在 2012 年和 2019 年受气候影响大，其余年份产量变化主要受到耕地面积变化的影响。生产面积变化较大的省份是廖内和哥伦打洛，2011 年至 2016 年廖内的椰子生产面积均在 51 万公顷以上，从 2017 年开始减少至 42.2 万公顷，此后一直维持至今，但廖内的椰子产量在 2013 年从前一年的 47.8 万吨跌至 42.7 万吨，此后一直在 41 万～42 万吨，2017 年又跌至 39 万吨维持至今。哥伦打洛自 2012 年开始有规模的种植椰子，当年种植面积为 7.2 万公顷，此后一直维持在 7 万公顷左右。此外北加里曼丹从 2013 年开始有规模的椰子种植，但体量较小，产量不足万吨（图 2-16）。

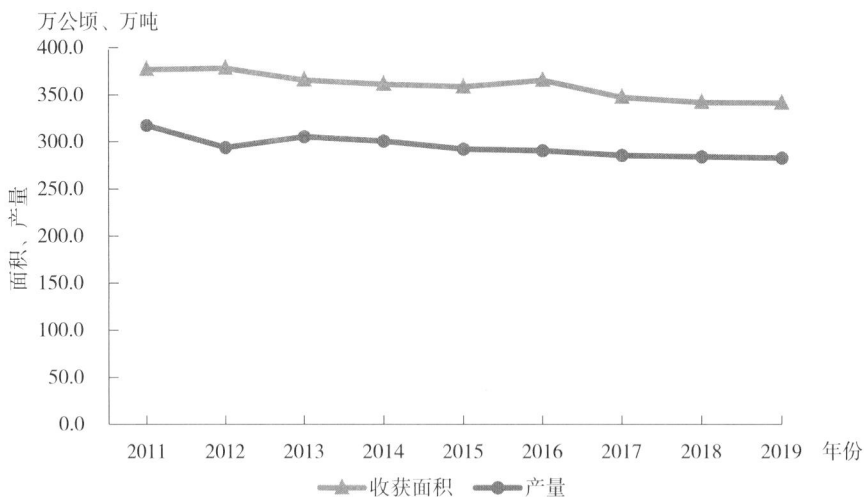

图 2-16　2011—2019 年印度尼西亚椰子面积和产量变化

数据来源：根据印度尼西亚中央统计局公布的数据整理而作，参见印度尼西亚中央统计局网站，http：//www.bps.go.id/。

2. 椰子生产的社会背景

椰子在印度尼西亚的经济和日常美食中起着重要作用，椰奶是最受印度尼西亚人欢迎的食物，椰子也是制作仁当（印度尼西亚特色食品，用椰子汁、肉加香料慢火熬炖）和索托汤等食物的重要食材。

印度尼西亚是世界上最大的椰子生产国，产量和出口量位列世界第一，产量占全球份额的 30％，出口量占全球市场的 28.8％[①]。印度尼西亚的椰子生产存在诸多问题，如椰子种植分布不均衡，椰子产量逐年减少，因此本地的椰子加工产业仍面临原料不足的窘境。受限于较落后的技术，当地椰子的整体利用率不足，许多本土加工企业在提取完椰汁、椰油和椰浆后，把仍具利用价值的椰壳与椰子纤维等直接丢弃，不仅破坏环境，也降低了效益。政府寄希望于引进外国投资与先进技术，用以修复和发展当地椰子产业，但针对外国投资者尚未出台任何产业优惠政策和投资保障措施[②]。

---

① 参见 TRIDGE，http：//www.tridge.com/intelligences/coconut/ID/export。

② 《中国-印度尼西亚椰子产业合作前景调研》，中国贸促会驻印度尼西亚代表处，2017 年 10 月 23 日，http：//www.ccpithn.org/index.php? m＝content&c＝index&a＝show&catid＝6&id＝1090。

（三）橡胶

1. 橡胶的生产情况

印度尼西亚中央统计局统计数据显示，2019 年印度尼西亚橡胶收获面积为 368.4 万公顷，产量为 344.9 万吨，其中苏门答腊拥有全国 69.76％的橡胶种植面积和全国 75.88％的橡胶产量，2019 年收获面积 257 万公顷，产量 261.7 万吨。就具体省份而言，南苏门答腊拥有接近全国四分之一的橡胶种植面积和超过全国四分之一的橡胶产量，2019 年收获面积为 86.2 万公顷，产量为 94.5 万吨。除南苏门答腊外，2019 年收获面积在 10 万公顷以上和产量在 9 万吨以上的省份有 9 个，均来自苏门答腊地区和加里曼丹地区：北苏门答腊，收获面积 40.9 万公顷，产量 40.4 万吨；廖内，收获面积 33 万公顷，产量 33 万吨；占碑，收获面积 39.1 万公顷，产量 30.7 万吨；西加里曼丹，收获面积 39 万公顷，产量 26.6 万吨；南加里曼丹，收获面积 20.2 万公顷，产量 17.9 万吨；楠榜，收获面积 17.3 万公顷，产量 17.1 万吨；中加里曼丹，收获面积 29 万公顷，产量 15.4 万吨；西苏门答腊，收获面积 13.1 万公顷，产量 15.2 万吨；明古鲁，收获面积 10.4 万公顷，产量 12.5 万吨。

关于橡胶的土地生产率，马鲁古群岛最弱，仅为 0.21 吨/公顷，其次为加里曼丹地区，为 0.71 吨/公顷，其余地区数值相差不大，爪哇、苏门答腊和努沙登加拉群岛突破了 1 吨/公顷。有 9 个省份生产率突破 1 吨/公顷，最高为廖内群岛，达到 1.25 吨/公顷（图 2-17）。

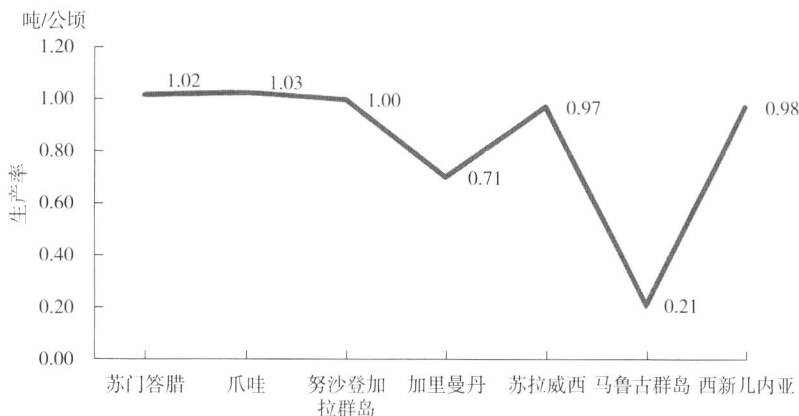

图 2-17　2019 年印度尼西亚橡胶生产率地理分布

数据来源：根据印度尼西亚中央统计局公布的数据计算而作，参见印度尼西亚中央统计局网站，http://www.bps.go.id/。

印度尼西亚的橡胶生产面积在 1990 年首次突破了 300 万公顷大关，此后常年在 330 万公顷徘徊。在产量上，1980 年超过了 100 万吨，2004 年超过了 200 万吨，2012 年首次超过了 300 万吨，2017 年最高产量达 368 万吨。印度尼西亚橡胶产量的提高得益于种植面积的扩大和采用高品质种苗等，但总体而言生产率低，承受灾害能力弱，2019 年橡胶种植遭受真菌病害，天然橡胶产量下滑明显（图 2-18）。

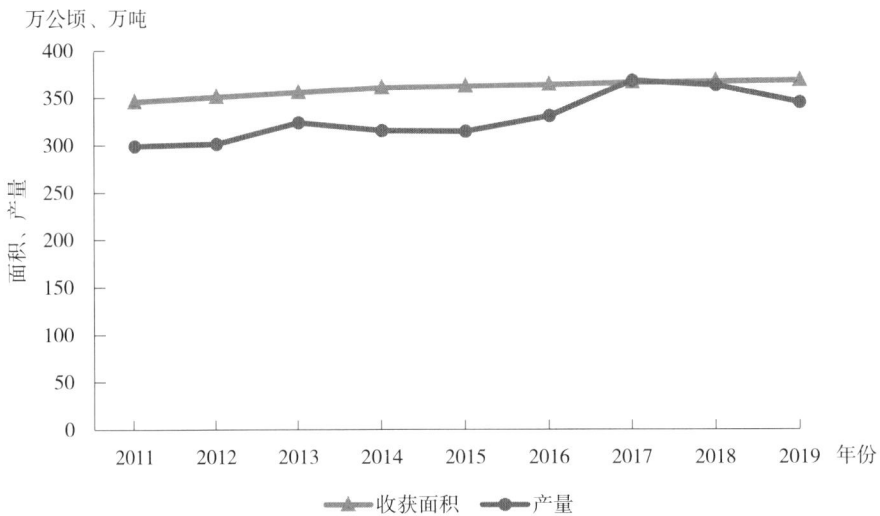

图 2-18　2011—2019 年印度尼西亚橡胶面积和产量变化

数据来源：根据印度尼西亚中央统计局公布的数据整理而作，参见印度尼西亚中央统计局网站，http://www.bps.go.id/。

2. 橡胶生产的社会背景

印度尼西亚是世界第二大天然橡胶生产国，根据联合国粮农组织的统计，2018 年印度尼西亚天然橡胶的生产面积位列世界第一，产量位列世界第二，仅次于泰国，是第三位产量的三倍。印度尼西亚主要出口两种类型橡胶：天然橡胶（由橡胶树的乳胶生产）和合成橡胶（由天然橡胶与石油等物质混合而成），现在面临供过于求的困境。印度尼西亚橡胶劳动生产效率相对较低，作为世界第二大产胶国，橡胶土地生产率常年落后于泰国。主要原因之一是橡胶树年龄过大。印度尼西亚国营和私人胶园的管理水平和资金实力较好，生产效率略好，但小农生产是主流，2019 年印度尼西亚的橡胶大型种植林面积 43.7 万公顷，小农庄园 324.6 万公顷，88% 的种植园属于小农，因此旧橡胶树的复兴计划难以推行。小农生产的方式也使得橡胶生产栽培技术落后、抵御自然灾害的能力弱，2019 年的严重干旱和真菌病害导致了橡胶减产。

（四）咖啡

1. 咖啡的生产情况

根据印度尼西亚中央统计局的数据，2019 年印度尼西亚咖啡收获面积为 125.8 万公顷，产量为 76.1 万吨。苏门答腊是主要的咖啡生产地，2019 年咖啡收获面积为 78 万公顷，占全国总咖啡种植面积的 62.00%，产量为 54.6 万吨，占全国总咖啡产量的 71.7%。就省份而言，南苏门答腊 2019 年咖啡收获面积为 25.1 万公顷，是唯一一个收获面积超过 20 万公顷的省份，占全国总生产面积的五分之一，产量为 19.6 万吨，占全国总产量的 25.8%。2019 年印度尼西亚咖啡产量在 10 万吨以上的省份有 2 个，生产面积在 10 万公顷以上的省份有 4 个，除南苏门答腊外，分别是：楠榜，收获面积为 15.7 万公顷，产量为 11 万吨；亚齐，收获面积为 12.5 万公顷，产量为 7.1 万吨；东爪哇，收获面积为 11 万公顷，产量为 6.8 万吨。

关于印度尼西亚咖啡的土地生产率，苏门答腊地区最高，达到了 0.7 吨/公顷，加里曼丹、马古鲁群岛和西新几内亚地区均没有超过 0.3 吨/公顷。就具体省份而言，南苏门答腊的咖啡单产最高，为 0.78 吨/公顷，其次是北苏门答腊和楠榜，分别为 0.74 吨/公顷和 0.7 吨/公顷（图 2-19）。

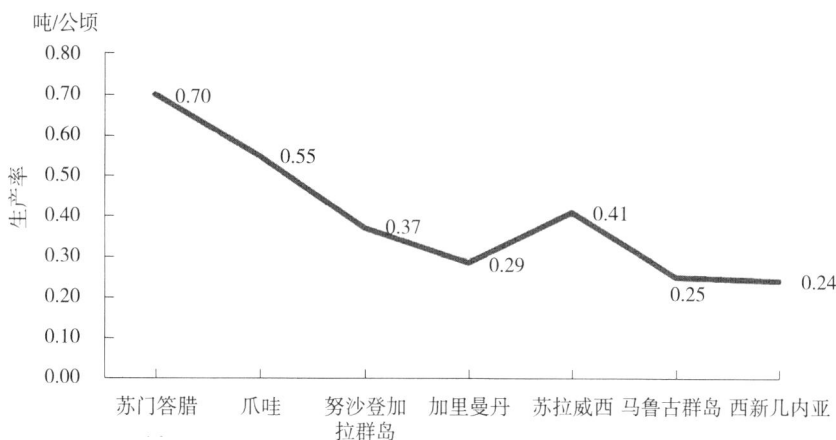

图 2-19 2019 年印度尼西亚咖啡生产率地理分布

数据来源：根据印度尼西亚中央统计局公布的数据计算而作，参见印度尼西亚中央统计局网站，http://www.bps.go.id/。

自 2011 年以来，印度尼西亚的咖啡种植面积一直维持在 120 万～130 万公顷，2016 年开始咖啡产量稳步上升，2017 年突破 70 万吨，达到了 71.6 万吨（图 2-20）。

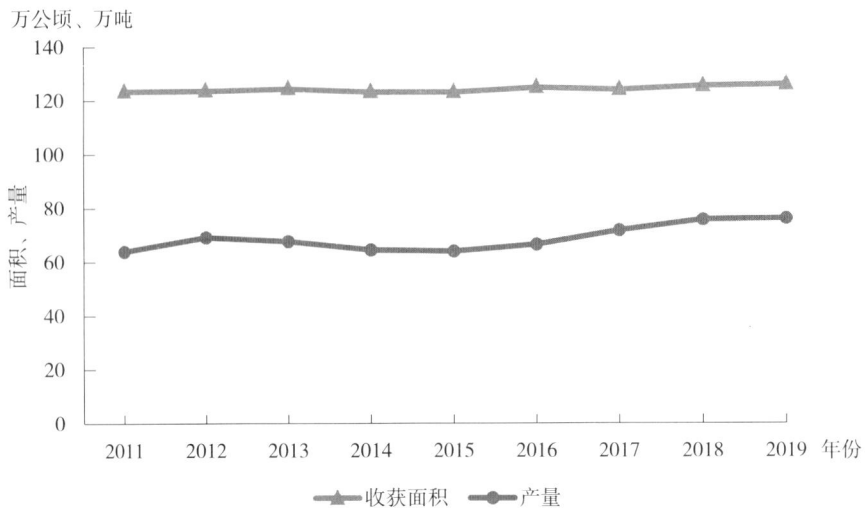

图 2-20　2011—2019 年印度尼西亚咖啡面积和产量变化

数据来源：根据印度尼西亚中央统计局公布的数据整理而作，参见印度尼西亚中央统计局网站，http：//www.bps.go.id/。

2. 咖啡生产的社会背景

在 17 世纪末，为打破阿拉伯世界对咖啡生产的垄断，荷兰殖民者将阿拉比卡咖啡秧苗带到了雅加达，1711 年，荷兰东印度公司从爪哇向欧洲出口了第一批产品。18 世纪至 19 世纪 40 年代，东印度公司是世界上最重要的咖啡供应商，18 世纪后期，荷兰殖民者在爪哇岛的伊真高原建立了大型咖啡种植园。印度尼西亚独立后，荷兰殖民期间的爪哇种植园于 1950 年国有化，并在 20 世纪 50 年代重新引进了阿拉伯咖啡的新品种，并被小农户广为播种。

如今印度尼西亚的咖啡种植主要被小农承包，近年来大型咖啡种植园被油棕和其他作物种植园取代，2019 年小农庄园的咖啡种植面积为 121.6 万公顷，占全国咖啡种植面积的 96.7%。大多数小农户在咖啡种植上投入很少，有限使用化肥和农药，日常维护活动以家庭劳作的形式进行。根据联合国粮农组织 2018 年统计数据，印度尼西亚是全球仅次于巴西的第二大咖啡种植国和第三大咖啡生产国，咖啡的土地生产率为世界第 41 位。为了提高咖啡品质和土地生产率，印度尼西亚政府考虑大规模种植以使用现代收割技术和设备，降低成本和提高抵御风险的能力，并推广使用经过认证的有机生产模式，这也有利于种植者获得更高的利润。同时，印度尼西亚政府也欢迎更多外商投资，加工企业需要资本投入来提高产量，增加出口收入并抵制来自进口优质咖啡的竞争。

在三大咖啡原生种中，印度尼西亚主要种植阿拉比卡和罗布斯塔，2019年阿拉比卡的产量为7.5万吨，罗布斯塔的产量为56.7万吨[①]。阿拉比卡咖啡的咖啡因含量低，有优质果香，适宜新鲜咖啡的制作。罗布斯塔咖啡的咖啡因含量远高于阿拉比卡，风味鲜明，口感醇厚，品尝苦味重，一般用于制作即溶咖啡、罐装咖啡和液体咖啡等工业生产咖啡。

（五）可可

1. 可可的生产情况

据印度尼西亚中央统计局统计，2019年印度尼西亚可可收获面积为160.03万公顷，产量为78.41万吨。苏拉威西是主要的可可生产地，2019年苏拉威西可可收获面积为93.6万公顷，占全国总生产面积的58.5%，产量为46.6万吨，占全国总产量的59.44%。可可的第二大生产地区是苏门答腊，2019年可可收获面积为37.3万公顷，产量为20.9万吨。这两个地区占据了全国80%以上的可可种植面积和产量。就省份而言，2019年可可产量在10万吨以上的省份有3个，可可生产面积在10万公顷以上的省份有5个：哥伦打洛，生产面积为26万公顷，产量为13.8万吨；南苏拉威西，生产面积为28.3万公顷，产量为12.8万吨；东南苏拉威西，生产面积为21.7万公顷，产量为11.9万吨；马鲁古，生产面积为14.5万公顷，产量为7.2万吨；廖内，生产面积为10.9万公顷，产量为5.9万吨。

关于印度尼西亚可可种植的土地生产率，根据2019年中央统计局数据，最高为苏门答腊地区，0.56吨/公顷，其次是苏拉威西和爪哇，分别达到了0.50吨/公顷和0.49吨/公顷。就具体省份而言，邦加-勿里洞和西苏门答腊的可可生产率最高，分别达到了0.72吨/公顷和0.65吨/公顷（图2-21）。

1990年印度尼西亚的可可豆产量仅有十几万吨，自21世纪以来可可豆的产量不断提高，2000年时可可豆的产量仅有35.3万吨，此后三年每年增加一个10万吨，2003年达到了65.7万吨，此后常年在60万～70万吨的水平，2006年首次突破70万吨，达到了70.2万吨，2007年略有下降跌回67.1万吨，2008年到2010年间回到了70万吨的产量，连续三年增产。自2011年以来，印度尼西亚的可可种植面积常年维持在170万公顷上下，2017年跌至

① 数据来源：美国农业部，http://www.usda.gov/。

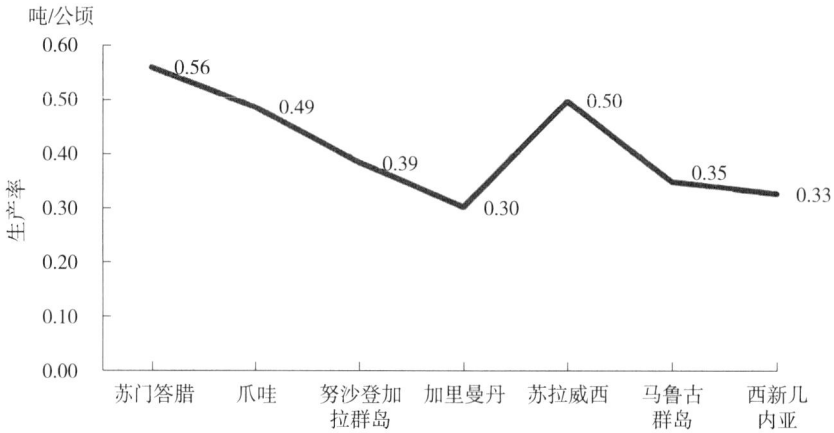

图 2-21　2019 年印度尼西亚可可生产率地理分布

数据来源：根据印度尼西亚中央统计局公布的数据整理而作，参见印度尼西亚中央统计局网站，http://www.bps.go.id/。

165.3 万公顷，此后一直未回到 170 万公顷的水平，但也未跌破 160 万公顷。可可的产量大致与种植面积的变化相符合，2011 年到 2014 年保持在 70 万吨以上的水平，2015 年和 2017 年大幅减产，跌破 60 万吨，2018 年和 2019 年在种植面积没有明显扩大的情况下，产量恢复到了 70 万吨以上，2019 年是目前的最高产量，达到了 78.4 万吨（图 2-22）。

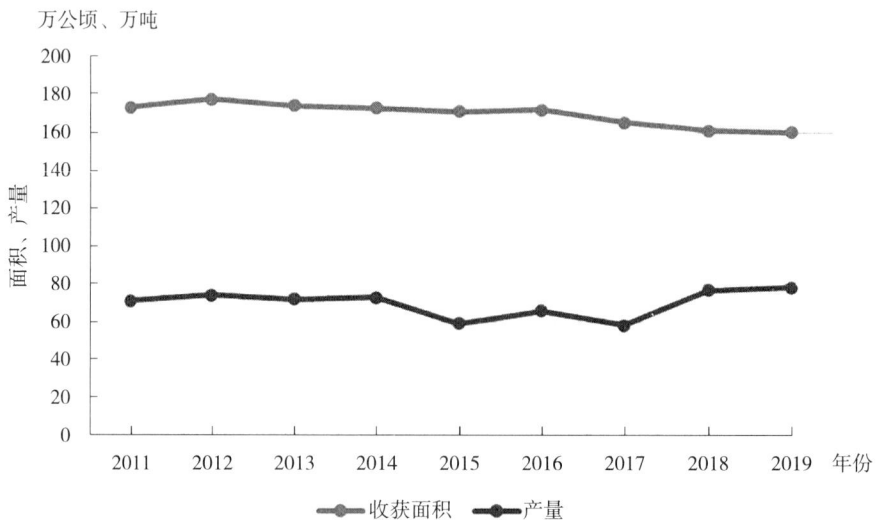

图 2-22　2011—2019 年印度尼西亚可可面积和产量变化

数据来源：根据印度尼西亚中央统计局公布的数据整理而作，参见印度尼西亚中央统计局网站，http://www.bps.go.id/。

2. 可可生产的社会背景

印度尼西亚是可可豆的主要生产国，根据联合国粮农组织的数据，2018年印度尼西亚是世界第三大可可种植国和生产国。印度尼西亚中央统计局数据显示，2019年印度尼西亚小农庄园种植可可的面积为157.43万公顷，占全国总收获面积的98.4％。可可豆目前面临着供应不足和质量不高、生产率低的困扰。可可产量的持续下降，主要原因是可可植株的衰老导致生产率下降。此外以小农种植为主的小规模经营，使得对可可种植的投资受阻，实际种植中小农投入的资金有限，缺乏关于防治病虫害的知识，落后的收获技术还会导致劣质的发酵豆，农民获得信贷的机会非常有限，且缺乏以生产可可豆获利的必要动力。2010年4月印度尼西亚政府推出的出口税，削弱了可可种植的获利能力，也使得许多可可种植者不再种植可可，种植面积的减少也影响了可可产量。可可产量下降引起了政府的关注，2019年印度尼西亚农业部启动了一项关于提高可可产量的项目，计划到2023年可可产量达到140万吨，到2045年达到200万吨。

（六）茶叶

1. 茶叶的生产情况

据印度尼西亚中央统计局统计，2019年印度尼西亚茶叶收获面积为10.88万公顷，产量为13.8万吨。爪哇是印度尼西亚主要的茶叶种植地区，2019年爪哇茶叶收获面积为9.64万公顷，产量为11.4万吨，全国88.60％的茶叶种植和82.61％的茶叶产量都在这一地区。根据印度尼西亚中央统计局的数据，2019年有9个省份茶叶产量被统计，分布在爪哇和苏门答腊这两地，6个省份的茶叶收获面积被统计，但楠榜、西努沙登加拉、南苏拉威西和哥伦打洛的产量未被统计。2019年各省份茶叶产量如下：西爪哇，收获面积8.47万公顷，茶叶产量9.5万吨；中爪哇，收获面积0.84万公顷，产量1.4万吨；北苏门答腊，收获面积0.42万公顷，产量0.8万吨；西苏门答腊，产量0.38万吨；占碑，产量0.2万吨；东爪哇，收获面积0.21万公顷，产量0.3万吨；南苏门答腊，收获面积0.15万公顷，产量0.3万吨；明古鲁，产量0.09万吨；日惹，收获面积0.11万公顷，产量0.2万吨。

关于印度尼西亚茶叶种植的土地生产率，情况最好的种植园在爪哇，具体省份之间差别巨大，2019年明古鲁的茶叶土地生产率达到了2.89吨/公顷，远超其他省份，其余省份的土地生产率在 1 吨/公顷上下浮动，而东爪哇的土地生产率只有 1.38 吨/公顷（图 2-23）。

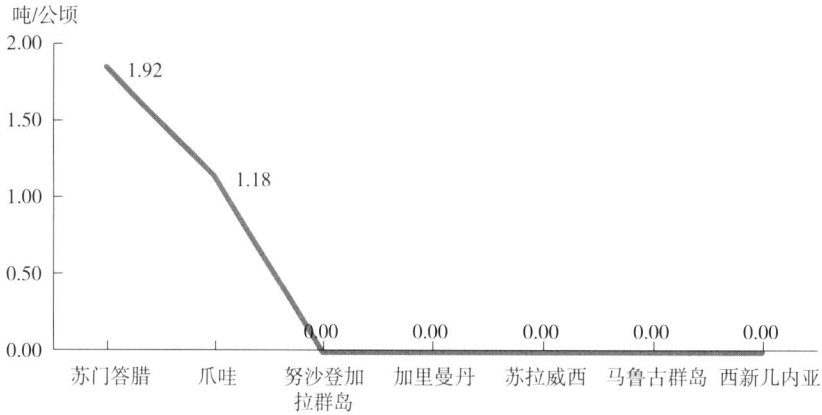

图 2-23　2019 年印度尼西亚茶叶生产率地理分布

注：印度尼西亚中央统计局的未载明具体数据的地区记录为 0，如努沙登加拉、苏拉威西、加里曼丹、马鲁古和西新几内亚。

数据来源：根据印度尼西亚中央统计局公布的数据整理而作，参见印度尼西亚中央统计局网站，http://www.bps.go.id/。

2011 年到 2013 年，印度尼西亚的茶叶种植面积稳定在 12 万公顷以上，2014 年到 2016 年，茶叶种植面积逐步走低，从 11 万公顷以上减到 10 万公顷，2017 年又达到 11.1 万公顷，2018 年和 2019 年分别为 10.38 万公顷和 10.88 万公顷。近十年印尼茶叶产量稳定在 12 万~15 万吨，2011 年到 2014 年产量超过 14 万吨且逐年上涨，2014 年突破 15 万吨，达到了 15.4 万吨，此后再没超过 15 万吨，2016 年跌至 12.3 万吨，2016 年至 2019 年产量略有恢复但提振不明显。茶叶产量与种植面积的变化走势相差不大但并非完全正相关，印度尼西亚茶叶种植的土地生产率低，小农种植的科技水平低、投入资金少，抵御灾害能力弱，产量易受影响（图 2-24）。

2. 茶叶生产的社会背景

茶叶起源于中国，后传播到日本和欧洲并得到发展。1684 年德国人安德里亚斯·克莱尔将茶从日本带到了印度尼西亚，之后茶作为观赏植物在雅加达种植。1827 年印度尼西亚的朗格和瓦纳亚萨开始大规模的茶树种植试验，19 世纪下半叶，印度尼西亚的茶叶贸易得到了广泛发展，在荷兰殖民期间，殖民政府实行强制耕种政策进行茶叶种植。1910 年，北苏门答腊开始推广茶园。第二次世界大战期间，印度尼西亚的茶叶生产有所倒退但仍是当时全球第六大

万公顷、万吨

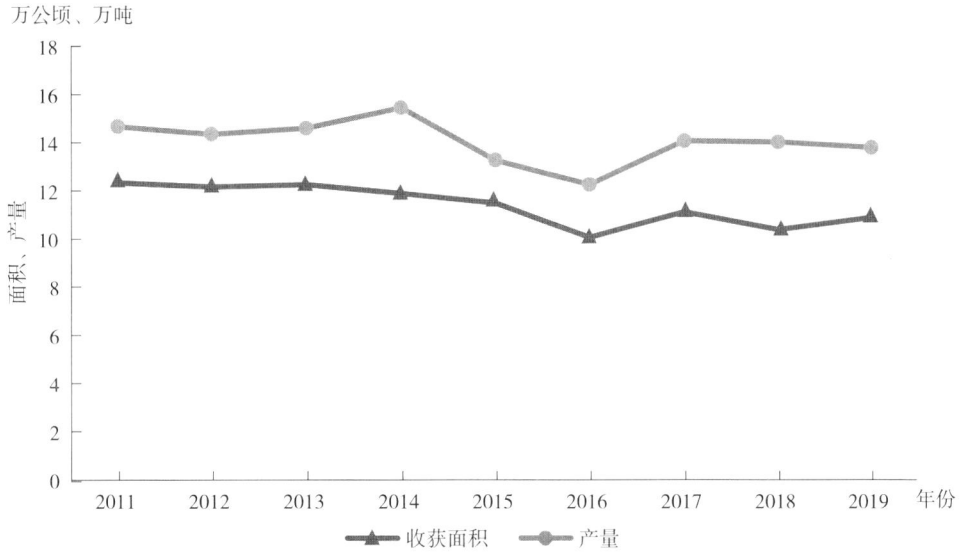

图 2-24　2011—2019 年印度尼西亚茶叶面积和产量变化

数据来源：根据印度尼西亚中央统计局公布的数据整理而作，参见印度尼西亚中央统计局网站，http：//www.bps.go.id/。

茶叶生产国。最初印度尼西亚的茶叶种植试验使用大量的中国茶品种，后阿萨姆邦茶进入印度尼西亚且更适宜这里炎热潮湿的热带气候，取代了大部分中国茶种。印度尼西亚生产的茶叶品种主要有茉莉花茶、乌龙茶、绿茶、红茶、白茶、东方红茶、黄茶、如意宝茶和普茶等。茉莉花茶深受印度尼西亚茶叶爱好者欢迎，主要由白茶或绿茶的基本成分组成。

2019 年印度尼西亚小农经营的茶叶产量为 4.93 万吨，收获面积为 5.15 万公顷，小农经营以全国 12.56％的种植面积收获了全国 35.78％茶叶产量。印度尼西亚的茶叶出口主要以原作物的形式出口，根据联合国粮农组织统计，2017 年印度尼西亚茶叶出口量为世界第 9 位，在东南亚各国中仅次于越南，茶的提取物等产品出口量不多，2017 年数据为 0.1 万吨，仅为世界第 27 位，且进口的茶产品 0.4 万吨。印度尼西亚的出口茶叶主要来自私有大庄园和国有茶园，小农经营的茶叶大多销向国内市场[①]。

茶树衰老和气候变化影响茶叶生产力，温度每升高 1℃，茶叶产量就会降低 5％，2015 年和 2016 年受厄尔尼诺现象的影响，印度尼西亚茶叶产量下降。印度尼西亚的茶叶种植缺乏技能熟练且技术知识丰富的人力资源，导

①　参见 TOPICTEA，http：//topictea.com/blogs/tea-blog/teas-of-indonesia-history-culture-types-and-production。

致茶叶产品质量低，茶叶价格尤其是小种植园的茶叶价格低，因此茶农因利益考量选择种植其他作物。2000年以来茶叶种植面积不断下降，私营大规模种植园减少最多，2000年私营大规模茶叶种植园有9万公顷，2019年减少到了5.7万公顷，小农种植从2000年的6.7万公顷减少到2019年的5.2万公顷。

二、季节生作物

（一）甘蔗

1. 甘蔗的生产情况

据印度尼西亚中央统计局统计，2019年印度尼西亚甘蔗收获面积为41万公顷，产量为225.8万吨。爪哇是印度尼西亚甘蔗的主要种植区，2019年收获面积为22.9万公顷，占全国甘蔗总收获面积的55.85%，产量128.1万吨，占全国甘蔗总产量的56.73%。其次是苏门答腊，2019年收获面积为15.9万公顷，占全国总收获面积的38.78%，产量为86.7万吨，占全国总产量的38.40%。两地区相加占据了全国90%以上的甘蔗种植面积和产量。印度尼西亚全国只有10个省份种植甘蔗，2019年各省甘蔗产量排序如下：东爪哇，收获面积18.1万公顷，产量108.4万吨；楠榜，收获面积12.9万公顷，产量76.3万吨；中爪哇，收获面积3.7万公顷，产量15.3万吨；南苏门答腊，收获面积2.2万公顷，产量8.8万吨；哥伦打洛，收获面积0.9万公顷，产量5.4万吨；南苏拉威西，收获面积1.3万公顷，产量5.3万吨；西爪哇，收获面积0.9万公顷，产量3.4万吨；北苏门答腊，收获面积0.7万公顷，产量1.6万吨；日惹，收获面积0.3万公顷，产量1万吨；西努沙登加拉，收获面积0.07万公顷，产量0.25万吨。

关于印度尼西亚甘蔗的土地生产率，爪哇和苏门答腊均达到了5.5吨/公顷以上。就各省而言，东爪哇、楠榜和哥伦打洛达到了5.9吨/公顷以上，北苏门答腊生产率比较低，仅有2.3吨/公顷（图2-25）。

20世纪80年代到90年代早期是印度尼西亚蔗糖产量的高峰期，1994年最高产量达到245万吨，此后产量下滑。进入21世纪甘蔗生产面临着和其他更高收益的经济作物、城市化争夺种植土地的困境。自2011年以来印度尼西亚的甘蔗种植均在40万公顷以上，2014年达到顶峰，种植面积为47.7万公

吨/公顷

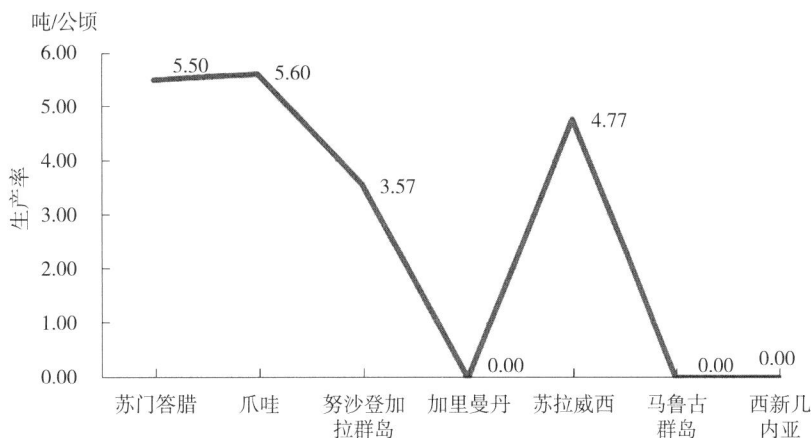

图 2-25　2019 年印度尼西亚甘蔗生产率地理分布

注：印度尼西亚中央统计局的未载明具体数据的地区记录为 0，如加里曼丹、马鲁古和西新几内亚。

数据来源：根据印度尼西亚中央统计局公布的数据计算而作，参见印度尼西亚中央统计局网站，http：//www.bps.go.id/。

顷，甘蔗的产量在 200 万吨以上，2012 年最高为 259.3 万吨（图 2-26）。

万公顷、万吨

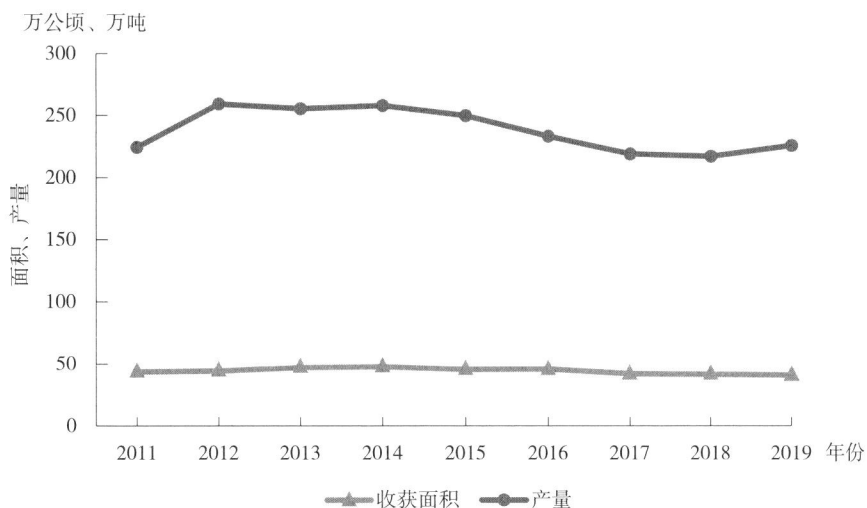

图 2-26　2011—2019 年印度尼西亚甘蔗面积和产量变化

数据来源：根据印度尼西亚中央统计局公布的数据整理而作，参见印度尼西亚中央统计局网站，http：//www.bps.go.id/。

2. 甘蔗生产的社会背景

印度尼西亚制糖业发展起源最早可以追溯到 17 世纪，20 世纪 30 年代，制糖业发展到鼎盛时期，当时全印度尼西亚有 179 家糖厂，年产蔗糖 300 多万吨。30 年代后随着糖价下降，印度尼西亚糖厂迅速减至 35 家，年产量只有 50

万吨。受战争影响,二战前后印度尼西亚制糖业再次出现起伏。50年代印度尼西亚糖业虽然有所恢复,但国内产量仍低于消费量,需从国外进口。60年代,印度尼西亚政府推行改造原有糖厂、增加糖厂产量及鼓励爪哇岛以外地区建立新糖厂等措施,但仍未实现白糖的自给。

印度尼西亚的制糖业在该国经济中发挥着重要作用,白糖主要由甘蔗生产,供人类直接食用,精制糖由进口原糖制成,通常用于食品加工。甘蔗是印度尼西亚制糖业的主要原料,其产品也以蔗糖为主。2019年印度尼西亚从事甘蔗生产的小农户拥有23.3万公顷的种植土地,占全国甘蔗总面积的56.8%,产出了占全国产量58.4%的甘蔗产量。在糖类自足的道路上,印度尼西亚面临许多挑战。首先是工厂老化,制糖效率低,印度尼西亚有56家制糖厂正在老化,大约有40家糖厂已有100多年的历史,2019年只有6家制糖工厂运营不到25年[①]。工业化和城市化的扩张,以及农民寻求更高收入而改种其他作物,造成了甘蔗种植面积的下降。政府对甘蔗参考购买价格的制定偏低和行业市场监管不力也打击了印度尼西亚蔗农生产的积极性。

(二)烟草

1. 烟草的生产情况

据印度尼西亚中央统计局统计,2019年印度尼西亚的烟草收获面积为20.5万公顷,产量为19.7万吨。印度尼西亚的烟草种植分布在爪哇、努沙登加拉群岛、苏门答腊和苏拉威西,爪哇是最主要的种植地区,2019年烟草收获面积达到了16.2万公顷,产量为14.1万吨,这里有全国79.02%的烟草种植面积,贡献了全国71.57%的烟草产量。就具体省份而言,东爪哇拥有全国49.2%的烟草种植地和全国42.8%的烟草产量,2019年产量和收获面积在万吨和万公顷以上省份有3个,有两个在爪哇:东爪哇,收获面积10.1万公顷,产量8.5万吨;中爪哇,收获面积5.1万公顷,产量4.8万吨;西努沙登加拉,收获面积3.2万公顷,产量4.6万吨。

关于印度尼西亚烟草种植的土地生产率,努沙登加拉群岛的烟草生产率最好,2019年为1.44吨/公顷,其余地区未达到1吨/公顷。就具体省份而言,各地区表现差异不大,均在1吨/公顷上下浮动,西努沙登加拉的烟草生产率

---

① 数据来源:美国农业部,http://www.usda.gov/。

最高，有 1.4 吨/公顷，其余不超过 1.2 吨/公顷，占碑最低，仅有 0.5 吨/公顷，其次是东努沙登加拉，0.6 吨/公顷（图 2-27）。

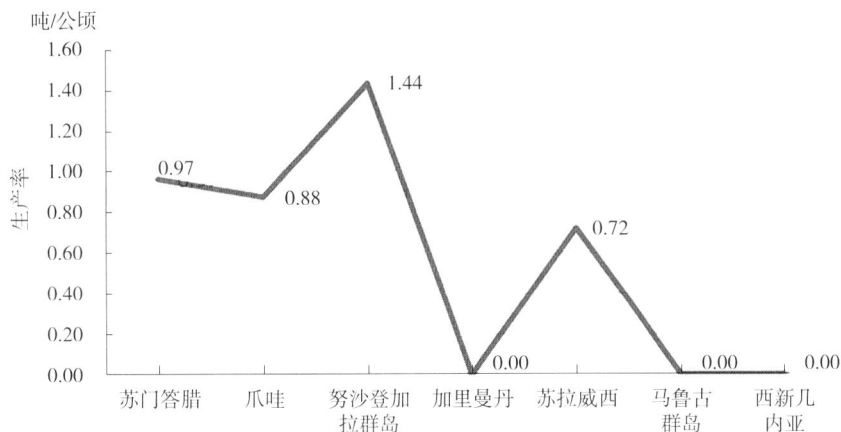

图 2-27　2019 年印度尼西亚烟草生产率地理分布

注：印度尼西亚中央统计局的未载明具体数据的地区记录为 0，如加里曼丹、马鲁古和西新几内亚。

数据来源：根据印度尼西亚中央统计局公布的数据计算而作，参见印度尼西亚中央统计局网站，http://www.bps.go.id/。

2011 年以来印度尼西亚的烟草种植面积波动较大，2013 年和 2016 年跌至十几万公顷，其余年份均在 20 万公顷以上。烟草产量在 2012 年达到最高，有 26.1 万吨，2013 年跌破 20 万吨，此后再未突破 20 万吨，2016 年受种植面积减少的影响，产量仅有 12.7 万吨（图 2-28）。近十年印度尼西亚烟草的土地生产率变化不大，均在 0.8～0.9 吨/公顷。烟草产量受种植面积变动的影响大。

2. 烟草生产的社会背景

印度尼西亚是世界上吸烟率最高的国家之一，也是全球最大的烟草生产国之一。联合国粮农组织数据显示，2018 年印度尼西亚生产烟草量位居世界第 6 位。2017 年印度尼西亚消费卷烟 3 221 亿支，是亚太地区最大的卷烟消费国。印度尼西亚吸烟者偏爱当地生产的丁香香烟，这是一种由烟草、丁香碎芽、丁香油和其他香料（如孜然、肉桂或肉豆蔻）组成的丁香香烟，使用时将糖精添加到包装之中使其具有甜味①。2017 年丁香香烟占据印度尼西亚烟草市场约 75％ 的份额。印度尼西亚国内的烟草市场庞大，卷烟产量很高，

---

① 参见 STATISTA，http://www.statista.com/topics/5728/tobacco-industry-in-indonesia/。

万公顷、万吨

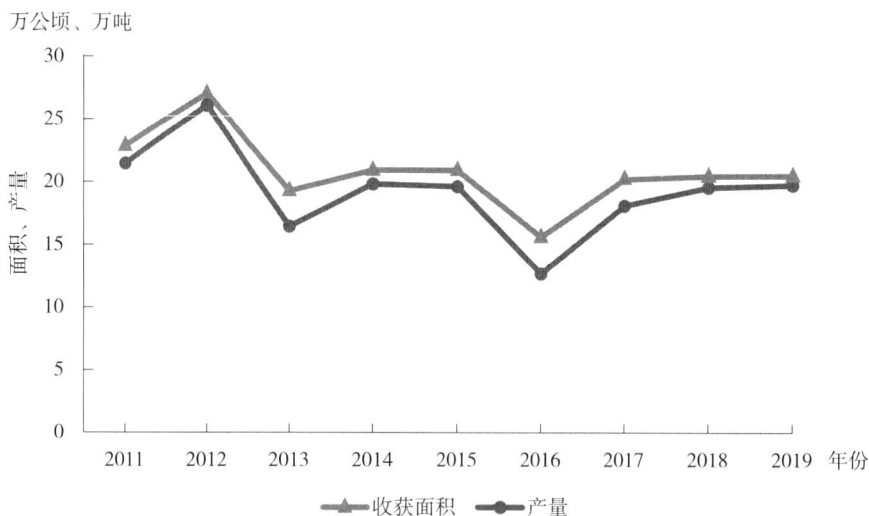

图 2-28　2011—2019 年印度尼西亚烟草面积和产量变化
数据来源：根据印度尼西亚中央统计局公布的数据整理而作，参见印度尼西亚中央统计局网站，http://www.bps.go.id/。

但原烟草生产不能满足国内需求。据联合国粮农组织统计，2017 年印度尼西亚出口未加工烟草 2.7 万吨，排世界第 22 位，进口 16.8 万吨，居世界第 4 位。2017 年烟草制品出口量为 1.3 万吨，居世界第 18 位，价值 1.02 亿美元，居世界第 17 位。

整体来说印度尼西亚政府一直支持烟草行业发展，因为烟草税费收入高，2018 年约为 1 600 亿印度尼西亚盾。出于反吸烟组织和国际社会的压力，近年来印度尼西亚也在尝试限制吸烟。2016 年烟草产量下滑的原因主要来自国际的影响，当时印度尼西亚国内没有严厉的禁烟措施。

第三节　畜牧业

一、肉类

肉类自足是印度尼西亚粮食自足计划中的重要部分。随着印度尼西亚人民收入提高、人口增加，为解决人民食物需求，印度尼西亚大力发展畜牧业。尽管肉类需求还依赖进口，但印度尼西亚畜牧业已经有所发展，并展现出对禽类的偏好。据印度尼西亚中央统计局统计，2019 年全国的肉类生产，鸡肉占主要肉类的 80.58%，其次是牛肉，占主要肉类的 10.53%。印度尼西亚人主要食用的肉类是鸡肉、鸭肉、牛肉和羊肉（图2-29、图2-30）。

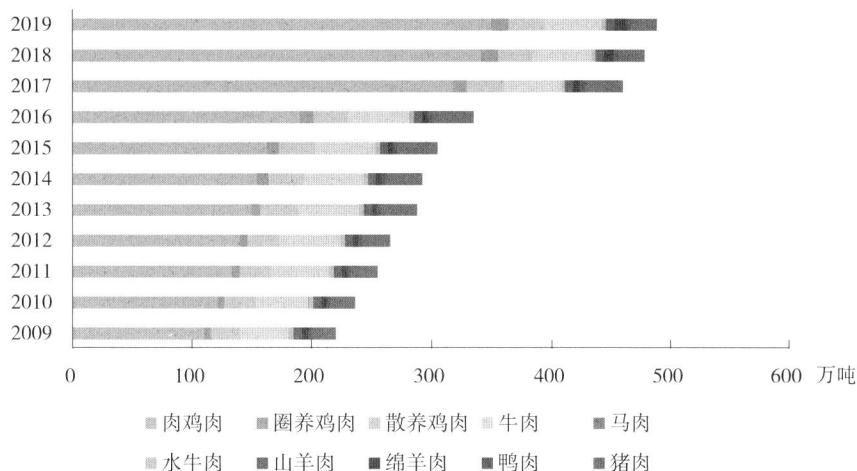

图 2-29 2009—2019 年印度尼西亚肉类产量

数据来源：根据印度尼西亚中央统计局公布的数据计算而作，参见印度尼西亚中央统计局网站，http：//www.bps.go.id/。

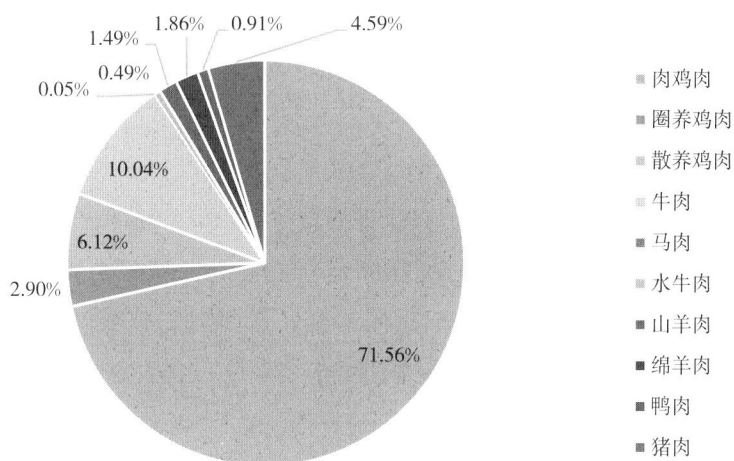

图 2-30 2019 年印度尼西亚肉类生产情况

数据来源：根据印度尼西亚中央统计局公布的数据计算而作，参见印度尼西亚中央统计局网站，http：//www.bps.go.id/。

（一）禽肉

爪哇是印度尼西亚主要的肉鸡产地，据印度尼西亚中央统计局统计，2019年爪哇六省的肉鸡产量有 236 万吨，其中西爪哇和中爪哇产量居全国第一、第二位，分别为 88.7 万吨和 66.5 万吨，两省贡献了全国 44.4％的肉鸡产量。

53

2019 年印度尼西亚全国共有 6 个省份肉鸡产量在 10 万吨以上，其余四省为：东爪哇，51.1 万吨；万丹，22.3 万吨；北苏门答腊，15.5 万吨；廖内，10.9 万吨。

据印度尼西亚中央统计局统计，2019 年印度尼西亚圈养鸡肉地区产量情况如下：爪哇，7.9 万吨；苏门答腊，3.8 万吨；苏拉威西，1.3 万吨；加里曼丹，0.6 万吨；努沙登加拉群岛，0.5 万吨；西新几内亚，726 吨；马鲁古群岛，78 吨。2019 年圈养鸡在万吨以上的省份有 5 个：东爪哇，4.5 万吨，占比 36.9%；北苏门答腊，1.8 万吨；西爪哇，1.3 万吨；中爪哇，1.1 万吨；南苏拉威西，1 万吨。

据印度尼西亚中央统计局统计，2019 年印度尼西亚散养鸡肉地区产量情况如下：爪哇，11.3 万吨；苏门答腊，7.2 万吨；苏拉威西，6.5 万吨；努沙登加拉群岛，2.7 万吨；西新几内亚，0.6 万吨；马鲁古群岛，0.1 万吨。2019 年全国有 10 个省份的散养鸡肉产量在万吨以上，前四位的是：东爪哇，4.4 万吨，占总量的 14.7%；南苏拉威西，3.6 万吨，占总量的 12.0%；中爪哇，3.1 万吨，占总量的 10.4%；西爪哇，2.6 万吨，占总量的 8.7%。其余未超过 2 万吨的省份是：亚齐、北苏门答腊、楠榜、西努沙登加拉、东努沙登加拉、东南苏拉威西。

据印度尼西亚中央统计局统计，2019 年鸭肉地区产量情况如下：爪哇，2.4 万吨；苏门答腊，约 1 万吨；努沙登加拉群岛，0.2 万吨；加里曼丹，0.2 万吨；苏拉威西，0.6 万吨；马鲁古群岛，358 吨；西新几内亚，166 吨。就具体省份而言，产量上千吨的省份有 9 个：东爪哇，9 843 吨，占总量的 22.3%；西爪哇，8 338 吨；南苏拉威西，5 085 吨；中爪哇，4 179 吨；北苏门答腊，3 023 吨；南苏门答腊，2 111 吨；亚齐，1 844 吨，南加里曼丹 1 321 吨；西努沙登加拉，1 139 吨（图 2-31）。

据印度尼西亚中央统计局统计，2019 年全国主要禽肉产量为 397.92 万吨，其中鸡肉产量 393.5 万吨，占比 98.9%，鸭肉产量 4.42 万吨，占比 1.1%。鸡肉类统计主要分为肉鸡肉、圈养鸡肉和散养鸡肉（即土鸡肉），2019 年肉鸡肉产量 349.5 万吨，占鸡肉类产量 88.8%，圈养鸡肉 12.2 万吨，散养鸡肉 29.9 万吨。爪哇是主要的鸡肉生产地区，其次是苏门答腊、苏拉威西。印度尼西亚的鸡肉产量连续十年增长，在 2017 年产量又大幅提升，其中主要是肉鸡肉的产量大幅提高，从 2016 年的 190.6 万吨增长到 2017 年的 317.6 万

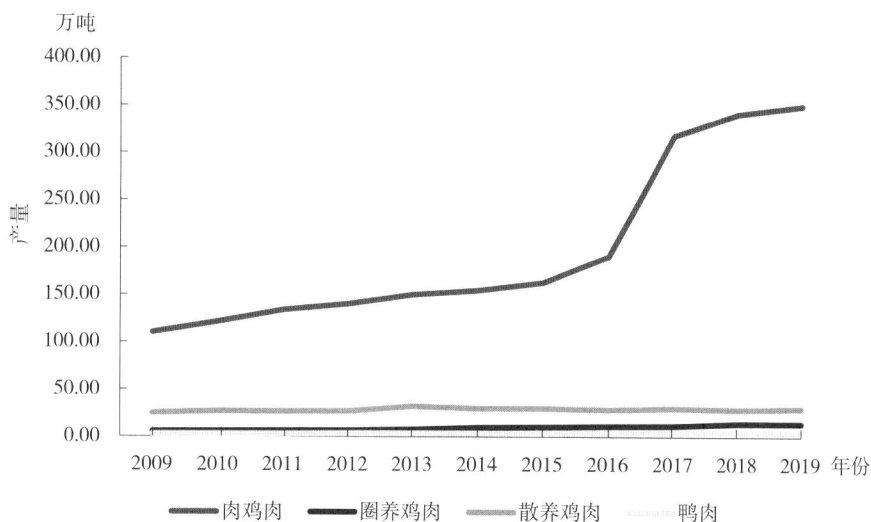

图 2-31　2009—2019 年印度尼西亚禽肉产量

数据来源：根据印度尼西亚中央统计局公布的数据计算而作，参见印度尼西亚中央统计局网站，http://www.bps.go.id/。

吨，此后在 300 万吨的水平上继续增长。2017 年北苏门答腊、西努沙登加拉、西巴布亚的肉鸡肉产量是 2016 年产量的四倍多，主要增产得益于产量基数大的苏门答腊和爪哇地区。2017 年苏门答腊十省肉鸡产量均有增加，北苏门答腊增产 15.7 万吨，共增产 43 万吨；爪哇六省增产 57 万吨，其中雅加达减产 13 万吨，西爪哇和日惹略有减产，但中爪哇增产 31 万吨，东爪哇增产 25 万吨，万丹增产 20 万吨。

印度尼西亚的家禽业以鸡养殖为主，也有鸭、鹌鹑等，但数量较少。按行业划分，印度尼西亚家禽业主要由六个子行业组成：饲料、育种、肉鸡饲养、蛋鸡饲养、屠宰和加工。按鸡的养殖品种主要分为肉鸡养殖和蛋鸡养殖（圈养鸡）。自 1980 年以来，印度尼西亚的家禽企业发展迅速，据印度尼西亚饲料生产者协会（the Indonesia Feed Producers Association）报告，家禽业的发展供应了印度尼西亚人民所需的动物蛋白的 65％，为 1 200 万人提供了工作机会。印度尼西亚的家禽养殖系统正在从集约化、开放式、系统化农场逐步过渡到封闭式自动舍饲系统农场。这种变化是由于劳动力成本增加，对更高产量的追求以及高致病性禽流感（HPAI）等压力造成的。

在 2007 年至 2015 年，印度尼西亚发布了两项与商业家禽养殖有关的部级法规，以预防家禽企业中高致病性禽流感的流行。活鸡和鸡肉的价格波动制约了家禽业的发展。因此，在 2016 年，农业部发布第 61 号法规，监管家禽业的竞争和供需，调整家禽的生产力。这是为了应对家禽业快速发展导致的价格下降，利润减少[①]。这些政策并没有彻底稳定鸡肉价格，印度尼西亚农业部数据显示 2018 年全国消耗鸡肉 310 万吨，鸡肉市场供过于求。

（二）牛肉

印度尼西亚的牛肉产地主要在爪哇。据印度尼西亚中央统计局统计，2019 年印度尼西亚牛肉产量为 49 万吨，地区产量情况如下：爪哇 29 万吨，苏门答腊 9.6 万吨，苏拉威西 4.2 万吨，努沙登加拉 2.9 万吨，加里曼丹 2.5 万吨，西新几内亚 0.5 万吨，马鲁古群岛 0.3 万吨。2019 年印度尼西亚全国有 12 个省的牛肉产量在万吨以上，东爪哇产量最高，10 万吨，占总量的 20.4%；其次是西爪哇，8 万吨，占总量的 16.3%；中爪哇，7 万吨，占总量的 14.3%；西苏门答腊和南苏拉威西都是 2 万吨；亚齐、北苏门答腊、南苏门答腊、楠榜、雅加达、万丹、东努沙登加拉均未达到 2 万吨。

印度尼西亚的水牛肉生产主要在苏门答腊。据印度尼西亚中央统计局统计，2019 年印度尼西亚水牛肉产量为 2.4 万吨，地区产量情况如下：苏门答腊 1.3 万吨，苏拉威西 0.4 万吨，努沙登加拉群岛 0.2 万吨，爪哇 0.1 万吨，加里曼丹 0.1 万吨，马鲁古群岛 51 吨，西新几内亚 29 吨。2019 年水牛肉产量在千吨以上的省份有：亚齐，4 300 吨，占总量的 17.9%；西苏门答腊，2 200 吨；廖内，1 900 吨；西爪哇，1 800 吨；占碑，1 600 吨；中爪哇，1 600 吨；东努沙登加拉，1 500 吨（图 2-32）。

印度尼西亚的牛肉产量远高于水牛肉，2019 年牛肉产量是水牛肉的 20 倍，两种牛肉的产量在所有肉类中占比 10%。2009 年开始牛肉产量连年攀升，2012 年突破 50 万吨，达到 50.9 万吨，以后在 50 万吨上下浮动，2016 年达到最高值 51.9 万吨，近三年牛肉产量略有减少，未再达到 50 万吨。

印度尼西亚的牛肉生产难以满足国内所需，仍需依赖进口牛肉。国内牛肉价格受进口牛肉影响，印度尼西亚政府限制牛肉进口以支持国内牛肉价格。但印度尼西亚的养牛业主要是小农户，养牛对大多数印度尼西亚农民来说并非为了食用，农民将牛作为一种财产、运输工具和社会保障。因此政府的增加牛肉产量政策难以奏效。

---

① 参见 Indonesia Voluntary Poultry Report，USDA，January 13，2017。

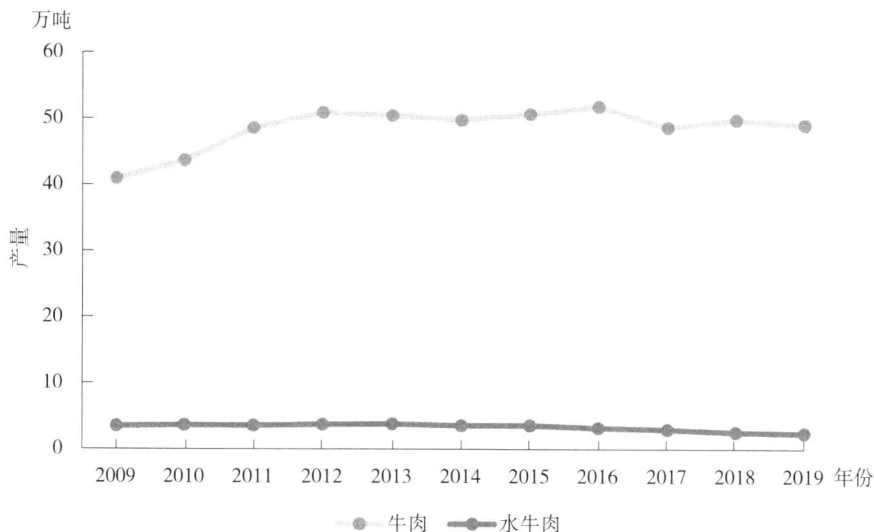

图 2-32　2009—2019 年印度尼西亚牛肉和水牛肉产量

数据来源：根据印度尼西亚中央统计局公布的数据整理而作，参见印度尼西亚中央统计局网站，http://www.bps.go.id/。

（三）马肉

印度尼西亚的马肉生产主要在苏拉威西的南苏拉威西，2019 年这里生产了全国 66.13％ 的马肉，其次是努沙登加拉群岛，马肉产量为全国的 26.26％。根据印度尼西亚中央统计局数据统计，2019 年印度尼西亚马肉产量为 0.2 万吨，地区产量情况如下：苏拉威西，1 525 吨；努沙登加拉群岛，606 吨；爪哇，136 吨；苏门答腊，21 吨；西新几内亚，15 吨；马鲁古群岛，1.6 吨；加里曼丹，1 吨。并非所有省份都进行马肉生产，2019 年印度尼西亚生产马肉的省份有 15 个，仅南苏拉威西的马肉产量过了千吨，达到了 1 502 吨，占总量的 75.1％，另外还有三个省的马肉产量过百吨：东努沙登加拉，487 吨；西努沙登加拉，118 吨；日惹，112 吨。

印度尼西亚马肉的产量在肉类生产中的占比非常微小，不足 0.01％，马肉产量常年稳定在 2 000 吨上下，2012 年增产 33.6％，次年又大幅减产 37.5％，产量仅有 1 800 吨，此后马肉产量未低于 2 000 吨，2017 年产量 2 700 吨，仅次于 2012 年的 2 900 吨，近两年，马肉产量不断减少（图 2-33）。

在印度尼西亚，马肉主要用来制作马沙爹（sate kuda），这道日惹美食是沙爹的一种，大块的串烧烤肉配麻辣酱，享用时通常佐以香葱、胡椒和甜酱油。

万吨

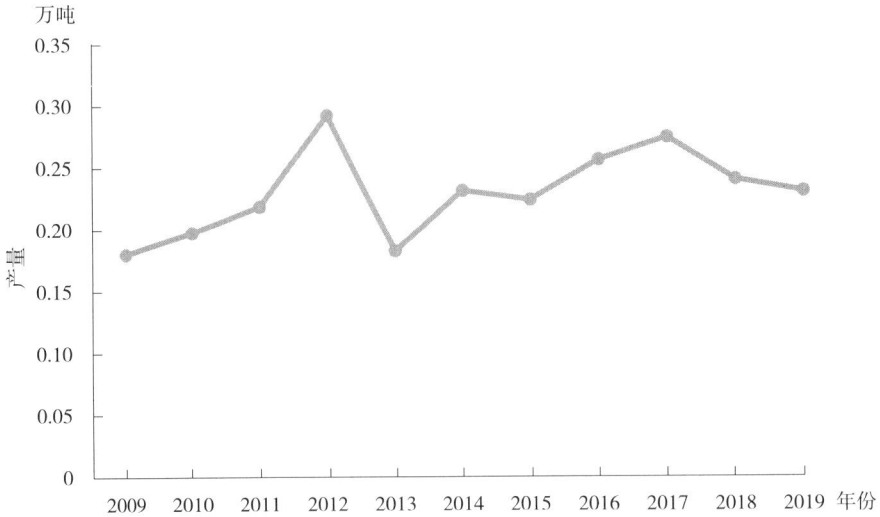

图 2-33　2009—2019 年印度尼西亚马肉产量

数据来源：根据印度尼西亚中央统计局公布的数据整理而作，参见印度尼西亚中央统计局网站，http://www.bps.go.id/。

（四）羊肉

爪哇是山羊肉的主要产区，尤其是东爪哇、中爪哇和西爪哇这三省，2019年三省山羊肉产量占全国总产量的 59.9%。印度尼西亚中央统计局数据显示，2019 年印度尼西亚山羊肉产量为 7.3 万吨，地区产量情况如下：爪哇，5.2 万吨；苏门答腊，1.1 万吨；努沙登加拉群岛，0.4 万吨；苏拉威西，0.3 万吨；马鲁古群岛，0.3 万吨；西新几内亚，313 吨。2019 年全国山羊肉产量在万吨以上的省份有两个，均在爪哇：东爪哇，2.2 万吨；中爪哇，1.2 万吨。

羊肉产量在印度尼西亚的肉类中占 3%。尽管多数省份有绵羊肉生产，但97.9% 的绵羊肉由爪哇供应，西爪哇生产了全国 68.4% 的绵羊肉。根据印度尼西亚中央统计局数据统计，2019 年印度尼西亚绵羊肉产量为 9.1 万余吨，地区产量情况如下：爪哇，8.9 万吨；苏门答腊，0.2 万吨；努沙登加拉群岛，306 吨；苏拉威西，22 吨；马鲁古群岛，41 吨。西新几内亚没有绵羊肉的生产，2016 年开始苏拉威西仅有中苏拉威西有绵羊肉的产量统计，统计中马鲁古群岛的绵羊肉生产仅在马鲁古省（图 2-34）。

2009 年到 2015 年，印度尼西亚山羊肉的生产不断减少，从 2009 年的 7.4万吨减产到 2018 年的 6.5 万吨，此后产量有所增加，2017 年恢复到 7 万吨以

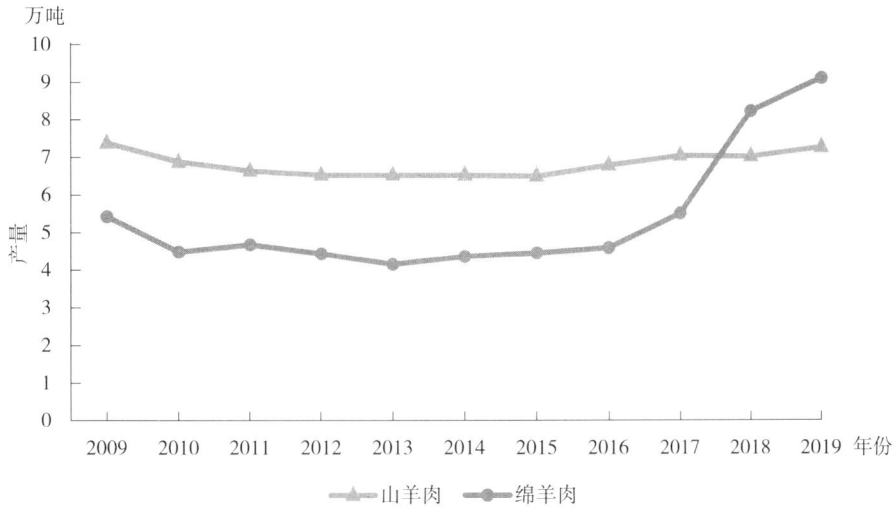

图 2-34 2009—2019 年印度尼西亚山羊肉和绵羊肉产量

数据来源：根据印度尼西亚中央统计局公布的数据整理而作，参见印度尼西亚中央统计局
网站，http://www.bps.go.id/。

上，但没有较大的产量突破。绵羊肉的产量在历史上长期低于山羊肉，2014
年开始产量五年连增，2018 年增产 50%，实现了第一次对山羊肉产量的超越，
达到了 8.2 万吨。

印度尼西亚有很多特色羊肉美食：Sate kambing，一种羊肉串，配甜酱
油、生葱和辣椒；Tongseng，源于中爪哇的汤品，是类似咖喱的羊肉和蔬菜
丁汤，咸中带甜，带有罗望子的味道；Sop kambing，由羊肉丁、羊杂和蔬菜
一起制作的椰奶汤；Nasi kebuli，从中东传入印度尼西亚的调味米饭，加了羊
肉汤和其他香料；Kambing guling，腌制的整只羊肉，佐以甜酱油、青葱和辣
椒，在婚礼、生日聚会或其他重要的庆祝活动中，这道菜肴必不可少；Gulai
cincang，由咖喱和碎羊肉制作。

（五）猪肉

相较于其他禽畜肉类生产，印度尼西亚的猪肉生产地理分布比较分散，主
要在努沙登加群岛、苏门答腊和苏拉威西，印度尼西亚中央统计局数据显示，
2019 年印度尼西亚猪肉产量为 22.4 万吨，地区产量情况如下：努沙登加拉群
岛，8.7 万吨；苏门答腊，6.1 万吨；苏拉威西，3.4 万吨；爪哇，1.6 万吨；
加里曼丹，1.5 万吨；西新几内亚，0.9 万吨；马鲁古群岛，844 吨。2019 年
猪肉产量在万吨以上的省份有 5 个：北苏门答腊，5.4 万吨；巴厘岛，4.9 万

吨；东努沙登加拉，3.8万吨；北苏拉威西，2.6万吨；西加里曼丹，1.2万吨。

猪肉产量在印度尼西亚所有肉类中的比重不大，2019年印度尼西亚猪肉产量占全国肉类比重为5%，2009年到2015年猪肉产量不断上涨，2013年突破30万吨，2016年达到顶峰34万吨，此后猪肉生产没有继续增加，2018年产量跌回21.6万吨（图2-35）。

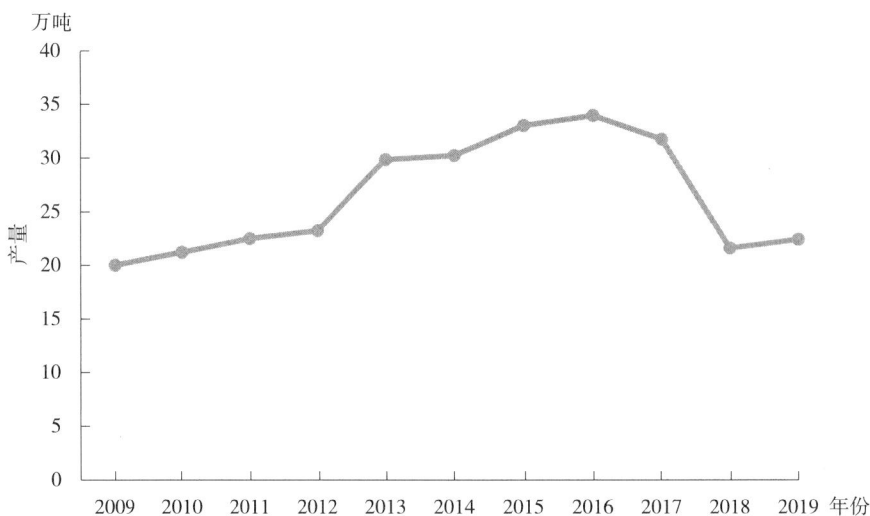

图2-35　2009—2019年印度尼西亚猪肉产量

数据来源：根据印度尼西亚中央统计局公布的数据整理而作，参见印度尼西亚中央统计局网站，http://www.bps.go.id/。

2019年非洲猪瘟影响了印度尼西亚猪肉市场。印度尼西亚中央统计局数据显示，2019年1—9月印度尼西亚的猪肉出口总值为4 490万美元，较2018年同期的4 101万美元增长了9.48%。2019年上半年向新加坡出口了约14 893吨，高于上一年的13 194吨[①]。

二、蛋类

印度尼西亚的圈养鸡蛋主要在爪哇和苏门答腊。据印度尼西亚中央统计局统计，2019年印度尼西亚圈养鸡蛋地区产量情况如下：爪哇，286.8万吨；苏

---

① Keep calm，eat pork：Bali official changes tune，saying swine fever not confirmed yet，The Jakarta Post，February 10，2020，http：//www. thejakartapost. com/news/2020/02/10/keep-calm-eat-pork-bali-official-changes-tune-saying-swine-fever-not-confirmed-yet. html。

门答腊，114.7 万吨；加里曼丹，24.4 万吨；努沙登加拉群岛，22.9 万吨；西新几内亚，2 万吨；马鲁古群岛，707 吨。2019 年圈养鸡蛋产量在 10 万吨以上的省份有 9 个：东爪哇，163.2 万吨，占比 34.3%；中爪哇，50 万吨；西爪哇，44.1 万吨；南苏拉威西，19.7 万吨；万丹，19.2 万吨；巴厘岛，18.6 万吨；西加里曼丹，11.5 万吨。

据印度尼西亚中央统计局统计，2019 年印度尼西亚鸡蛋地区产量情况如下：爪哇，8.8 万吨；苏门答腊，6.3 万吨；苏拉威西，3.7 万吨；加里曼丹，1.8 万吨；努沙登加拉群岛，1 万吨；西新几内亚，0.2 万吨；马鲁古群岛，0.2 万吨。2019 年散养鸡蛋产量在万吨以上的省份有 5 个：中爪哇，3.3 万吨；东爪哇，2.1 万吨；南苏拉威西，2.1 万吨；西爪哇，1.8 万吨；万丹，1.4 万吨。

印度尼西亚的鸡蛋产量以圈养鸡蛋为主，2019 年圈养鸡蛋 475.3 万吨，散养鸡蛋（即土鸡蛋）22 万吨，圈养鸡蛋产量是散养鸡蛋的 21 倍。近十年来印度尼西亚的鸡蛋产量逐年增加，2017 年圈养鸡蛋激增，从 100 万吨增产到 463.2 万吨，是 2016 年的三倍多，此后鸡蛋产量接近 500 万吨大关（图 2-36）。

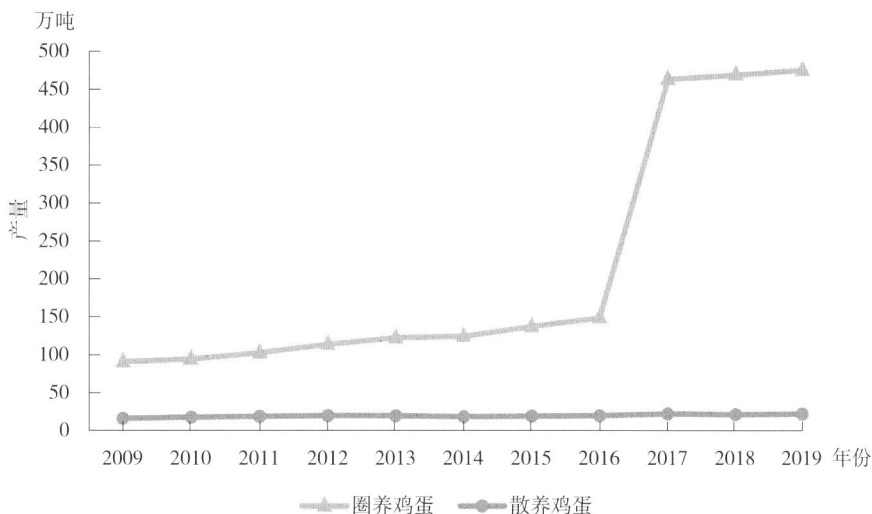

图 2-36　2009—2019 年印度尼西亚圈养鸡蛋产量和散养鸡蛋产量
数据来源：根据印度尼西亚中央统计局公布的数据整理而作，参见印度尼西亚中央统计局网站，http://www.bps.go.id/。

鸡蛋被加工成印度尼西亚美食中的许多菜肴。2016 年和 2019 年都出现过为了调控鸡肉价格，印度尼西亚政府要求销毁鸡蛋以控制鸡养殖数量。

三、乳业

爪哇六省生产了印度尼西亚全国 99% 的鲜奶。据印度尼西亚中央统计局统计，2019 年印度尼西亚鲜奶地区产量情况如下：爪哇，98.7 万吨；苏门答腊，0.6 万吨；苏拉威西，0.3 万吨；加里曼丹，445 吨；努沙登加拉群岛，20 吨。爪哇六省中，东爪哇鲜奶产量 52.3 万吨，西爪哇鲜奶产量 35.2 万吨，各占全国总鲜奶产量的 52.5% 和 35.3%（图 2-37）。

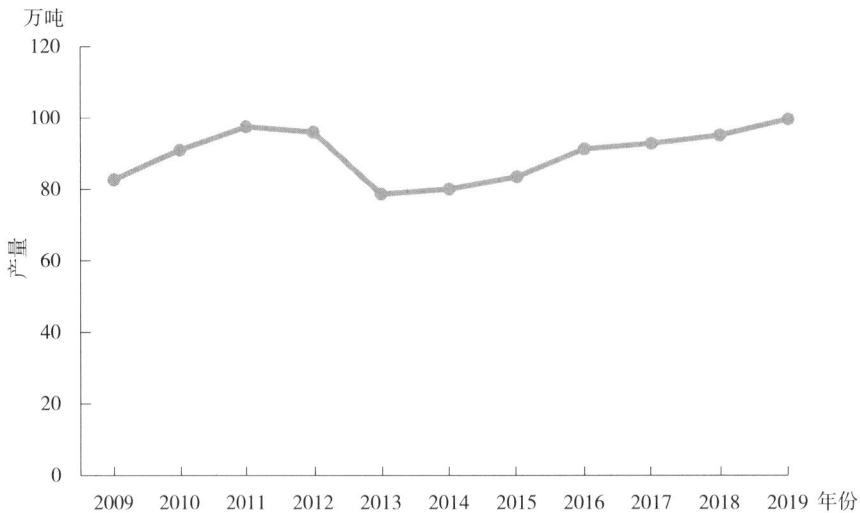

图 2-37　2009—2019 年印度尼西亚鲜奶产量变化

数据来源：根据印度尼西亚中央统计局公布的数据整理而作，参见印度尼西亚中央统计局网站，http://www.bps.go.id/。

2009 年到 2011 年印度尼西亚的鲜奶产量稳步上升，从 82.7 万吨增产到 97.4 万吨，后遭遇两年连续减产，2013 年跌破 80 万吨，产量为 78.7 万吨，此后鲜奶六年连增，2019 年达到 99.6 万吨，但仍未突破百万吨。

印度尼西亚牛奶生产面临乳牛品种改良困难，2019 年干旱季节阻碍了饲料作物生长，影响了牛奶产量，新鲜牛奶产量增幅不大。奶制品加工公司继续通过合作社援助奶农，为合作社安排低息贷款或无息贷款。这些贷款用于维持新鲜牛奶供应链，提供急需的冷链基础设施升级、装卸设备和运输工具。一些加工商还对年轻农民进行生产管理培训。印度尼西亚政府有一项信贷计划，奶农可以用来购买更多优良品种的奶牛，但据报道，这项信贷计划几乎没有被实际应用，因为大多数奶农缺乏参与贷款计划所需的抵押品。但是，许多合作社可以获得商业银行贷款，他们可以将其用于购买生产力更高的奶牛。

在印度尼西亚，乳制品行业有两种生产方式：现代化、高效率、高产量和集成化的乳制品公司拥有约 10％奶牛群，生产的鲜奶产量约占总量的 23％，这类企业占比小但数量不断增长。小农养殖，通常每户只有 3～5 头母牛。95％的新鲜牛奶被乳制品加工商制作成巴氏灭菌液态奶、奶粉、酸奶、黄油和奶酪，个体奶农和合作社使用剩余的 5％。2018 年，乳制品加工商使用了6.26 亿升鲜奶。印度尼西亚不生产脱脂奶粉，生产全脂奶粉且完全用于家庭需求。在充满活力的食品加工业和整体需求增长的推动下，2019 年乳制品消费量增长 5％，达到 39.9 亿升，大约 56％（22.3 亿升）的消费形式为液态鲜牛奶、超高温灭菌牛奶、调味和发酵乳、炼乳和奶油。其余 44％的消费量包括奶粉、奶酪和烘焙食品①。

---

① Indonesia Dairy and Products Annual，USDA，November 14，2019。

第三章 CHAPTER 3
印度尼西亚农业政策与发展计划 ▶▶▶

░░░░░░░░ **第一节　农业政策** ░░░░░░░░

一、印度尼西亚农业事务的官方机构

（一）印度尼西亚农业部（Kementerian Pertanian）

得益于优越的自然气候和地处亚洲和大洋洲两大洲、太平洋和印度洋两大洋之间的地理位置，印度尼西亚拥有丰富的自然资源，其农业部门也成为该国经济的重要部门。

在荷兰占领时期，1905 年 1 月 1 日，荷兰东印度公司根据 1904 年 9 月 23 日荷兰东印度群岛总督令（基于 1904 年 7 月 28 日荷兰国王的第 23 号法令）成立了一个专门处理印度尼西亚农业事务的部门。该农业部门的第一任农业部主任是荷兰植物学家梅尔基奥·特雷布（Melchior Treub）。在荷兰殖民时期，农业事务先后由农业部（Departement van Landbouw，1905）、工业和贸易部（Nijverheid en Handel，1911）和经济事务部（Departement van Ekonomische Zaken，1934）负责。

在日本占领时期，日本军事行政部产业部（Gunseikanbu Sangyobu）处理印度尼西亚群岛的农业事务。

1945 年 8 月 17 日，印度尼西亚独立准备委员会正式对外发表《印度尼西亚独立宣言》，宣告独立，终结了荷属东印度公司的统治。自 1945 年 8 月 19 日以后，农业部门一直隶属于总统府内阁，这是印度尼西亚独立后的第一任内阁。内阁在中爪哇马格朗建立了分支机构，1947 年 7 月，办公室搬到了婆罗浮屠，然后搬到了日惹。

之后根据印度尼西亚 2009 年第 47 号总统令关于国家部委的建立和组织的相关规定，农业部正式更名为 Kementerian Pertanian（原为 Departemen Pertanian）[①]。印度尼西亚农业部的职能如表 3-1 所示。

表 3-1　印度尼西亚农业部的职能

愿景	粮食主权与农民福利的实现
使命	1. 实现粮食安全和营养 2. 提高农产品的附加值和竞争力 3. 实现农民福利 4. 建立一个透明、负责、专业和高度诚信的农业部
农业发展目标	1. 实现玉米、大豆自给自足并增加肉类和糖类产量 2. 满足民众的食品需求 3. 食品消费文化的转变 4. 在价格稳定的情况下提高生产稳定性 5. 具有经济价值的农产品开发 6. 鼓励农业生物工业的发展 7. 提高农民的素质和收入 8. 农业部管理体制改革

资料来源：根据印度尼西亚农业部公布的资料整理而作，参见印度尼西亚农业部官网，https：// www. pertanian. go. id/。

印度尼西亚农业部在 2020—2024 年的发展目标是"通过提高粮食安全和农业竞争力，实现独立、发达和繁荣的农业共同体"。同时确定的重点任务是：①通过保护农民和赋予农民权力来实现农民福利；②通过增加满足社区消费的食品的供应、负担能力和利用率来获得粮食安全；③通过鼓励竞争优势和更好的生产、储存、加工和分配价值，提高农产品的附加值和竞争力。围绕这一系列任务，制定了以下农业政策和措施，如表 3-2 所示。

表 3-2　印度尼西亚农业政策和措施

政　策	措　施
维护国家粮食安全	通过以下途径提高粮食生产力： （1）提供优质种子 （2）实施良好的农业耕作做法 （3）减少作物损失 （4）开展虫害防治以及适应和减轻气候变化的影响 （5）建立以开发区为基础的商品区 （6）利用补贴、融资和农业商业信贷

---

① 参见印度尼西亚农业部，http：// www. pertanian. go. id/home/？ show＝page&act＝view&id＝4。

（续）

政　策	措　施
维护国家粮食安全	（7）优化包括沼泽地在内的土地利用 通过以下途径改善国家战略粮食供应情况： （1）发展以粮食供应为基础的国内生产和国家粮食储备 （2）增强小型粮食企业（农业企业）的能力 （3）加快技术传播和提高农民采用技术的能力 （4）通过采用粮食处理、加工和分配技术，减少粮食损失 （5）加强和促进农村地区粮食销售和市场的发展 （6）通过管理国家和地方政府的主要粮食储备来维持粮食供应的稳定 （7）将社区粮食储存系统恢复为社区粮食储备系统 （8）根据当地粮食消费模式为穷人和粮食短缺者分配补贴粮食或粮食援助 （9）促进粮食消费多样化，包括营养丰富、均衡和安全的粮食消费模式
提高农业附加值和发展有竞争力商品	通过以下途径实施： （1）在边境地区建设以出口为导向的粮仓 （2）发展以农产品为基础的集团化农业公司 （3）加强检疫制度 （4）发展战略商品的冷藏和筒仓 （5）促进信息系统数字化，加快出口和投资许可审批程序 （6）提高效率、附加值，优化贸易制度 （7）提高农产品和加工产品的质量 （8）缩短供应链，提高生产成本效率 （9）增加出口，减少农产品进口 （10）加强采后加工和装卸设备建设 （11）发展区域性农业产业
维持农业资源的可持续性以及农业基础设施的可用性	通过以下途径增加可得性、土地保护和水资源管理： （1）审计农业用地 （2）增加农业面积 （3）确定开发区的优先次序 （4）保持和（或）维持生产性和集约化土地的肥力 （5）优化废弃农田的使用 （6）保持土壤肥力和改善边际土地条件 （7）优化现有水资源，开发地表水和地表水替代水源 （8）改善灌溉基础设施功能 （9）实施节水技术 （10）发展水库和水坝/长蓄水的集水技术 （11）将取水技术发展到有取水井的土地中
维持农业资源的可持续性以及农业基础设施的可用性	通过以下方式振兴农民和机构融资： （1）优化社区商业信贷计划 （2）发展农业综合企业小额信贷机构 （3）促进保险实施 通过以下方式加强种子、肥料和农药分配的供应和监督： （1）加强使用经认证的种子 （2）增强种子生产者的能力 （3）发展和稳定种业 （4）便利补贴肥料的供应 （5）监测无害环境的肥料和农药的流通和使用 （6）改进肥料和农药登记服务

（续）

政　策	措　施
提高农业人力资源质量	（1）规范和认证农业职业资格 （2）恢复和发展青年农民利益 （3）实施基于农业咨询的信息和通信技术 （4）将培训提高到国际水平 （5）改进基于能力的职业教育和培训 （6）加强农民培训机构建设
实现高效、以服务为本的优秀管理机构	（1）做到廉洁、无裙带关系的机构管理 （2）提高公共服务的质量 （3）提高机构管理能力，加强问责制

（二）国家粮食后勤总署（Public Corporation Logistic Agency）

1967 年 5 月 10 日，根据第 114 号内阁主席团文件决定，印度尼西亚成立国家粮食后勤总署（Public Corporation Logistic Agency，缩写为 Perum Bulog），其主要目的是确保粮食供应，以支持新政府。1969 年 1 月 21 日第 39 号总统令决议，调整国家粮食后勤总署的主要任务为稳定大米价格，1987 年第 39 号总统令再次修订，鼓励国家粮食后勤总署多方向发展，以支持多种农产品食品的发展。1993 年第 103 号决议将其职责扩大到包括协调食品开发和提高食品营养质量。

20 世纪 90 年代期间，国家粮食后勤总署职能逐步完善发展。1995 年，印度尼西亚第 50 号总统令完善了国家粮食后勤总署的组织结构，进一步加强了其主要任务、职能和作用。国家粮食后勤总署的责任更多集中在维护主食和食品供应的稳定和改善管理上。根据总统令的要求，国家粮食后勤总署的主要任务是直接和间接控制粮食价格并管理大米、糖、小麦、大豆、饲料和其他食品原料的供应，以维持生产者和消费者的食品价格稳定并协调食品需求与政府的总体政策。1997 年第 45 号总统令限制了国家粮食后勤总署管理的商品种类，只保留了大米和糖；1998 年 1 月 21 日第 19 号总统令又恢复了其任务，使其管理商品的范围再次根据政府与国际货币基金组织达成的协议予以缩小[1]。在总统令中，国家粮食后勤总署的主要任务仅限于管理大米，其他商品则由市场机制调节。

进入 21 世纪，国家粮食后勤总署开始向商业实体的方向发展。2000 年到

---

[1] 参见印度尼西亚国家粮食后勤总署，http：//www.bulog.co.id/。

2003 年之间，国家粮食后勤总署处于过渡期中，2000 年第 166 号总统令的发布使这一改革的方向越来越明确，2002 年 1 月 7 日的第 3 号总统令规定国家粮食后勤总署的主要任务仍与之前的规定相同，但名称有所不同。2003 年第 7 号印度尼西亚政府法规颁布，宣告国家粮食后勤总署成为一个国有企业（表 3-3）。

国家粮食后勤总署直接向内阁汇报工作，之后又建立了省级和县级机构，后者成为与农民、商人、乡村合作社等联系的主要部门，从而组成了完整的管理网。国家粮食后勤总署储备的大米全部由国内生产，没有从国外进口。从 2009 年开始印度尼西亚重新出口大米[①]。

表 3-3　印度尼西亚国家粮食后勤总署的职能

愿景		成为支持实现食品主权、卓越而值得信赖的食品公司
使命		1. 通过优先服务社区来开展主粮物流业务 2. 在专业人力资源、尖端技术和集成系统的支持下，实施卓越的管理实践 3. 运用良好的公司治理原则，并不断进行改进 4. 确保主食商品的可获得性、可负担性和稳定性
业务范围	公共服务	1. 按照政府规定的购买价格采购国内谷物和大米，加强供应支柱 2. 提供补贴大米并分配给低收入群体，加强可承受性支柱 3. 管理政府稻米储备，加强稳定支柱
	规划与业务发展	1. 进行粮食商品贸易 2. 开展工业活动：以稻米为主的工业、配套的辅助工业和其他食品工业 3. 提供资产的授权/租赁、运输、调查、维护和防治虫害等服务

资料来源：根据印度尼西亚国家粮食后勤总署公布的资料整理而作，参见印度尼西亚国家粮食后勤总署网站，http://www.bulog.co.id/。

二、印度尼西亚农业政策演变

印度尼西亚是农业大国，农业和农民问题是国家发展的重中之重。印度尼西亚历届政府都强调要优先发展农业，在国家发展政策中提出发展国民经济必须以农业、轻工业、重工业位序的总方针，对农业投入了大量人力、物力和财力，并制定了许多政策措施。

（一）农业土地政策

1960 年的《土地基本法令》是印度尼西亚的第一个有关土地问题的纲领

---

① 何政，《印度尼西亚经济社会地理》，中国出版集团，世界图书出版公司，2014 年 12 月，第 176 页。

性法令。它宣告废除荷兰殖民政府遗留下来的土地法令及有关条例，规定了总的土地政策。1960 年后的一系列法令，原则上确定了占有土地的面积必须有最高额与最低额的限制；规定了外国资本种植园今后的地位及租地年限；规定了各种土地权，如土地所有权、土地开发权、土地建筑权、土地使用权、土地建筑赁债权等；规定"只有具有印度尼西亚国籍"的人可以拥有土地所有权[①]。这一时期印度尼西亚政府的土地政策主要目的是通过减少帝国主义资本对土地的权利和租借特权，在保持土地私有制的前提下调整农民和地主之间的关系。此后在 1960—2000 年间通过土地改革分配的土地达 88.5 万公顷，130 万农户直接受益。但所分配土地仅占全国农田面积不足 2%，获得土地的农户仅占全国农户总数的 7%[②]。

印度尼西亚气候条件得天独厚，但各地垦殖情况相差悬殊，东南部爪哇岛一带农业发展的历史久远。荷兰殖民时期，爪哇岛和马都拉岛的土地面积为全国的 6.89%，却容纳了全国超过 60% 的人口，而苏门答腊、加里曼丹、苏拉威西和伊里安四岛的人口仅占全国不到 30%。为了开发其他地区的土地和发展经济，1905 年至 1930 年间，荷兰殖民政府进行了移民点政策的尝试，约三十多万的爪哇居民移居到苏门答腊岛等主要移民点的种植园工作。为解决"某些岛屿上大量适宜但未开垦的土地"，印度尼西亚共和党自 20 世纪 60 年代起便制定了以土地、贷款和劳动工具为条件的鼓励移民政策。2000 年以前的五年移民计划富有成效，超过 578 万人口迁出爪哇岛[③]。

2014 年以来土地政策主要关注土地再分配，处理土地纠纷。根据 2018 年 9 月 24 日签署的与土地改革有关的第 86 号总统条例，土地改革的主要目标为：减少土地所有权上的不平等；处理土地矛盾纠纷；通过规范土地所有权，创造以农业为基础的繁荣和福利；创造就业机会以减少贫困；改善社区获得经济发展的机会；增加粮食安全和主权；改善和保护环境。改革的措施包括规范土地所有权和促进社区获得土地的机会[④]。

---

① 林克明，《印度尼西亚土地关系史简述》，《南洋问题研究》，1979 年第 3 期，第 99 页。
② 何政，《印度尼西亚经济社会地理》，中国出版集团，世界图书出版公司，2014 年 12 月，第 174 页。
③ 数据整理自：沈燕清，《印度尼西亚国内移民计划浅析（1905—2000 年）》，《东南亚纵横》，2010 年第 9 期，第 21～22 页。
④ 参见 Tahlim Sudaryanto，Presidential Regulation on Agrarian Reform，FFTC，November，2018，http：//ap. FFTC. agnet. org/ap _ db. php？id＝936。

（二）粮食安全政策

加强国家粮食安全是印度尼西亚历届政府的战略政策目标之一。为了确保所有人的粮食安全状况，政府采取了双轨战略：从长远来看，促进农村和以农业为基础的经济发展，提供就业机会和创收；通过直接援助和增强社区能力来满足人们对粮食的需求，特别是贫困人群的粮食需求，使他们能够保证自己的粮食安全。根据这一战略，重点计划是：促进可持续粮食生产系统；开发和加强由地方政府和社区管理的储备食品；通过利用当地资源促进粮食生产和消费的多样化；赋予社区粮食安全权能，以抵御各种粮食不安全的冲击。

在食品安全方面，国家药品食品局制定了食品标准政策，定期收集食品样本并对市场上出售的食品进行实验室检测。对于农业部而言，挑战在于如何确保农民采用良好的农业规范以符合既定标准。因此，优先计划之一是根据这些政策标准，通过应用适当的技术来提高农民的生产能力。

（三）粮食价格政策

印度尼西亚成立国家粮食后勤总署（BULOG），通过向农民购买粮食、向市场出售库存粮食等措施，达到调控粮食价格和保障粮食储备的目的。印度尼西亚粮食后勤总署储备的稻米全部由国内生产，不从国外进口。尽管国家粮食后勤总署仅获得大米总产量的5%左右，但此计划影响了市场价格的上涨，加上印度尼西亚对大米的进口管制，印度尼西亚国内大米价格大部分时候比国际市场价格高。该政策使得印度尼西亚国内稻农获得适度保护，但牺牲了稻米消费者和部分小农的权益。

类似的价格调控政策还有在 2012 年大豆价格上涨的推动下，贸易部长发布了关于大豆价格政策的第 47/2013 号法令，确保小规模的大豆加工企业能够以合理的价格获得大豆的供应。根据该法令，印度尼西亚国家粮食后勤总署以每千克 0.65 美元的参考价从农场农民处购买大豆，然后将大豆以补贴价格出售给小规模加工行业[①]。

---

① Tahlim Sudaryanto，The Frame of Agricultural Policy and Recent Major Agricultural Policies in Indonesia，FFTC，July 2，2014，http：//ap. FFTC. agnet. org/ap _ db. php? id＝256。

（四）肥料补贴与零售价格政策

为了实现可持续的粮食与营养安全，印度尼西亚制定了一项国家政策，规定满足消费需求的主要粮食应来源于国内生产。该政策通过制定高增长率的粮食生产计划来实施，计划的一个重要组成部分是肥料政策：向种粮农户提供和分配肥料；调控肥料最高零售价格。

自 1969 年以来，印度尼西亚政府一直为从事种植业的农民提供化肥补贴。几十年来，肥料政策的总体目标大致相同：为农民提供相对便宜的肥料；提高农业土地生产力和粮食产量；增加农民收入。

有关肥料分配的重要法规之一是 2011 年总统法规第 15 号，该法规将补贴化肥定为政府控制下的商品，控制范围包括采购和分配，内容包括肥料的类型、数量、质量、营销区域和最高价格，以及采购和分配的时间。

肥料政策促进了印度尼西亚种植业的发展，也产生了一些问题，如农民倾向于过度使用化肥，化肥行业的一些参与者通过将补贴化肥走私给非受益者而获利等[①]。

（五）农村政策

印度尼西亚农村的发展严重依赖农业部门，其贫困问题也主要集中在农村地区，农业部门肩负减贫、促进农村发展和改善人民福祉的重任。

印度尼西亚有三项最重要的管理农村社区和发展的法律：2014 年内政部第 114 号法规，关于乡村发展的法规准则；2014 年印度尼西亚第 43 号法规，关于实施 2014 年印度尼西亚法律有关村庄的第 6 号法规；2014 年印度尼西亚第 60 号法规，关于农村发展资金的国家预算分配。这三条法规根据 2004 年国家发展计划系统的第 25 号法律制定，且与 2015 年第 11 号总统法规制定的目标有关联。

现行的国家计划有：进行商业资本援助的农村农业综合企业发展计划（PUAP）；政府致力于通过发展农村来发展印度尼西亚，具体的乡村发展优先项目是建设乡村水库；扶贫计划（BEKERJA）；向农民提供大量援助，如社会化和教育、推广现代农业机械工具计划（OPA）；优先考虑贫困农村社区就

---

① 参见 Achmad Suryana，Fertilizer Subsidy and Retail Price Policies to Support Food and Nutrition Security in Indonesia，FFTC，November 1，2019，http：//ap. FFTC. org. tw/article/1609。

业的以工代偿计划（PKTD）；旨在增强年轻人对农业兴趣、提高农业技能和培养企业家精神，从而培养和发展年轻农业企业家的农业青年企业家成长计划（PWMP）[①]。

（六）农业投资政策

印度尼西亚是农业大国，稻米也是印度尼西亚人的传统主食。20 世纪 80 年代，印度尼西亚的稻米产量一度实现了自给自足，还有少量出口，但进入 90 年代后，印度尼西亚政府的经济发展重点转向工业部门，再加上受到不利的自然灾害影响和 1997 年金融危机的接连打击，印度尼西亚粮食产量多次减产，政府不得不重新开始进口粮食。

为此，印度尼西亚政府增加对农业的投资，提供信贷支持、增加农业财政预算，以提供优良种子、贷款津贴、肥料等多方面资源，这得到公众大力支持。

印度尼西亚政府加大农业基础设施的投资力度。2014 年底，印度尼西亚政府宣布将在 5 年内拨付约 15 亿美元财政预算用于修建 25～30 座水坝等灌溉设施，向农民提供更多优质种子和肥料，在全国推行新型农业保险支持农业发展。2015 年，印度尼西亚农业预算开支为 32 万亿卢比（约合 24.6 亿美元），同比增长 128.6%。2016 年，政府承诺将预算增至 40 万亿～45 万亿卢比（约合 30.8 亿～34.6 亿美元），增加的预算将优先用于修建水库。2014 年以来，印度尼西亚农业领域的投资许可申请达 56.7 万亿卢比（约合 43.6 亿美元），大幅增长约 135%，投资主要集中于畜牧业、粮食生产加工和种植园等[②]。

印度尼西亚政府也注重引进外资发展农业。印度尼西亚爪哇岛生产了全国大部分的粮食作物，而面积仅占全国的 7%。近年来，爪哇岛农业用地被用于工业建厂、住宅建设等项目，粮食作物产量不断下降。此外，由于政府投资少、基础设施落后，爪哇岛以外的农业发展滞后，引进投资成为印度尼西亚发展本土农业的核心政策[③]。印度尼西亚农业部 2017 年第 91 号条例旨在加强农

---

① 参见 Effendi Andoko，Analysis of Indonesia' Government Strategy for Rural Development through Agriculture，FFTC，November 8, 2019，http：//ap. FFTC. org. tw/article/1612。

② 《印度尼西亚农业投资指南：政府加大扶持力度 但要警惕政策变动风险》，中国投资指南网 2017 年 7 月 16 日，http：//www. fdi. gov. cn/。

③ 《印度尼西亚农业投资指南：政府加大扶持力度 但要警惕政策变动风险》，中国投资指南网 2020 年 6 月 25 日，http：//www. fdi. gov. cn/。

业经营策略，要求吸引投资者，2017—2019 年间，外资在印度尼西亚至少兴建了 10 家新糖厂，其中 7 家已开始运营。印度尼西亚政府还将鼓励 15 个投资者，在 2020 年至 2029 年期间，兴建 15 家糖厂，以提高印度尼西亚的甘蔗种植田面积，至 2029 年，种植面积达到 90 万～100 万公顷，以实现白糖的自给自足，甚至出口①。

（七）农业贸易政策

出于保护本国经济部门的需求，印度尼西亚政府在制定贸易政策时通常考虑三个因素：首先，要保护国内生产者免受来自国外廉价劳动力生产的竞争性进口产品的压力；其次，使进口产品的价格与国内产品的价格相等，从而使本地生产者能与其他国家的生产者竞争；最后，实施非关税保护以减少国内失业，并克服国家的国际收支赤字。印度尼西亚的关税政策主要在于控制国内市场的农产品价格，以保护农民免受进口产品的竞争影响。

印度尼西亚贸易部发布的集中战略商品的参考价格通常高于合理价格，以使农民获取足够利润。以印度尼西亚三种战略农产品为例，2013 年到 2017 年间，玉米、大豆和糖的参考价格大约高于基准价格的 2.28%、14.34% 和 13.40%。农民的收益得到了保护，可以获取足够的利润，但也给消费者造成负担。同时也应注意，提高进口关税的政策将导致以这些商品为原料的工业在国内市场产生剧烈价格波动，比如印度尼西亚的卷烟工业依赖原烟叶进口，在国际市场上的贸易伙伴反应也类似。国内价格政策的变动在考虑国内市场的同时，也要考虑国际市场的价格变动②。

为响应在世界贸易组织、东盟经济共同体以及自由贸易协定等组织中做出的承诺，印度尼西亚对贸易政策进行了放松管制。2010 年印度尼西亚的最惠国平均关税为 5.3% 左右，大大低于相应的 47% 的约束税率。

印度尼西亚政府对农产品市场实行严格的保护制度。印度尼西亚政府对进口农产品制定了严格的检验标准，限制农产品进口，包括《关于进出口植物源性新鲜食品安全控制》《输入印度尼西亚新鲜水果和水果类蔬菜植物检疫措施

---

① 《印度尼西亚政府鼓励投资者，未来十年兴建 15 家糖厂》，中国热带农业科学院，2019 年 10 月 7 日，http：//www.catas.cn/contents/10/141542.html。

② 参见 Tahlim Sudaryanto，Reni Kustiari，Sri Hery Susilowati，Adjusting Import Tariff for Strategic Agricultural Commodities in Indonesia，FFTC，June 13，2019，http：//ap.FFTC.org.tw/article/1387。

要求》和《农民保护与赋权法案》等。其中,《农民保护与赋权法案》还以保护国内农民利益为由,细化了对农产品的进口限制,包括进口农产品只能从政府指定的口岸入关,相关口岸必须装备检验检疫设施等①。牛肉和某些园艺产品的进口受限制性进口许可证的约束,同时还要确定相应产品的进口配额。由于进口商的反应和实施的烦琐,2013 年通过确定相应商品的起征点价格对政策进行了修改。如果市场价格低于阈值水平,则进口将暂时停止。从 2012 年开始,印度尼西亚颁布了一系列规定和进口许可要求,实施进口果蔬配额制,指定了 113 家企业为注册进口商,其中 76 家企业申请了 1 319 个果蔬进口许可证。2016 年 2 月 17 日,印度尼西亚正式实施了《关于进出口植物源性新鲜食品安全控制》规定,导致中国出口印度尼西亚果蔬全面受阻,影响了农产品销售和农民收入,近两年对印度尼西亚出口的果蔬产品数量和价格已出现一定幅度的波动②。在出口方面,为了保证给国内加工业提供原料,棕榈油和可可粉的出口也要征收出口税,2020 年 1 月 1 日起,印度尼西亚将棕榈油出口关税上调至 50 美元/吨。

(八) 农业科技政策

农业研究与开发对于提高农业生产率至关重要。但是,与其他亚洲国家相比,印度尼西亚用于农业研发的公共支出相对较低。与其他发展中国家相比,2005 年印度尼西亚的农业研究强度(R&D 支出与农业总产值之比)保持在 0.2%(OECD,2012)。在增加了私人农业研发支出之后,2009 年这一比例也仅为 0.27%。低支出水平由于不合理的研发支出结构而加剧,这种研发结构强调了非研究人员的工资。近年来,印度尼西亚中央农业研发机构——印度尼西亚农业研究与发展局(IAARD)的非研究人员薪水以及投入的运营和维护支出大幅增加。在 2008 年,只有 19% 的员工被归类为研究人员,此比例一直在下降(世界银行,2012)。农业研发还受到高度分散的土地,大学参与程度有限以及与私营部门的联系薄弱的困扰。

---

① 《印度尼西亚出台〈农民保护与赋权法案〉从事农产品贸易企业须关注》,中国燕窝市场监委会微博,2019 年 9 月 12 日,http://blog.sina.com.cn/s/blog_a5b01b860101orfl.html。

② 《印度尼西亚限制措施对中国果蔬出口的影响分析》,中国食品土畜进出口商会,2020 年 1 月 8 日,http://www.cccfna.org.cn/article/97/30187.html。

第二节　农业发展计划

一、2020—2024 年农业发展战略计划[①]

在印度尼西亚农业部 2015—2019 年战略计划中，农业发展的重点是实现粮食主权和农民福利。相应的目标包括：实现大米、玉米、大豆的自给自足，并增加牛肉和糖的产量；增加食物多样化；增加某些商品的附加值和竞争力，以促进出口和替代进口；增加生物工业和生物能源原材料的供应；增加农民的福利[②]。

在最新的 2020—2024 年农业发展战略计划中，延续上一个五年战略计划的基础上，增加了提高生物工业和生物能源材料的供应要求。维持和实现五种战略商品的自给自足一直是最高优先事项，特别是在稻米上。在农业与粮食发展上，由强调从传统到现代农业系统的发展，进一步向工业农业发展（表3-4、表3-5、表3-6）。

表 3-4　2020—2024 年农业发展战略计划的愿景、使命、目标和战略

愿景	通过增加粮食安全和农业竞争力来实现独立、发达和繁荣的农业社区
使命	1. 通过保护和赋予农民权利来实现农民的福利 2. 通过增加满足社区消费需求的食品的可获得性、可负担性和利用率来获得粮食安全 3. 通过鼓励竞争优势和提高生产、储存、加工和分配的价值，提高农产品的附加价值和竞争力
目标	1. 提高战略食品的产量和生产力 2. 完善农业检疫制度 3. 扩大经济基础，加强农业基础设施建设 4. 增强人力资源能力和农民能力 5. 加强农业科技创新 6. 进行机构管理体制改革
四类战略问题	1. 粮食和营养消费 2. 粮食供应 3. 农业人力资源的福利和生产力 4. 农业资源的可持续性

资料来源：印度尼西亚农业部，https://www.pertanian.go.id/，翻译参见 Tahlim Sudaryanto，Iqbal Rafani. Strategic Plan of the Indonesian Ministry of Agriculture 2020 － 2024. FFTC，March 23，2020；https：//ap. fftc. org. tw/article/1842。

[①]　参见 Tahlim Sudaryanto，Iqbal Rafani，Strategic Plan of the Indonesian Ministry of Agriculture 2020 －2024，FFTC，March 23，2020，http：//ap. FFTC. org. tw/article/1842。

[②]　Rencana Strategi Kementerian Pertanian Tahun 2015－2019，Biro Hukum，Kementerian Pertanian，2016：1.

表 3-5　2020—2024 年农业发展计划和活动的重点、目标、指标与具体指标

计划/活动	目标	指示符	目标	
			2020 年	2024 年
食物消费的可获得性、获取和质量	提高食物消费的可获得性和质量，提高获取量	理想的饮食习惯评分	93.3	96.3
		膳食能量供应	8 778 千焦	8 778 千焦
		膳食中蛋白质供应	57 克/（人·天）	57 克/（人·天）
		粮食不安全事件发生量表	5.21	4.05
		食物不足发生率	6.40	5.38
消费质量、安全性、作物生产中的营养质量强化和食品微量元素强化	提高消费质量、增强粮食安全、提高作物营养质量和食品微量元素	鱼类消费	53.3 千克/（人·年）	60.9 千克/（人·年）
		肉食	7.1 千克/（人·年）	9.7 千克/（人·年）
		蔬菜和水果消费	260.2 克/（人·天）	316.3 克/（人·天）
		稻米生产的营养质量强化	1 万公顷稻田	20 万公顷稻田
从农产品中获取食物	增加农产品粮食供应	大米生产	6 100 万吨	6 860 万吨
		玉米生产	3 190 万吨	自给自足
		牛肉生产	80 万吨	86 万吨

注：增产的目标是降低营养不足人数的患病率和缩小粮食不安全状况的发生规模。

资料来源：印度尼西亚农业部，https：//www.pertanian.go.id/；翻译参见 Tahlim Sudaryanto，Iqbal Rafani. Strategic Plan of the Indonesian Ministry of Agriculture 2020—2024. FFTC，March 23，2020：https：//ap.fftc.org.tw/article/1842。

表 3-6　2020—2024 年印度尼西亚农业部的政策方向、发展重点和规定

政策	1. 维护国家粮食安全 2. 增加农业的附加值和大宗商品的竞争力 3. 保持农业资源的可持续性和农业基础设施的可使用性 4. 提高农业人力资源质量 5. 实现有效、高效和面向服务的优秀管理机构
农业和粮食发展的重点	1. 农民企业化：提高农民与其他大型企业的议价地位 2. 生物燃料供应：发展和加强生物工业和生物能源 3. 赋予人们向世界粮仓发展的权利：发展农村宗教组织，使其成为现代一体化的农业机构 4. 低碳发展：实施 2020 年至 2030 年可持续农业发展原则；将气候变化和绿色增长纳入主流，平衡经济增长，减轻贫困和减少温室气体排放，采取适应气候变化的战略 5. 良好的治理：继续努力，实现良好的治理和专业的人力资源

（续）

规定	原则	1. 促进和管理社会行为和农业机械 2. 考虑成本和收益 3. 注重法规原则，支持国家发展政策 4. 增加利益相关者的参与
	紧迫性	1. 将监管计划作为发展的指导 2. 增加预算 3. 提高法规实施效力，以鼓励国家优先发展
	目标	1. 人类发展与扶贫 2. 基础设施与区域规划 3. 实现工业化和增加就业机会 4. 粮食、水、能源和环境安全 5. 国防的安全稳定

资料来源：印度尼西亚农业部，https：//www. pertanian. go. id/，翻译参见 Tahlim Sudaryanto, Iqbal Rafani. Strategic Plan of the Indonesian Ministry of Agriculture 2020—2024. FFTC, March 23, 2020；https：//ap. fftc. org. tw/article/1842。

二、2019 年印度尼西亚政府对种植部门的援助计划

政府援助计划（简称 GAP）是一项新的农业计划，旨在支持国家农业绩效。该计划启动于 2016 年并取得了一些成就：2017 年受控食品价格的食品通货膨胀率为 1.26%，远低于 2013 年的 11.35%，整体食品通货膨胀率为 3.61%，低于一般通货膨胀率。农业部门为降低通货膨胀率做出重要贡献。政府援助计划的内容主要包括：进行农业机械援助的现代农业发展计划；对农民进行长短期投资援助、农业教育和培训的扶贫计划。2019 年印度尼西亚农业部长提交了 10 项国家优先事项：第一，通过开发苗圃来生产、繁育种子和幼苗；第二，通过改善灌溉网络和建造水库，增加供水量；第三，通过增加农业机械援助，实现农业现代化；第四，发展稻米、玉米、大豆、糖、牛肉、水牛肉、辣椒和葱等战略商品；第五，加速发展大蒜生产，发展进口替代商品；第六，加大粮食自给力度；第七，通过扩大边境地区和新开发区的稻田、优化旱地和沼泽地，提高农业生产率；第八，发展农业人力资源，增加职业教育和培训；第九，通过在边境地区发展出口型粮仓，促进农产品出口；第十，减轻和改善农村贫困，提高农民福利[①]。

---

① 参见 Effendi Andoko, Edyta Zmudczynska, Overview of the Indonesian Government Assistance Program for Food Plants Sector, FFTC, December 18, 2018，http：//ap. FFTC. org. tw/article/1366。

第四章 CHAPTER 4
印度尼西亚农业科技与推广体系 ▶▶▶

第一节 农业科技体系

印度尼西亚在 20 世纪 70 年代建立了国家农业科技体系，政府制定的农业科研目标主要有五方面内容：其一，加强粮食作物生产，保证粮食自给，提高人民的营养水平；其二，扩大经济作物的种植面积，在增加产量和出口创汇的同时，增加进口替代农产品的生产以减少进口；其三，保障提供工业生产所需要的农业原料；其四，保护和利用国家土地和水资源；其五，促进地区性的农业发展[①]。印度尼西亚农业研究与发展局（Indonesian Agency for Agricultural Research and Development Ministry of Agriculture，IAARD）成立于 1974 年，总部位于雅加达，属于印度尼西亚农业科研部门的领导机构，是印度尼西亚农业技术创新的中心和源泉。自 1974 年成立以来，为了适应印度尼西亚国家农业发展战略需求的变化，IAARD 经历了几次改组，直到 2010 年的第 24 号总统令对国家各部门的组织结构和管理职能进行了界定，才使 IAARD 各部门研究机构组建完成。IAARD 的主要职能是为农业发展提供政策建议和技术支持，协调与农业科技有关的人员、设施和研究机构，将研究成果推广到实际的农业生产中。该机构的职能由 11 个研究中心代为履行，分别管理粮食作物、园艺、地产作物、牲畜、兽医、土壤、农业气候检测、农业社会经济发展、农业机械发展、收割后期处理、生物技术发展以及农业技术评估等方面的研究和开发工作。由这些研究中心将研究成果传递给各省所在的农业技术评估机构

---

① 杨世基，《印度尼西亚农业科技体系及其管理》，《世界农业》，1996 年第 6 期，第 50 页。

（AIAT），在全国的 31 个省内共设立了 33 个独立的农业技术评估机构，由评估机构进行评估和调整，以适应每一地区的发展水平和实际需要，方便农业从业人员能够尽快掌握和采用研究成果。IAARD 的运作经费主要来自印度尼西亚政府、国外援助以及私人捐款等方面。

印度尼西亚农业研究与发展机构秘书处（Indonesian Agency for Agricultural Research and Development Secretariat，IAARDS）负责向机构内部所有单位提供技术和行政服务，直接向农业研究与发展局负责，其主要任务和职能包括：制定计划、编制方案、汇总预算、管理财政与人事、有效管理和利用职能、编制立法条例和计划、改进和管理组织、执行相关事务、接洽对外合作和公共关系、监测和评价方案执行情况、汇编资料、报告执行情况等。农业技术转让和知识产权管理办公室是其协调机构，总部位于茂物，主要负责农业研发技术的相关知识产权转让工作，据该办公室统计，印度尼西亚已经研究了 400 项农业创新技术，这 400 项农业创新技术将会作为商业资产提供给农业企业，对进一步增强农业生产能力和减少农村贫困人口具有重要意义。[1] 此外，印度尼西亚种子作物研究所虽然不属于印度尼西亚农业研究与发展局下的正式组成部分，但也受其管理，其下属机构包括五个侧重于地产作物的研究所，分别是棕榈油研究所、橡胶研究所、茶和金鸡纳研究所、咖啡和可可研究所以及糖类研究所（表 4-1、表 4-2）。

表 4-1 印度尼西亚农业研究与发展局下属 11 个研究中心

研究中心名称	缩写	地理位置
印度尼西亚粮食作物研究与发展中心 (Indonesian Center for Food Crops Research and Development)	ICFCRD	茂物，西爪哇
印度尼西亚园艺研究与发展中心 (Indonesian Center for Horticulture Research and Development)	ICHRD	雅加达
印度尼西亚地产作物研究与发展中心 (Indonesian Center for Estate Crops Research and Development)	ICECRD	茂物，西爪哇
印度尼西亚动物科学研究与发展中心 (Indonesian Center for Animal Science Research and Development)	ICASRD	茂物，西爪哇
印度尼西亚农业土地资源研究开发中心 (Indonesian Center for Agricultural Land Resources Research and Development)	ICALRRD	茂物，西爪哇

---

① 数据来源：印度尼西亚农业研究与发展局，http://en. litbang. pertanian. go. id/。

（续）

研究中心名称	缩写	地理位置
印度尼西亚农业社会经济和政策研究中心 （Indonesian Center for Agricultural Socio Economic and Policy Studies）	ICASEPS	茂物，西爪哇
印度尼西亚农业工程研究与发展中心 （Indonesian Center for Agricultural Engineering Research and Development）	ICAERD	塞尔邦
印度尼西亚农业生物技术和遗传资源研究与开发中心 （Indonesian Center for Agricultural Biotechnology and Genetic Resources Research and Development）	ICABGRRD	茂物，西爪哇
印度尼西亚农业图书馆和技术传播中心 （Indonesian Research Center for Agricultural Library and Technology Dissemination）	IRCALTD	茂物，西爪哇
印度尼西亚农业收获后研究与开发中心 （Indonesian Center for Agricultural Post Harvest Research and Development）	ICAPHRD	茂物，西爪哇
印度尼西亚农业技术评估和发展中心 （Indonesian Center for Agricultural Technology Assessment and Development）	ICATAD	茂物，西爪哇

资料来源：根据印度尼西亚农业研究与发展局相关资料整理而作，参见印度尼西亚农业研究与发展局网站：http：//en.litbang.pertanian.go.id/。

表4-2　印度尼西亚农业研究与发展局下属五个研发中心及其研究所

研究所名称	缩写	地理位置
粮食作物研发中心		
印度尼西亚豆科和块茎作物研究所（Indonesian Legumes and Tuber Crops Research Institute）	ILTCRI	玛琅，东爪哇
印度尼西亚稻米研究所（Indonesian Center for Rice Research）	ICRR	苏邦
印度尼西亚谷物研究所（Indonesian Cereals Research Institute）	ICRI	乌戎潘当，南苏拉威西
通格罗疾病研究站（Tungro Diseases Research Station）	TDRS	西达布
地产作物研发中心		
印度尼西亚药用和芳香作物研究所（Indonesian Medicinal and Aromatic Crops Research Institute）	IMACRI	茂物，西爪哇
印度尼西亚烟草和纤维作物研究所（Indonesian Tobacco and Fiber Crops Research Institute）	ITFCRI	玛琅湾
印度尼西亚椰子和棕榈油研究所（Indonesian Coconut and Palmae Research Institute）	ICPRI	万鸦老，北苏拉威西
印度尼西亚香料和工业植物研究所（Indonesian Spices and Industrial Plants Research Institute）	ISIPRI	须文，西爪哇

（续）

研究所名称	缩写	地理位置
园艺作物研发中心		
印度尼西亚观赏植物研究所（Indonesian Ornamental Plants Research Institute）	IOPRS	前朱尔，西爪哇
印度尼西亚热带水果研究所（Indonesian Tropical Fruits Research Institute）	ITFRI	苏罗克，西苏门答腊
印度尼西亚蔬菜研究所（Indonesian Vegetables Research Institute）	IVRI	万隆，西爪哇
印度尼西亚柑橘和亚热带水果研究所（Indonesian Research Institute for Citrus and Subtropical Fruits）	IRICSF	巴图，东爪哇
畜牧研发中心		
印度尼西亚动物生产研究所（Indonesian Animal Production Research Institute）	IAPRI	茂物，西爪哇
肉牛研究站（Beef Cattle Research Station）	BCRS	帕苏鲁安，东爪哇
山羊研究站（Goats Research Station）	GRS	北苏门答腊
印度尼西亚兽医研究中心（Indonesia Reaearch Center for Veterinary Surgeon）	IRCVS	茂物，西爪哇
土地资源研发中心		
印度尼西亚农业气候和水文研究所（Indonesian Agroclimate and Hydrology Research Institute）	IAHRI	茂物，西爪哇
印度尼西亚湿地研究所（Indonesian Wetland Research Institute）	IWRI	班贾巴鲁，南加里曼丹
印度尼西亚土壤研究所（Indonesian Soil Research Institute）	ISRI	茂物，西爪哇
印度尼西亚农业环境研究所（Indonesian Agricultural Environment Research Institute）	IAERI	帕蒂，中爪哇

　　资料来源：根据印度尼西亚农业研究与发展局相关资料整理而作，参见印度尼西亚农业研究与发展局网站：http://en.litbang.pertanian.go.id/。

1. 印度尼西亚粮食作物研究与发展中心（Indonesian Center for Food Crops Research and Development，ICFCRD）

　　该中心主要负责粮食作物如水稻和玉米、豆类如大豆和花生等的研究与开发，工作内容包括植物遗传学（种质和育种的管理）和资源管理，改进生产方式，提高产量以及作物收割后期的处理。下属研究机构包括：印度尼西亚稻米研究所、印度尼西亚豆科和块茎作物研究所、印度尼西亚谷物研究所以及印度尼西亚通格罗疾病研究站。主要负责开展科研、实现种质保护、鼓励品种开发、控制病虫害以及优化水稻、豆类和块茎类农业作物的培育技术等。

2. 印度尼西亚园艺研究与发展中心（Indonesian Center for Horticulture Research and Development，ICHRD）

该中心下属研究机构包括：印度尼西亚蔬菜研究所、亚热带水果研究所、观赏植物研究所以及柑橘和亚热带水果研究所。主要任务是开展相关农业研究、实现种质资源的保护、鼓励品种开发、控制病虫害、优化蔬菜和水果等的开发技术等。

3. 印度尼西亚地产作物研究与发展中心（Indonesian Center for Estate Crops Research and Development，ICECRD）

该中心下属研究机构包括：印度尼西亚药用和芳香作物研究所、烟草和纤维作物研究所、椰子和棕榈油研究所以及香料和工业植物研究所。主要任务是开展相关农业研究、保护种质、鼓励品种开发、控制病虫害以及优化香料、椰子、烟草、纤维的开发技术等，同时，每个研究所都对种植、育种、耕作系统、收割后期加工及生物技术进行专门性研究。

4. 印度尼西亚动物科学研究与发展中心（Indonesian Center for Animal Science Research and Development，ICASRD）

该中心下属研究机构包括：印度尼西亚动物生产研究所、印度尼西亚兽医研究中心、肉牛研究站以及山羊研究站。主要研究范围包括畜牧育种、繁殖以及后期处理、饲料、兽医学、药理学、饲料作物和微生物的研究等。

5. 印度尼西亚农业土地资源研究开发中心（Indonesian Center for Agricultural Land Resources Research and Development，ICALRRD）

该中心侧重于农业土地资源开发的规划制定与评价，通过对农业土地资源的有效利用和开发，实现农业生产的进步。该中心下属四个研究机构包括：印度尼西亚湿地研究所、土壤研究所、农业气候和水文研究所以及农业环境研究所。其主要的任务是开展相关研究、实现土地资源保护、优化水文与土壤等。

6. 印度尼西亚农业社会经济和政策研究中心（Indonesian Center for Agricultural Socio Economic and Policy Studies，ICASEPS）

该中心是农业部秘书处的正式组成部分，但涉及技术发展的问题则归属于IAARD管理，主要任务包括制定和实施规划、发起公众咨询、开展社会经济和政策分析调查评估、开展农业发展规划和农业政策审查等。

7. 印度尼西亚农业工程研究与发展中心（Indonesian Center for Agricultural Engineering Research and Development，ICAERD）

该中心主要负责设计、生产和测试各种类型的农业设备，涵盖从土地准备到收割后加工的各个领域，以便对机械设备的使用进行标准化认证和监测。

8. 印度尼西亚农业生物技术和遗传资源研究与开发中心（Indonesian Center for Agricultural Biotechnology and Genetic Resources Research and Development，ICABGRRD）

该中心主要负责生物技术和遗传资源的研究与开发，并对遗传资源的特性进行物理和化学方式的研究，该中心还提供生物细胞技术、农业网络基因工程以及生物安全等方面的研究服务。

9. 印度尼西亚农业图书馆和技术传播中心（Indonesian Research Center for Agricultural Library and Technology Dissemination，IRCALTD）

该中心是农业部的重要组成部分，主要负责农业图书馆的运行，农业科技信息的传播、管理与监督，网络信息安全的建立和维护，科学期刊出版等。

10. 印度尼西亚农业收获后研究与开发中心（Indonesian Center for Agricultural Post Harvest Research and Development，ICAPHRD）

该中心负责农作物采收后的技术研究与开发工作，主要工作内容包括农产品的质量管理鉴定、农业废弃物的利用和新产品的开发、农业加工技术的研究与开发、粮食食品安全系统的检测以及农业综合企业的发展等。

11. 印度尼西亚农业技术评估和发展中心（Indonesian Center for Agricultural Technology Assessment and Development，ICATAD）

该中心负责农业生产方案的制定、开展与评价，如有效利用农业技术进行评估和开发，对标准方法的评估和开发以及推出成套的农业技术模式等，该中心在印度尼西亚的 31 个省共有 33 个独立的下属研究机构，其具体信息如表 4-3 所示。

表 4-3　印度尼西亚 33 所农业技术评估研究所

评估研究所名称	地理位置
班达亚齐农业技术评估研究所 （Banda Aceh AIAT）	班达亚齐
北苏门答腊农业技术评估研究所 （North Sumatera AIAT）	棉兰，北苏门答腊

（续）

评估研究所名称	地理位置
西苏门答腊农业技术评估研究所 (West Sumatera AIAT)	苏喀拉米，西苏门答腊
明古鲁农业技术评估研究所 (Bengkulu AIAT)	明古鲁
廖内农业技术评估研究所 (Riau AIAT)	北干巴鲁
占碑农业技术评估研究所 (Jambi AIAT)	科塔巴鲁河
南苏门答腊农业技术评估研究所 (South Sumatera AIAT)	巨港，南苏门答腊
楠榜农业技术评估研究所 (Lampung AIAT)	班达尔楠榜
西爪哇农业技术评估研究所 (West Java AIAT)	伦邦，西爪哇
雅加达农业技术评估研究所 (DKI Jakarta AIAT)	南雅加达
中爪哇农业技术评估研究所 (Central Java AIAT)	温加兰，中爪哇
日惹农业技术评估研究所 (Yogyakarta AIAT)	日惹
东爪哇农业技术评估研究所 (East Java AIAT)	玛琅，东爪哇
巴厘岛农业技术评估研究所 (Bali AIAT)	登巴萨，巴厘岛
西努沙登加拉农业技术评估研究所 (West Nusa Tenggara AIAT)	马塔兰，西努沙登加拉
东努沙登加拉农业技术评估研究所 (East Nusa Tenggara AIAT)	古邦，东努沙登加拉
北苏拉威西农业技术评估研究所 (North Sulawesi AIAT)	梅纳多，北苏拉威西
中苏拉威西农业技术评估研究所 (Central Sulawesi AIAT)	比鲁马鲁，中苏拉威西
南苏拉威西农业技术评估研究所 (South Sulawesi AIAT)	望加锡，南苏拉威西
东南苏拉威西农业技术评估研究所 (South East Sulawesi AIAT)	肯达里，东南苏拉威西
中加里曼丹农业技术评估研究所 (Central Kalimantan AIAT)	帕朗卡拉亚，中加里曼丹

（续）

评估研究所名称	地理位置
西加里曼丹农业技术评估研究所 （West Kalimantan AIAT）	西加里曼丹
东加里曼丹农业技术评估研究所 （East Kalimantan AIAT）	三马林达，东加里曼丹
南加里曼丹农业技术评估研究所 （South Kalimantan AIAT）	班贾巴鲁，南加里曼丹
马鲁古农业技术评估研究所 （Maluku AIAT）	安汶
巴布亚农业技术评估研究所 （Papua AIAT）	查亚普拉
班顿农业技术评估研究所 （Banten AIAT）	班顿
邦卡·贝里通阿伊特农业技术评估研究所 （Bangka Belitung AIAT）	邦卡·贝里通
北马鲁库农业技术评估研究所 （North Maluku AIAT）	南特尔纳特
哥伦打洛农业技术评估研究所 （Gorontalo AIAT）	哥伦打洛
西巴布亚农业技术评估研究所 （West Papua AIAT）	马诺夸里
西苏拉威西农业技术评估研究所 （West Sulawesi AIAT）	马穆朱
廖内岛农业技术评估研究所 （Riau Island AIAT）	丹戎槟榔

资料来源：根据印度尼西亚农业研究与发展局相关资料整理而作，参见印度尼西亚农业研究与发展局网站：http：//en. litbang. pertanian. go. id/。

印度尼西亚拥有一支较为完备的科研队伍，农业科技体系的各科研单位分工明确，科研体系涉及农业研究的方方面面，中心机构各司其职，研究所的职责明确、环环相扣、相互协调，既提高了农业科技资源的利用效率，也推动印度尼西亚农业科技体系的完善与发展。同时33所农业评估机构使得研发与推广紧密相连，不断推动农业研究成果应用到生产实践中。

第二节　农业科技推广体系

"知识的力量不仅取决于自身价值的大小，更取决于它是否被传播以及传播的广度和深度"[1]。农业科技的推广是农业技术进步和农作物产量增加的重要推动因素，也是实现农业产业可持续发展的技术保障。在印度尼西亚农业科技推广的实践过程中，形成了以政府推广为主，企业、高校、国际组织等多元主体共同协作参与的农业科技传播体系。

一、政府行政部门

中央政府的农业行政部门是农业科技推广的主要领导力量，负责整体基调和政策制定，对科技传播的方向和内容起决定作用。但印度尼西亚的农业科技推广相关立法基础较为薄弱，针对农业科技推广领域的专门性政策法规稀少，目前仅有两部部长法令涉及农业科技推广事务，分别是 2002 年 8 月 10 日印度尼西亚农业部长签署并颁布的《印度尼西亚图书馆及技术传播中心的权力与管理》第 487 号农业部长法令，2005 年 8 月 20 日印度尼西亚农业部长签署并颁布的《印度尼西亚图书馆及技术传播中心管理》第 329 号农业部长法令[2]。印度尼西亚是传统农业大国，历届政府都将推动农业发展和粮食安全放在国家发展的优先位置。印度尼西亚农业机械化程度较低，自独立以来政府不断推动农业机械化水平提高，1980 年以前是引进农业机械设备的阶段，1950—1960 年不断引进大型农业机械，如拖拉机、水泵等，1961—1970 年主要引进结构较为简单的小型农业机械，如植保机械等，1976—1980 年全面引进农业机械，如各种拖拉机、喷雾器、粉碎机、碾米机等[3]。1980 年开始，印度尼西亚开展农业机械普及，农业生产逐渐向现代化转变，1973 年印度尼西亚全国仅有约 300 台脱粒机，1983 年数量增加到 2.4 万台，1988 年更是突破 10 万台[4]。为了提高农作物产量，印度尼西亚政府在 20 世纪 70 年代提倡进行大面积的集约耕作方式，号召农民使用优质种子、化肥和农药，并且派出专业农业技术人员对农民进行直接的田间作业指导。1977 年至 1988 年稻谷的公顷单产从 2 793

---

① 刘帅，《科技传播的产业要素及其结构分析》，《科技传播》，2014 年第 6 期，第 215 页。

② 刘凯，《印度尼西亚农业科技传播的组织问题研究》，广西大学硕士学位论文，2015 年 5 月，第 45 页。

③ 蒋炳奎、汪建国，《印度尼西亚农机化和农机工业》，《粮油加工与食品机械》，1993 年第 2 期，第 39 页。

④ 蒋炳奎、汪建国，《印度尼西亚农机化和农机工业》，《粮油加工与食品机械》，1993 年第 2 期，第 39 页。

千克增长到 4 177 千克，为大米自给作出了突出贡献①。结构简单、操作方便且价格低廉的农业机械在农业生产中的使用受到农民的欢迎，随着机械化带来的便利使得农作物产量不断提升，农民对农业机械化的要求不断提高，在实际农业生产中对减轻繁重的体力劳动的期待更高。因此，印度尼西亚政府高度重视农业机械化，为继续扩大农业生产、提高农作物产量和增加农民收入，政府鼓励农机国产化，这一时期，印度尼西亚对结构简单、价格低廉的小型农具的生产重点推进，逐渐进入农业机械引进与自产并重的发展阶段。印度尼西亚约45％的农业机械依靠进口，其中，主要分为三类：收割前用的机械，如播种机、灌溉系统、农药喷洒器等；收割时用的机械，如拖拉机、水稻收割机、甘蔗收割机等；收割后的加工机械，如脱粒机、烘干机等。为了鼓励本国农业机械生产商的积极性、扩大农业机械工业的发展空间、保护本国产业免受国外进口产品的冲击，印度尼西亚通过对进口农具和农业机械征收进口税来刺激本国产业的发展。同时，随着政府在农业基础设施领域的投资力度不断加大，印度尼西亚的灌溉系统发展迅速，20 世纪 80 年代初的农田灌溉面积为 545 万公顷，占总耕地面积的 38.3％，到 1992 年，农田灌溉面积增加到 670.8 万公顷，占总耕地面积的 47.2％，使印度尼西亚成为东南亚灌溉面积最大的国家②。

1999 年进入民主转型时期后，印度尼西亚加快了农业现代化的步伐，在国家发展战略上更加重视科技助农与科技兴农。印度尼西亚政府在推进农业机械化方面的努力有：在《国家发展方案（2000—2004）》中，稳定的粮食供应被列为优先发展问题，提高粮食生产能力和促进粮食多样化被列为发展重点内容，该方案包括：其一，农业企业发展；其二，改善粮食储备；其三，水资源开发与管理。2013 年印度尼西亚制定了第一个长期农业发展计划，即《2013—2045 年农业发展大战略》，目标是促进可持续农业的发展③。同年，印度尼西亚农业部、工业部以及商务部联合举办了第一届印度尼西亚国际农业机械展览会，为印度尼西亚吸引外国投资商创造了机会。《农民保护与赋权法案》(2013) 旨在通过改善投资和市场来确保农民的福利。《国家中期发展计划

---

① 张洁，《对中国与印度尼西亚农业合作问题的几点思考》，《东南亚》，2006 年第 1 期，第 48 页。
② 张洁，《对中国与印度尼西亚农业合作问题的几点思考》，《东南亚》，2006 年第 1 期，第 48 页。
③ Indonesia country fact sheet on food and agriculture policy trends，Food and Agriculture Organization of the United Nations，8，2017. http：//www. fao. org/in-action/fapda/publications/country-fact-sheets/zh/。

（2015—2019）》的主要发展重点是实现粮食自主和提高农民的福利，主要包含四方面内容：其一，实现大米、玉米和大豆的自给，增加牛肉和糖类的产量；其二，增加粮食的多样性；其三，增加和提高农产品的附加值和竞争力，推动出口和进口替代；其四，增加农民福利。

为了提高农作物产量和实现粮食自给，印度尼西亚政府向农民提供大量化肥补贴，几乎占据农业预算支出的一半，2016年，印度尼西亚的化肥补贴达到30.1万亿卢比（22.7亿美元），且补贴政策允许拥有2公顷或更少土地的小农户以市场价格的50%～75%购买化肥。同时，也加大了在灌溉、推广服务、风险管理等领域的资金投入。如"大米保险计划"，印度尼西亚自然灾害频繁，干旱、洪涝、病虫害等灾害会导致农作物产量下降甚至绝收。2011年，为了保障农民的收入，政府开始提供作物保护，主要是通过普索水稻缓解援助基金（Puso Rice Alleviation Aid Program，BP3）来弥补稻农的损失，规定在国家补贴下，由化肥公司支付80%的保险费用，农民支付剩余的20%。BP3基金在2012年至2015年间逐渐发展壮大，2016年底，该方案扩大到16个省份约100万公顷的种植面积，到2019年覆盖到所有稻田。印度尼西亚在2017年对农民进行化肥补贴31.2万亿卢比（23.1亿美元），约100万公顷。同时，为了推广农业机械化，印度尼西亚农业部向农户团体直接捐赠了农业机械，其中两轮拖拉机46 980台，四轮拖拉机2 280台，水泵19 518台，插秧机7 854台，联合收割机9 564台，动力脱粒机9 472台，碾米机15 300台[①]。

2015年后，粮食安全继续被定为国家的优先发展任务。政府在农业方面的举措主要是继续将粮食安全和缩小发展差距作为优先事项，侧重发展农业综合企业、可持续农业和提高农民收益，目的是通过扩大水稻等农作物的产量来提高粮食安全和粮食自给率。《国家中期发展计划（2015—2019）》总体目标是实现粮食自主和提高农民的福利，同时振兴农业和渔业，在农业和渔业上创造就业机会并促进经济的增长。因此，政府在基础设施和农业技术推广方面进行广泛投资，主要农业政策包括：价格合作政策，肥料补贴，种子补贴，向农民提供信贷，支持推广活动，开发新品种，发展灌溉设施，在有补贴的情况下增加水稻分配。此外，印度尼西亚政府还制定了"国家海洋政策"，以可持续的海洋渔业资源作为增加国际竞争力的基础。

[①] An Overview of Indonesia's Agricultural Policies in 2018，FFTC Agricultural Policy Platform，10，2018. http：//ap. fftc. org. tw/ap＿db. php？id＝903。

二、农业科学园区和农业技术园区

根据 2015—2019 年印度尼西亚中期发展计划，印度尼西亚政府制定了到 2019 年在全国各省建立 100 个科技园的目标。作为这项国家方案的一部分，印度尼西亚农业部于 2015 年起，分别建立了 9 个农业科学园区（ASP）和 26 个农业技术园区（ATP）。

（一）农业科学园区（ASP）

根据印度尼西亚官方对农业科学园区（ASP）的定位，其功能是：

（1）为当地大学讲师、政府研究中心的研究人员和准备在各种经济活动中提出新技术应用的专家提供新知识。

（2）作为技术解决方案，应用于农业技术园区（ATP）。

（3）成为开发支持当地经济的技术应用的中心。农业科学园区（ASP）的范围集中在一个省，重点放在 1～2 个产品上，以该省的农业潜力和协调研究中心的科学任务为基础。农业科学园区（ASP）由研究中心管理。在开展活动时，农业科学园区（ASP）与地方大学、地方政府和私营部门密切合作[1]。

（二）农业技术园区（ATP）

农业技术园区（ATP）的主要功能是：

（1）成为农业技术应用中心，包括研究中心、大学和私营部门评估的农产品加工基地。

（2）成为普通公众的培训、实习、技术传播和企业孵化中心。农业技术园区（ATP）的范围在一个省，占地面积一般为 2～5 公顷，包括实体设施（办公室、绿色/屏幕房、仓库）和试验区，以展示将推广的新技术。在早期阶段，农业技术园区（ATP）的管理机构由经理（私营部门）、协调研究中心和其他地方政府办公室的人员组成[2]。

---

[1] Tahlim Sudaryanto，Developing Agro Science and Techno Park to Accelerate Technology Disemination and Promote Agribusiness in Indonesia，http：//ap. fftc. agnet. org/ap _ db. php? id＝641。

[2] Tahlim Sudaryanto，Developing Agro Science and Techno Park to Accelerate Technology Disemination and Promote Agribusiness in Indonesia，http：//ap. fftc. agnet. org/ap _ db. php? id＝641。

到目前为止，所有农业科学园区（ASP）和农业技术园区（ATP）单位已经完成了基础设施的建设，如办公室、绿色/屏幕房、仓库和示范区。这些设施大多是在地方政府的支持下建设的。但也存在一定的运营问题，例如：大学对 ASP/ATP 活动的参与仍然有限；农民与私营部门之间的伙伴关系尚未落实；与其他研究中心的交流仍然有限；企业孵化尚未形成等①。

预计未来农业科学园区（ASP）和农业技术园区（ATP）将成为印度尼西亚农业科技体系的主要支柱，更好地支持所在地农业综合企业发展和新技术的传播与推广。

三、农业合作社

合作社（Dekopin）是印度尼西亚农村的基层合作组织，在农业生产、农业技术传播与运用等方面起领头作用，是国家政策的执行载体和工具。印度尼西亚建国初期农村合作社的数量仅为 1 153 个，至 1954 年达到 9 340 个，在农业科技运用、农业基础设施使用和维护、农业生产工具升级、农产品收割、储藏、加工、销售等过程中发挥基础性作用②。从理论上分析，在独立初期，合作社由于分布范围广，能够近距离接触农民的生产实践，对农业科技的传播影响最大。但事实上当时的科技推广水平十分低下，主要原因有四方面：其一，印度尼西亚人多地少，农户分散，农业机械化缺乏实施基础；其二，农业机械的价格高且操作复杂，而农民群众的受教育程度低，学习使用先进设备困难重重，因此农民更依赖传统的人工耕作方式；其三，印度尼西亚本地的经济学家和社会学家认为大规模采用农业机械化生产会导致大量农民失业，进而引发严重的社会问题；其四，缺乏强有力的政策支持。因此，合作社在发展初期对农业科技推广的促进作用不大。

1973 年，印度尼西亚第 4 号总统令号召全国农民成立农村合作社（Koperasi Unit Desa），1978 年成立了印度尼西亚农村事业组织（BUUD），主要负责各自辖区的良种推广、病虫害防治、农田水利建设以及灌溉技术管理等

---

① Suryana，A. 2016. Implementation Progress of ASP/TSP in Indonesian Agency for Agricultural Research and Development，Presentation at the Workshop on ASP/ATP Management，Bogor，12-13 May，2016.

② 刘凯，《印度尼西亚农业科技传播的组织问题研究》，广西大学硕士学位论文，2015 年 5 月，第 31 页。

农业技术方面的事务。进入民主转型时期以后，合作社的发展更加具有组织性和科学性，在结构和性质上都有了一定的提升，是农村生产和农业产业发展不可或缺的一部分，同时也在国民经济发展中发挥重要作用。截至 2013 年 6 月，印度尼西亚共有 200 808 个合作社，成员共计 34 685 145 人，开展活动的合作社142 387 个。合作社的主要职责有四个方面内容：其一，增强和发展农村自立能力；其二，管理和组织农业经济活动；其三，维护村民的利益，为农村的建设服务；其四，制定发展计划，明确发展方向[①]。

截至 2017 年 8 月，印度尼西亚共有 152 555 个活跃的合作社和 56 771 个不活跃的合作社，合作社成员达到 26 989 570 人，其中包括 23 135 名管理人员和 347 839 名员工。合作社在印度尼西亚农业科技推广中上传政府下达农民，起到沟通和链接的枢纽作用，合作社成员对国民生产总值的贡献从 2013 年的 13.56％上升到 2017 年的 24.70％[②]。

四、农业企业

农业企业的作用主要体现在机械生产和技术研发两个方面，尤其是大型企业，能够依托自身完备的科研机构和充足的市场资源优势，对农业科技推广起到重要影响。

印度尼西亚的农业机械工业体系不完善且配套能力较差，自主研发的农机种类少且价格高。由于受自然地理因素影响，印度尼西亚大部分地区仍然属于小农生产，农业耕地的集约化水平较低，导致大型农业机械常常不适用于实际生产，因此基本上都是由外国引进。20 世纪 80 年代，在政府的支持下，农业机械化逐渐进入起步阶段，但主要是引进国外的机械，印度尼西亚本国的农机工业比较薄弱，90 年代全国专门生产农业机械的工厂只有 25 家[③]。1953 年在日惹成立的印度尼西亚拖拉机公司 QUICK，是印度尼西亚生产两轮手扶拖拉机、四轮拖拉机和联合收割机行业中最大的国有公司。目前，其生产的农用机

---

① 刘凯，《印度尼西亚农业科技传播的组织问题研究》，广西大学硕士学位论文，2015 年 5 月，第 26 页。

② Developing Cooperation is task of all ministries，Cabinet Secretariat of the Republic of Indonesia. 9，2017. https：//setkab. go. id/en/developing-cooperatives-is-task-of-all-ministriesinstitutions/。

③ 蒋炳奎、汪建国，《印度尼西亚农机化和农机工业》，《粮油加工与食品机械》，1993 年第 2 期，第39 页。

械及配件已出口到多个国家。

印度尼西亚金光集团（Sinar Mas）的农业综合企业与食品部门主要负责向消费市场提供各种高品质的农业加工产品，拥有完整的农产品生产加工链和两个专业的农业科技研究中心。该企业致力于利用技术研发来提高农作物的生产力，进一步消除饥饿，实现粮食安全，改善营养问题，促进可持续农业和种植园的发展。尤其是在棕榈油行业的技术性突破，为印度尼西亚棕榈油产业作出了重要贡献。2002 年起，该企业致力于研发高产种子，由企业的 SMARTRI 研究机构和 SMART 生物技术中心共同研发，2017 年宣布在高产油棕种植方面取得了突破，种植材料 Eka1 和 Eka2 已经获得了印度尼西亚农业部种植总局的批准并且注册成功，其在农业生产实践中的运用使得同等耕种面积的棕榈油产量得到了提高。

五、高等农业院校

印度尼西亚农业学院建设起步晚，主要职能集中在技术人员培训和农业技术研发、农业教育以及配合政府的农业政策开展相关研究等，在农业生产和农业科技推广中发挥重要作用。20 世纪 60 年代，印度尼西亚开展"绿色革命"，政府开始注重科学技术在农业生产和发展中的作用，在全国 50 所大学开设了农业院系[1]，大学成为农业科技推广的重要载体，主要职能包括农业教育与培训、农业技术研发和推广。

茂物农业大学是最早建立的一所农业学院，其研究范围包括粮食作物、园艺、种植园、海洋渔业、畜牧业以及林业，下设了 24 个与农业有关的研究中心，如农业和农村发展研究中心（PSP3）、热带农业工程应用研究中心（CREATA）、热带园艺中心（PKHT）、热带动物中心（CENTRAS）以及农业研究中心等。为了促进农业研究水平与国际接轨，IPB 已经与全球 160 多个大学和机构建立了积极的合作伙伴关系，通过开设各种网络活动和联合学位课程来加强交流与研究[2]。加查·玛达大学食品和营养研究中心，致力于为技术人员提供实验室、配套设施和支持性研究服务工作，1980 年，日惹大学、加查·玛达大学农业技术学院以及印度尼西亚食品技术协会合作创立并出版了

---

[1] 张洁，《对中国与印度尼西亚农业合作问题的几点思考》，《东南亚》，2006 年第 1 期，第 48 页。
[2] 数据来源：茂物农业大学，https://www.ipb.ac.id/。

《农业技术》科学期刊，进行关于食品和农产品技术、农业和生物系统工程以及农用工业技术领域的研究。北苏门答腊大学的农业学院成立于 1956 年 11 月，侧重于林业与种植业，致力于通过发展种植领域的科学技术，培养具有专业知识和技能的研究人员。

六、国家间合作

（一）与日本合作

日本对印度尼西亚的发展援助涵盖项目众多，日本是对印度尼西亚进行援助和捐助最多的国家，对提高印度尼西亚农业生产和人民的生活水平起到重要作用。自 1954 年起，日本一直通过各种援助与捐助计划支持印度尼西亚的社会经济发展。日本在印度尼西亚农业和粮食安全领域的合作历史大致分为两个阶段，第一阶段是 1954 年至 1980 年，日本的援助内容较为广泛，处于对印度尼西亚的发展目标和发展需求进行全方位了解的阶段。第二阶段是 1980 年至今，从 20 世纪 80 年代开始，在继续既往援助的同时，日本对印度尼西亚的援助具有更加明确的方向。其中，名为"伞式合作"的综合农业项目是两国之间合作的主要内容①。

1. 阶段一：1954—1980 年

（1）灌溉领域。灌溉与粮食生产密切相关，对农业生产和粮食安全的影响巨大。为了满足印度尼西亚政府增加粮食生产的迫切需求，日本提供了稳定的粮食援助，积极支持印度尼西亚发展灌溉设施。日本在 1961 年参与印度尼西亚布兰塔斯河的整治工程（Brantas Delta Irrigation Rehabilitation Project），包括减轻洪水的损害、建设 240 兆瓦的水力发电站、修理灌溉设施、提升稻米产量、提高粮食自给率等。除了援助布兰塔斯三角洲灌溉恢复项目，日本还实施了 50 多个关于灌溉设施发展的官方发展援助贷款项目和大约 3 000 亿日元的灌溉设施资金支持，使得印度尼西亚的灌溉面积扩大了约 37 万公顷，占总面积的 5.2%。

（2）专家援助领域。日本海外合作志愿者（Japanese Overseas Cooperation

---

① Review of Indonesia's Development and Japan's Cooperation：Its Past，Present and Future in the Republic of Indonesia，Japan International Cooperation Agency. 5，2018. https：//www. jica. go. jp/ indonesia/english/office/others/review. html。

Volunteers，JOCV）计划是由日本政府在 1965 年 4 月发起的，截至 2016 年，日本派往印度尼西亚的初级专家总数达到 708 人，其中包括在蔬菜种植和家畜饲养领域的专家；高级专家共有 256 名，涉及水产养殖、教育管理和学校管理等多个领域。这些专家与印度尼西亚当地人生活在一起，并且解决当地人在生产领域中遇到的问题，促进了对印度尼西亚发展状况和发展需求的了解。该项目通过多渠道的交流，促使印度尼西亚和日本之间建立了较为紧密的联系。同时，日本国际合作署（Japan International Cooperation Agency，JICA）也在援助印度尼西亚中发挥重要作用，截至 2016 年，日本派往印度尼西亚的 JICA 专家总数为 17 456 人，其中，农业领域为 1 564 人，占比 9.00%。派出的 JICA 研究小组成员总数为 24 432 人，其中，农业领域有 2 503 人，占比 10.24%[①]。

（3）畜牧业领域。双方在畜牧业领域共有 41 项技术合作。早在 1970 年，日本就拥有了关于动物育种的先进技术优势，尤其在人工授精领域。1977 年日本与印度尼西亚开展动物卫生合作，分别在技术转让和技术传播两个方向上实施，1986 年日本将人工授精技术作为转让项目转让给印度尼西亚，促进了印度尼西亚畜牧业在产量和质量上的提高。

（4）渔业领域。印度尼西亚是海洋国家，可持续的海洋渔业资源造就了其海洋强国的梦想，2015 年政府提出了"海洋轴心主义"作为其重要发展战略。日本与印度尼西亚在渔业的合作包括水产养殖和渔业资源管理，1970 年日本开始向印度尼西亚提供贷款修建雅加达渔港及其配套措施，共计 160 亿日元。截至 2012 年，雅加达渔港断断续续得到日本近 40 年的官方发展援助贷款支持，主要援助内容包括改善环境、改善渔港基础设施，例如码头、防波堤、冷库和废水处理系统等。同时，雅加达渔港的修建也为 5 万多印度尼西亚人创造了就业机会。此外，在水产养殖技术方面的合作也是重点内容。印度尼西亚政府和日本政府共同支持在萨邦岛、纳图纳岛、摩罗台岛、摩亚岛、索姆拉基岛和比亚克岛这六个具有丰富渔场资源和渔业发展潜力的外岛发展综合海洋、渔业中心及渔业市场。

（5）高校间合作。日本与茂物农业大学（IPB）的一揽子合作计划始于

---

① Review of Indonesia's Development and Japan's Cooperation：Its Past，Present and Future in the Republic of Indonesia，Japan International Cooperation Agency. 5，2018. https：//www. jica. go. jp/ indonesia/english/office/others/review. html。

1977 年，一直持续到 20 世纪 90 年代。该计划由两国政府牵头，后在长期的合作中发展成为人员对人员、大学对大学的合作。茂物农业大学已经与日本的许多大学建立了学术伙伴关系，截至 2017 年，双方已经建立了"可持续发展科学技术研究伙伴关系"[①]。

2. 阶段二：1980 年至今

"伞式合作"（Umbrella Cooperation）是两国首次将多个合作方案相结合实施的综合农业项目，共分三个阶段实行。第一阶段在 1981 年至 1985 年，20 世纪 70 年代末至 80 年代印度尼西亚的稻飞虱造成了严重的虫害，导致水稻生产严重受损。为解决这一问题，日本与印度尼西亚达成合作，旨在通过综合措施提高水稻产量，如通过改善灌溉管理系统提高生产率，通过虫害控制保护作物，通过提高采后技术提高产量，生产和分配优质种子，向农民传播作物保护计划等。在基础设施领域达成合作项目"病虫害预测控制项目"，两国建立了一个虫害预测中心、8 个作物保护中心和 26 个室外虫害实验室。结果显示，1979 年至 1982 年间水稻产量显著增加，为 1984 年实现稻米自给作出了贡献。

第二阶段在 1986 年至 1990 年，旨在提高除水稻之外的作物产量。主要内容包括：①加强优质种子的生产和销售；②加强作物保护；③农业生产区域技术检验；④灌溉和水资源管理；⑤改善收割后的管理；⑥适当的农业机械化。两国专门选取了亚齐省、北苏门答腊省、南苏门答腊省、楠榜省、西爪哇省、中爪哇省、东爪哇省、日惹省、南加里曼丹省和南苏拉威西省这 10 个省份实施水稻增产计划，在占碑省、西爪哇省、中爪哇省、东爪哇省和南苏拉威西省这 5 个省实施马铃薯增产计划，选取了占碑省、南苏门答腊省、东爪哇省、巴厘省和北苏拉威西省这 5 个省实施大豆增产计划。通过加强农作物保护、采后处理、改进灌溉水源管理、提升农业机械化水平以及种子生产及技术转让等方式，使得马铃薯和大豆的产量在此期间得到了一定程度的提高。另外，其他技术合作项目如"马铃薯种子繁殖和培训项目"（1992—1997）和"优质大豆种子繁殖和培训项目"（1996—2003），都是在第二个伞式合作期结束后实施的。

第三阶段在 1995 年至 2000 年，项目的范围逐渐扩大，主要内容是针对印度尼西亚在稻米、蔬菜、畜产品和海产品等农产品上的改良、多样化和提高附

① Review of Indonesia's Development and Japan's Cooperation：Its Past，Present and Future in the Republic of Indonesia，Japan International Cooperation Agency. 5，2018. https：//www.jica.go.jp/indonesia/english/office/others/review. html。

加值，旨在提高农民的生活水平。具体计划内容有：①促进政策规划和人力资源开发；②提高生产技术开发的能力；③发展农业技术推广系统，改善农场管理和农业多样化水平；④发展灌溉排水、改善水资源管理系统等基础设施；⑤发展并完善农业信贷系统；⑥促进和加强农民的组织活动；⑦增加收割后的农产品附加值；⑧推动农村基础设施发展。其中，1996 年至 2002 年开展了"改善农业和技术培训系统项目"，对农业技术传播、促进农业企业发展和粮食安全起到重要作用。1997 年至 2002 年开展了"乳品技术改进项目"，旨在提高畜牧业领域的乳品质量和生产技术。1994 年至 1999 年在渔业领域开展"多品种孵化场的研究和开发"技术合作，培育除虾以外的种苗，该项目为印度尼西亚的渔民和渔业养殖行业开发了鱼苗和石斑鱼的养殖技术，而印度尼西亚的小型渔业（5 吨以下的船只）占印度尼西亚捕鱼队的 95%，因此沿海地区小规模的渔民实现了自主生产。

作为"伞式合作"项目的继承项目，日本从印度尼西亚国内农业政策和发展需求的角度出发，制定了"稳定粮食供应和改善营养"计划，旨在提高农民和渔民的收入并振兴印度尼西亚农村经济。该计划具体包括三方面内容：其一，改善农业系统和生产支持；其二，改善和维护农业生产基础设施；其三，可持续利用渔业资源①。

2000 年以后，为了推动印度尼西亚水稻和主要作物生产向多种作物和高附加值方向改进，双方在渔业和畜牧业领域的合作项目主要有："印度尼西亚园艺产品标准化和质量控制（改进新鲜芒果上的果蝇热处理技术）"（2009—2013）、"奶牛生产性疾病对策改进项目"（2008—2011）、"对印度尼西亚鱼虾业中小企业的技术援助"（2008—2011）、"印度尼西亚渔业产品可持续竞争力项目"（2008—2011）以及"改善农产品营销和分销系统的公私伙伴关系项目"（2016—2020）。在牲畜检疫上，1980 年开始"加强人工授精中心项目"的合作，旨在提高牲畜的生产率。2007 年实施赠款援助项目"改善动物卫生实验室诊断禽流感和其他主要动物疾病的项目"和"改善印度尼西亚禽流感控制疫苗接种方案的项目"（2007—2009）。

1954 年至 2016 年间，日本对印度尼西亚援助中用于灌溉、防洪与土地开

---

① Review of Indonesia's Development and Japan's Cooperation：Its Past，Present and Future in the Republic of Indonesia，Japan International Cooperation Agency. 5，2018. https：//www. jica. go. jp/indonesia/english/office/others/review. html。

垦的支出为5 870亿日元，占比为11.70%。1990年以后，随着其他方面的技术投资比重的增加，农业支出开始下降，每年约为60亿日元。日本的相关援助不仅对印度尼西亚农业发展起到促进作用，改善了农民的生活水平，也提升了两国之间的政治互信。

（二） 与其他国家农业合作

2013年，瑞士发展与合作署的"缩小亚洲水稻产量差距"（Closing Rice Yield Gaps in Asia，CORIGAP）项目先后在南苏门答腊、日惹、爪哇和北苏门答腊的水稻灌溉区展开相关研究活动。此外，印度尼西亚棕榈油研究所与马来西亚棕榈油管理局定期举办研讨会进行交流合作，印度尼西亚与法国、德国、贝宁等国均有技术方面的合作[①]。

七、国际组织以及国际援助

印度尼西亚政府善于利用国际援助来促进本国发展，尤其是农业领域。1966年，许多供援国共同成立了"援助印度尼西亚国际财团"（IGGI），对印度尼西亚提供经济援助，其中包括食品援助、建设项目援助以及计划援助等，旨在促进印度尼西亚的经济增长和扩大基础设施建设。

（一） 联合国粮农组织

联合国粮农组织驻印度尼西亚代表处于1978年成立，位于雅加达。粮农组织在印度尼西亚共实施了650多个项目和计划，共派出了1 900多个专家和顾问，涉及粮食、渔业、林业等多个农业部门。其主要任务包括六方面内容：其一，促进、监督和实现粮食安全、农业和农村发展的战略目标；其二，制定和实施粮农组织的计划和项目；其三，帮助印度尼西亚政府预防农业灾害，评估损失并协助相关农业部门的重建与恢复；其四，开展公共宣传活动、支持粮农组织的重要活动；其五，向印度尼西亚提供技术和资金援助；其六，报告印度尼西亚的主要社会和经济发展情况，监测该国农业部门的状况。粮农组织对印度尼西亚的主要支持领域是粮食安全、稻米生产以及为抗击禽流感和海啸后

复原提供紧急援助，其中具有代表性的项目是粮农组织的"粮食安全特别计划"（SPFS），该计划的成功体现在四个方面：第一，粮农组织成功在印度尼西亚建立了 36 个农民团体并制定了全面的农民团体发展计划；第二，改善了农业灌溉设施和水资源管理情况；第三，采用改良的耕作制度来提高农作物生产率；第四，通过对农民进行田间指导提高了政府推广服务的有效性。在该计划的指导下，印度尼西亚政府实现了其在 2007 年至 2010 年间每年将全国水稻产量提高 5% 的目标，2008 年起成为稻米净出口国[①]。

（二）国际水稻研究所

印度尼西亚政府与国际水稻研究所的合作始于 1962 年，1978 年双方达成谅解备忘录，同意将改良水稻品种、测试和开发小型农用机械作为合作的主要内容。20 世纪 70 年代，在国际水稻研究所的支持下，印度尼西亚引进并培育了水稻品种 IR36 和 IR64，后成为印度尼西亚的优势水稻。该研究所在帮助印度尼西亚在 1980 年实现稻米自给自足中作出了贡献。从 1980 年到 2017 年，在印度尼西亚发布的 341 个品种中，有近 210 个品种是国际水稻研究所开发和引进的。双方分别在 1990 年、1995 年、1999 年、2001 年和 2006 年达成了有效期均为五年的合作备忘录，涵盖范围包括测试病虫害和流行病、改善土壤质量、推广农业技术等。从 1962 年到 2019 年，国际水稻研究所共为 1 135 名印度尼西亚科学家、研究人员、项目经理和决策者提供了关于水稻生产、处理、营销和水资源管理等各个方面的培训和教育资源[②]。

2011 年，双方达成并制定了一项四年合作计划，同意将合作重点放在以下六个方面：其一，促进水稻品种开发以应对气候变化的影响；其二，国家杂交水稻发展战略；其三，非生物胁迫耐受性的研究；其四，病虫害研究；其五，传播自然资源管理技术；其六，社会经济政策研究。2012 年国际水稻研究所实施的"新兴经济体作物遥感信息和保险"项目旨在通过遥感技术降低从事水稻生产的小农的脆弱性，该项目促进了印度尼西亚农民对水稻作物实际生长状况和产量预测信息的掌握，在很大程度上帮助农民更好地管理土地资源。

综上所述，中央政府的农业行政部门是农业科技推广的主要领导，负责整体把握和政策制定，对科技推广的方向和内容起决定作用。合作社是农村生产

---

① 数据来源：联合国粮农组织，http://www.fao.org/。
② 数据来源：国际水稻研究所，https://www.irri.org/。

活动的主要组织单位，能够直接有效地促进农业机械化水平。高校研发单位是农业技术人员和专业人员的培育基地，同时也是农业科研和教学的主要场所。农业企业的逐渐成熟为农业生产和技术研发提供了有力支持。国家间合作以及国际组织的援助也在一定程度上促进了印度尼西亚农业科技水平的提高。

第五章 CHAPTER 5
印度尼西亚棕榈油产业 ▶▶▶

第一节　棕榈油产业概况

印度尼西亚以热带季风和热带雨林气候为主，全年高温多雨，日照充足，雨热同期，农作物生长周期短，这为热带作物的生产提供了适宜条件。得天独厚的自然环境以及政府提供的政策和技术支持，使得热带经济作物产量连年上升。印度尼西亚长期以来依靠原料出口，是棕榈油、橡胶、咖啡、可可等高价值商品的全球生产大国和出口大国，也是印度尼西亚一项重要的外汇收入来源。

一、棕榈油简介

油棕（*Elaeis guineensis* Jacq.）是世界上产油量最大的热带木本油料作物之一，享有"世界油王"的美誉。目前，棕榈油是世界上生产量、需求量和国际贸易量最大的油品，它被人们当成天然食品来食用已有超过 5 000 年的历史。印度尼西亚是世界最大的棕榈油生产国，棕榈油产业对该国的经济发展起着重要作用[1]。油棕原产于西非，直到 1848 年才被荷兰人引种到印度尼西亚爪哇岛，但那时主要用来观赏，只有少量用于工业用途，比如制造蜡烛和润滑油。到了 1910 年才被用作油料作物并商业化种植。起初由于在油棕树授粉问题上采用人工授粉，但种植园中没有足够的劳动力去做这项烦琐的事，因此棕

---

① 曹红星，杨蒙迪，冯美利，等，《印度尼西亚油棕产业发展的现状和展望》，《热带农业科学》，2019 年第 12 期，第 101～105 页。

100

榈油的产量低，种植成本高，竞争力弱。直到苏格兰人戴维森执掌联合利华集团后，他认为油棕树授粉问题应该有更为方便的解决方法，在请专家研究后发现利用油棕象鼻虫授粉，棕榈油产量可以得到爆发式增长。自此，印度尼西亚开始大面积种植油棕树，棕榈油迅速成为植物油王[①]。

油棕树是一种四季都开花结果，长年都有收成的热带木本油料作物，是世界上生产效率最高的产油植物。油棕树喜光照，对温度要求较高，不耐旱、不耐寒，在雨量充沛、阳光充足的热带地区生长较快，通常 2～3 年开始结果，8～15 年进入旺产期，差不多 20 年后开始老化，产量逐渐降低，此时需要砍掉重新种植，油棕树的商业性生产最长可以达到 25 年。棕榈油是由油棕树上的棕榈果压榨而成，果仁和果肉均可压榨成油，传统概念里的棕榈油只包含前者。

棕榈油具有丰富的营养物质以及抗氧化性，经过精炼分提，可以得到熔点不同的产品，在餐饮业、食品工业以及油脂化工等领域得到了广泛应用。棕榈油能获得企业的青睐，原因在于其不仅用途广泛，而且出油率高。生产一吨棕榈油所需的土地仅为大豆、葵花籽或菜籽油的 1/8。常规油料作物里花生的产油量最多，每公顷产油 750 千克，而棕榈油可以做到每公顷产油 3 750 千克，是花生油的 5 倍。而且油棕树的寿命有 25～30 年，终年产油，这样的产量使得棕榈油成本极低，利润极高。

全球油棕树种植面积及棕榈油产量呈逐年递增走势，印度尼西亚和马来西亚是棕榈油的两大主要生产国，两国棕榈油总产量占到全球产量的 88%。印度尼西亚的油棕树主要分布在苏门答腊岛中部以及加里曼丹岛的西部和东部地区，其中苏门答腊岛占印度尼西亚棕榈油生产总量的 80%，为全国及他国提供了大量的棕榈油。

二、印度尼西亚棕榈油生产情况

有利的气候、肥沃的土地、低廉的劳动力成本（"天时、地利、人和"）使印度尼西亚在全球粮食和生物能源需求上涨之际成为世界领先的原棕油

---

① 曹建华，李晓波，林位夫，等，《油棕人工授粉与风媒授粉比较研究》，《热带作物学报》，2010 年第 3 期，第 339～344 页。

（CPO）生产国[①]。在马来西亚，由于受到气候影响，适合油棕生长的农业耕地愈来愈少，从而导致马来西亚棕榈油单产下降。而印度尼西亚油棕进入旺盛期，单产增加，又加上进一步扩张种植园，2008年，印度尼西亚棕榈油产量首次超过马来西亚，随后便一直稳居首位，成为全球最大的棕榈油生产国，目前拥有全球50%以上的市场份额。在过去的十年中，印度尼西亚棕榈油产量增长近三倍。2018年印度尼西亚棕榈油产量强劲，当年其棕榈油产量达到4 056.72万吨，占全球总产量的56%，使得全球棕榈油总产量增加近400万吨，2019年度印度尼西亚油棕树种植面积达1 472.46万公顷，棕榈油产量4 586.1万吨，比2018年度增加了529.38万吨（图5-1）。从单产趋势来看，除2015/2016年的单产增长率较低之外，从2012—2019年，印度尼西亚棕榈油单产逐年提升。自2015/2016年受到厄尔尼诺天气影响产量后，已经实现连续三年增长，棕榈油增产的原因在于天气条件良好，单产量高。棕榈油产业作为印度尼西亚的重要支柱型产业，对印度尼西亚经济的贡献率高达5%，税收占政府财政收入的10%，棕榈油产业的盛衰关系到印度尼西亚1 700万农业人口的根本利益，对印度尼西亚经济发展和社会稳定具有重要意义。

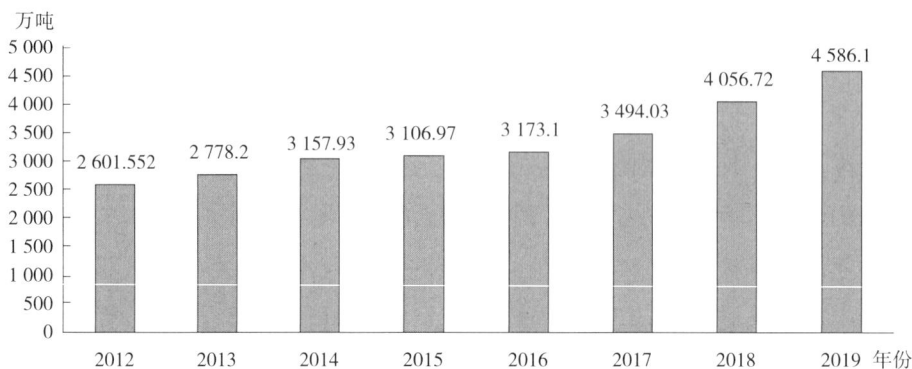

图5-1　2012—2019年印度尼西亚棕榈油产量走势图

数据来源：根据印度尼西亚中央统计局公布的数据整理而作，参见印度尼西亚中央统计局网站，http://www.bps.go.id/。

2019年棕榈油是农产品市场上的明星产品，由于政府B20、B30政策对生物柴油的需求量的上升，加大了对棕榈油产业的资金投入。2019年下半年印度尼西亚棕榈油产量突飞猛进，全年棕榈油产量占到全球棕榈油产量的56%。

印度尼西亚近十年棕榈油产量连年上涨，但增幅有高有低，2016年产量

[①]　印度尼西亚农业部，《印度尼西亚棕榈油概观》，http://www.gbgindonesia.com。

相较 2015 年增加了 66.13 万吨，但增幅是近十年最低的。主要由于 2015/2016 年度全球出现厄尔尼诺现象，强度和 1982/1983、1997/1998 年度接近。对东南亚地区而言，厄尔尼诺是棕榈油产量最强劲的敌人，厄尔尼诺导致东南亚天气干燥，进而影响了棕榈油产量，虽然年产量增加，但 2016 年的增长率是近十年最低的，仅为 2.13%。印度尼西亚在 2019 年第三季度同样出现较为严重的干旱，其中苏门答腊省 8—9 月的降雨创下历史同期新低，干旱程度甚至超过 2015 年厄尔尼诺的影响。2018 年印度尼西亚棕榈油产量 4 056.72 万吨，比上年产量高出 562.69 万吨，自 2015 年度厄尔尼诺天气之后实现了连续第三年增长。2018 年的棕榈油产量之所以增加，原因在于天气条件良好，单产趋于提高，并且民营油棕树重新种植的数量呈现增长态势，种植面积增加。2018 年印度尼西亚棕榈油单产为每公顷 3.67 吨，比 2017 年增加 2%；种植面积 1 432.7 万公顷，较 2017 年的 1 238.3 万公顷增长 194.4 万公顷，增幅为 15.7%；收获面积 1 130 万公顷，比 2017 年增加 3%。同时，印度尼西亚 B20 生物柴油强制掺混政策也将继续提振棕榈油的工业消费。

（一）影响棕榈油单产的两个自然要素

不同于大豆、油菜等一年生的草本油料作物，油棕为多年生的木本油料作物[1]。一般来讲，油棕从开花到果实成熟需要六个月时间，一旦开产，其产能将持续释放 20～25 年，其间单位产出的能力主要受到两个因素的影响，一是降水量；二是树龄。

油棕喜好高温多雨，充沛的降水有助于保障其后期较好的单产，一般要求年降水量维持在 1 300～2 000 毫米。当月降水量为 200～350 毫米时，棕榈油月度产量相对较高。故而降水量通常是需要跟踪的重要天气指标，其中对降水量影响最大的因素就是厄尔尼诺现象带来的气候干旱，厄尔尼诺指数和棕榈果产量成负相关，厄尔尼诺指数越高，产量越低。2016/2017 年棕榈油大幅减产即是 2015 年严重的厄尔尼诺现象引起东南亚气候干旱、降水量下降所致[2]。2015 年 11 月至 2016 年 3 月累计棕榈油产量较上年度同期下降 44.79 万吨，

---

[1]　田亚雄，《厄尔尼诺现象对棕榈油市场的影响》，《期货日报》，2019 年 1 月 14 日。

[2]　厄尔尼诺，是太平洋赤道带大范围内海洋和大气相互作用失去平衡后，冷水域海温异常升高的现象，它会导致太平洋西岸（东南亚）降水减少，太平洋东岸（南美）降水偏多，从而引发环太平洋两岸不同地区的干旱和洪涝。厄尔尼诺根据持续时间和峰值强度的高低可以划分为不同的强度等级：超强、中等、弱。

2016 年印度尼西亚棕榈油年产量仅比 2015 年增加了 66.13 万吨，增幅 2.13％，达到近八年最低增幅。拉尼娜现象一般发生在厄尔尼诺之后，拉尼娜现象会带来充沛的降水从而改善棕榈油单产。

厄尔尼诺气候对棕榈油产量的影响也不同。其中在超强厄尔尼诺气候下，单产会出现大幅下滑；中等强度情况下影响不一，且影响力度相对有限；而弱强度下对棕榈油单产几乎没有影响。历史上印度尼西亚发生过 4 次棕榈油产量减产，均发生在厄尔尼诺现象出现的年份，其中 3 次发生在超强厄尔尼诺现象年份，1 次发生在中等厄尔尼诺现象年份[①]。

鉴于弱厄尔尼诺现象对棕榈油单产的影响有限，在劳动力短缺状况不是特别严重的前提下，印度尼西亚棕榈油产量仍将取决于油棕树的成熟面积和树龄结构。油棕树的经济树龄一般在 20～25 年，单产受树龄所处范围的影响较大[②]。2018 年印度尼西亚棕榈油产量较上年猛增 562.69 万吨，主要因为进入旺产期从而收获面积增加 3％。印度尼西亚的树龄结构总体年轻化，整体单产也在持续走高，有很大的增长潜力。从 20 世纪 90 年代开始，印度尼西亚开始扩大其油棕种植面积，截至 2015 年，印度尼西亚的油棕种植面积增幅一直保持在 5％以上。由于不断扩张的种植面积从而保证了树龄结构的年轻化，目前超过 60％的油棕处于旺产期，壮年期的油棕树抗自然灾害能力强，有助于整体产量增加。以油棕种植集团丰益集团（Wilmar Group）为例，截至 2017 年 12 月，该企业在印度尼西亚油棕种植园的树龄低于 15 年的油棕树占比高达 77％，有 63％的油棕树处于 7～14 年的旺产期。整体树龄处于非常具有增产潜力的阶段[③]。

（二）印度尼西亚油棕种植发展情况

印度尼西亚油棕种植园长期以来主要有三种经营模式：大型私人种植园、国有种植园和个体农户小型种植园。近二十年来，随着市场扩大对棕榈油需求量以及期货价格的波动，印度尼西亚棕榈种植园的经营模式也发生了变动，已经由政府主导的国有种植园为主，慢慢转向由市场自我调节为主的大型私人种

---

① 《关于"厄尔尼诺"和棕榈油 你需要了解的二三事》，市场新闻，2018，http：//www.qhrb.com。
② 田亚雄，《厄尔尼诺现象对棕榈油市场的影响》，《期货日报》，2019 年 1 月 14 日。
③ 田亚雄，《厄尔尼诺现象对棕榈油市场的影响》，《期货日报》，2019 年 1 月 14 日。

植园。同期大型私人种植园和个体农户小型种植园的面积和产量比重上升①。
目前，大型私营种植园生产量占 48%，是棕榈业的支柱；个体小农户占 40%，
国有种植园占 12%。业内最大型的企业包括金光集团（Sinar Mas）、丰益集团
（Wilmar Group）、阿斯特拉农贸公司（Astra Agro Lestari）和印多福农业资
源（Indofood Agri Resources），其中金光集团是印度尼西亚最大的棕榈种植、
棕榈油精炼加工和油化学品生产商之一，拥有世界上最大的棕榈油精炼厂。公
司主营六大业务中，种植业占总业务量的 43%，2017 年金光集团在印度尼西
亚的油棕树总种植面积为 20.23 万公顷，其中成熟面积为 16.25 万公顷，占印
度尼西亚总成熟面积的 80.3%，未成熟面积为 3.98 万公顷。

由表 5-1 所示，就地域分布来看，印度尼西亚棕榈油的主产区为苏门答腊
岛，其中苏门答腊岛的油棕种植面积和产量占印度尼西亚总产量的 80%。印
度尼西亚是全球最大的棕榈油生产国，增产潜力较大，仍有未开垦的土地，但
由于苏门答腊岛和加里曼丹岛可供种植的耕地极少，从 2012 年以来印度尼西
亚油棕种植面积增速放缓，增幅基本维持在 3% 以内。2018 年印度尼西亚油棕
树种植面积猛增，比 2017 年增长 15.7%。截至 2018 年末印度尼西亚种植面积
达到 1 432.7 万公顷，是马来西亚的 2.4 倍，但新种植的油棕树需要 3 年才能
开花结果。

表 5-1 印度尼西亚各省份 2014—2018 年棕榈油产量分布情况

单位：万吨

省份	2014 年	2015 年	2016 年	2017 年	2018 年
亚齐	94.56	89.63	73.27	86.73	97.38
北苏门答腊	487.02	519.31	398.37	485.2	537.1
西苏门答腊	92.48	92.66	118.31	120.92	159.36
廖内	699.32	805.98	766.81	759.12	858.64
占碑	177.37	179.49	143.51	178.3	203.68
南苏门答腊	279.18	282.19	293.68	298.7	341.71
明古鲁	79.88	74.75	75.02	84.97	96.67
楠榜	45.59	43.43	42.59	45.6	56.06
邦加-勿里洞	51.66	52.31	72.66	75.61	87.16
廖内群岛	4.5	4.51	2.14	2.51	3.47

① 李窦云，《印度尼西亚棕榈油市场发展概况》，《日用化学品科学》，2015 年第 2 期，第 11～14 页。

（续）

省份	2014 年	2015 年	2016 年	2017 年	2018 年
西爪哇	3.3	3.5	3.28	4.24	4.58
万丹	2.43	2.55	2.75	3.21	3.43
西加里曼丹	196.55	216.81	219.26	252.9	292.94
中加里曼丹	315.82	357.3	426.01	520.98	604.08
南加里曼丹	146.06	104.95	175.04	156.01	215.67
东加里曼丹	140.73	158.66	235.84	253.87	296.64
北加里曼丹	255.7	26.81	16.77	20.52	30.32
中苏拉威西	25.44	27.53	31.68	41.71	46.99
南苏拉威西	7.89	11.15	10.51	11.31	11.77
东南苏拉威西	7.1	7.24	6.54	8.69	10.96
西苏拉威西	28.55	29.46	43.41	52.73	58.42
西巴布亚	7.4	7.4	13.59	13.12	17.62
巴布亚	9.4	9.35	2.06	15.08	22.07
总计	3 157.93	3 106.97	3 173.1	3 494.03	4 056.72

数据来源：根据印度尼西亚中央统计局公布的数据整理而作，参见印度尼西亚中央统计局网站，http：//www.bps.go.id/。

（三）印度尼西亚政府对油棕种植的政策支持

棕榈油作为印度尼西亚最大的产业，印度尼西亚政府对棕榈油产业专门制定了一系列激励政策。印度尼西亚政府制定了年经济增长 6% 的目标，为达成这一目标，将种植园列入国家优先发展产业。在独立后的第二个五年发展计划中就曾制定油棕种植十年计划，目的在于刺激国内外投资。近年来，印度尼西亚鼓励农民扩大油棕种植和生产，将油棕作为国家发展政策和战略工具。2006年，印度尼西亚政府再次将油棕种植列入国家优先发展行业，为种植园提供贴息贷款及减少税收等优惠政策，并在北苏门答腊、廖内、西加里曼丹和东加里曼丹 4 个地区建立棕榈油工业集中发展区，以吸引外来投资者[1]。2012 年印度尼西亚政府出台条例，鼓励棕榈油产业下游加工业发展并为之提供税收优惠政策。根据国家经济发展规划，北苏门答腊省双溪芒克工业区将成为苏门答腊岛棕榈油下游加工基地，企业可以享受税收津贴和税收假期[2]。2013 年印度尼西

---

[1] 曹红星，杨蒙迪，冯美利，等，《印度尼西亚油棕产业发展的现状和展望》，《热带农业科学》，2019 年第 12 期，第 101~105 页。

[2] 中华人民共和国驻棉兰总领事馆经贸之窗，印度尼西亚政府鼓励棕榈油下游加工业发展，2012-11-27，http：//www.medan.mofcom.gov.cn。

亚政府计划在五年内新增 300 万公顷土地用于种植橡胶、油棕、咖啡、可可等经济作物。政府政策的支持、国内外市场棕榈油价格乐观，鼓励和吸引了许多外来投资者，也激发了农民的种植热情。

此外，为使棕榈油在国际市场上更具竞争力，印度尼西亚政府设立了专项研究部门，重新调整国有种植业的战略模式，加强管理，提高种植园生产效率，并完善市场营销战略以促进棕榈油消费。政府出资为印度尼西亚油棕研究所提供基础设施和实验仪器。

印度尼西亚政府还利用税收来管制棕榈油市场的供应，在价格保持低位的情况下，曾将毛棕榈油及棕榈油产品出口税降至零。2011 年印度尼西亚修改了棕榈油出口关税体系，上调毛棕榈油出口关税，同时下调精炼棕榈油产品的出口关税，旨在推动该产业下游产业链的发展。目前，大约 65% 的棕榈油出口是原棕油，预计在未来 10 年这一比例将降至 40%。根据国际市价对原棕油征收的出口累进税（按政府法规 No.223/2008，财政部法令 No.67/2010）提高 25%，就是为了达到 40% 这个目标而采取的一项措施，此举降低了印度尼西亚国内下游产业的销售价格。作为政府促进原棕榈油产量和增值产品生产的一项措施，持续到 2025 年的"经济走廊"总体规划旨在优化产业结构。该计划将把种植园变成产业群，与下游设施相结合，包括生物燃料、石油化工、化肥和生物柴油。这些产业群已于 2014 年在廖内省启动，非常有助于大幅增加产量和吸引外来投资[①]。

为确保国家棕榈油和生物柴油产业的可持续发展，印度尼西亚政府还成立了 CPO 基金和棕榈油种植园基金管理机构（BPDPKS）。CPO 基金是对 CPO 出口征收的一项税款，用于支付加工生物柴油的费用。如果棕榈油的市场价格低于每吨 750 美元，将以每吨 CPO 50 美元和每吨加工的棕榈油产品 20～30 美元的价格代替 7.5% 的出口税来收取该基金[②]。政府预计该基金每年将筹集 7 亿～8 亿美元。该基金不会在国家预算中记录为收入，而是由印度尼西亚政府任命的四家主要银行进行管理。该资金的很大一部分将用于生物柴油的研究和开发，包括补贴 Pertamina 采购脂肪酸甲酯（FAME），这将用于强制性 B15 计划。此外，该基金还旨在鼓励人们重新种植属于社区的旧油棕树，并鼓励棕

① 印度尼西亚农业部，棕榈油衍生品中的机遇，http://www.gbgindonesia.com。
② 《印度尼西亚成立专门机构征收和管理棕榈油出口税》，环球网，http://www.cnfl.cn/2015/0630/69057.html。

桐油行业内的人力资源开发。

印度尼西亚政府还推广区分产区，即区分用于食用的原棕油产区和用于能源的原棕油产区，该计划的另一目标是将小农户联合起来，以提高生产者的生产效率，从而提高现有土地的生产率，目前的生产率为3.74吨/公顷。

三、印度尼西亚棕榈油消费及出口情况

（一）国际消费出口情况

目前，世界棕榈油出口市场的88％份额被印度尼西亚和马来西亚这两大主产国牢牢控制着，其中印度尼西亚出口量占全球棕榈油出口的57％。印度尼西亚作为全球主要棕榈油及相关制品（含棕榈油、棕仁油、棕仁饼、棕榈油制黄油及其他制成品）出口国，其国内棕榈油的消费大约占全年产量的三成左右，剩余的70％均进入国际市场。印度尼西亚近两年出口快速增长得益于零关税的价格优势，2018年印度尼西亚出口棕榈油2 789.37万吨，占全球贸易量的44％。如图5-2所示，从2012—2018年印度尼西亚棕榈油出口除2016年大幅下跌外，始终保持快速增长。2016年印度尼西亚棕榈油出口量的减少，主要原因是由于受生物燃料项目的支持，印度尼西亚使用更多的棕榈油来生产生物柴油，使国内消费量大幅提升。加之厄尔尼诺现象引起的天气干旱对印度尼西亚棕榈油产量构成威胁，故2016年印度尼西亚棕榈油出口量出现下滑。

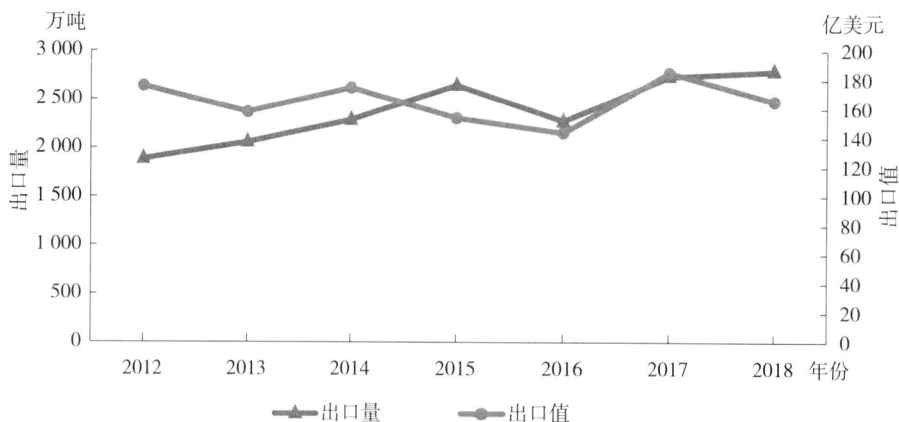

图5-2　2012—2018年印度尼西亚棕榈油出口量及出口值

中国、印度、欧盟是印度尼西亚棕榈油的三个主要出口国家和地区。2019年，中国超过印度成为印度尼西亚棕榈油产品的最大出口市场，对中国出口的

棕榈油达到 600 万吨，油脂化学和生物柴油产品达 82.5 万吨。印度是仅次于中国的第二大棕榈油市场，2019 年印度尼西亚对印度出口棕榈油产品 480 万吨。欧盟是世界第三大棕榈油市场。

对于中国来讲，由于受气候因素限制，棕榈油产量低，中国棕榈油消费严重依赖进口，进口量占总消费量的 90% 以上。据联合国粮农组织资料显示，中国棕榈油进口量自 2000 年以来增长了三倍多，占食用油进口量的一半以上。目前印度尼西亚是中国棕榈油进口第一大来源国，中国也是印度尼西亚棕榈油出口的主要目的地，2019 年全年印度尼西亚出口到中国的棕榈油占印度尼西亚出口总量的 19%。2019 年 12 月中国进口棕榈油 72.32 万吨，其中自印度尼西亚进口 45.5 万吨，同比大增 47.7%。特别是 2019 年初，在被欧盟买家拒之门外之后，中国反而加大了进口印度尼西亚棕榈油的力度，这极大提振了印度尼西亚棕榈油产业的信心。根据印度尼西亚棕榈油协会（GAPKI）数据显示，中国棕榈油进口量整体保持稳定，虽然出现过部分年份进口量下降，但整体情况相对良好。

与进口量不断攀升的中国相反，全球第二大棕榈油进口国印度 2018 年上调进口关税，将棕榈油及其制品进口关税由 30% 和 15% 分别上调至 40% 和 25%，降低了进口规模，减少了印度对印度尼西亚棕榈油的需求。印度尼西亚、巴西等主要棕榈油出口国都将持续面临较大的出口压力。尽管印度持续提高棕榈油的进口关税，对印度本国棕榈油进口量会有一些影响，但在刚性需求下，即在人口红利、经济增长和可支配收入增加的推动下，印度植物油消费量将保持增加。

欧盟以环境担忧为由限制进口棕榈油，对印度尼西亚开始征收 PME（棕制生物柴油）反倾销税[①]。欧盟以印度尼西亚种植园大面积砍伐森林破坏环境为由，计划在 2030 年之前逐步停止在运输燃料中使用棕榈油。在环保压力下，法德等国近期均表示将削减可再生能源中棕榈油的使用比例，欧洲议会决定对棕榈油进口实施限制，这一行为引发了印度尼西亚等国的强烈不满。印度尼西亚也在尝试与马来西亚展开合作，共同抵制欧盟不公平的棕榈油限制，并已向世界贸易组织提起诉讼。在全球首要的两个出口市场降低进口规模的情况下，印度尼西亚和马来西亚政府不约而同开始寻找新的棕榈油出口市场，主要目标

---

① DS480，European Union-Anti-Dumping Measures on Biodiesel from Indonesia，2014-01-28 ［2020-04-13］，http：//www.wto.org.

锁定了俄罗斯、巴基斯坦、缅甸、尼日利亚等。

（二） 国内消费市场

除了寻找海外市场，为缓解库存以及减少外国进口政策法规对棕榈油产业的影响，印度尼西亚政府也一直努力提高国内棕榈油用量。2018 年 9 月，在经济下行及货币贬值的压力下，为缓解账户赤字及棕榈油低迷的价格，印度尼西亚政府将生物燃料掺混率提高到 20%，并将筹谋已久的 B20 计划从公共运输行业向全国非公共运输行业推广，效果立竿见影，仅 2018 年四季度国内生物柴油需求就额外增长了 9.4 亿升。在全球生物燃料价格波动的情况下，印度尼西亚政府还计划扩大 B20 生物柴油掺混范围，将掺混率提高到 30%，甚至提高到 100%，以进一步提高国内生物燃料消费，消化更多的毛棕榈油供应。到 2020 年，国内对生物柴油的需求预计将达到 830 万吨，这可能会影响棕榈油产品的出口供应。

四、印度尼西亚棕榈油产业面临的问题

（一） 种植园管理不善，为扩大种植面积破坏雨林

棕榈油是一种用途广泛的原料，应用于各行各业。然而，许多民间组织对含棕榈油产品的可持续性提出了质疑，认为热带雨林的破坏和濒危野生动物的灭绝与棕榈油的不可持续生产有密切联系。

因国际市场上对棕榈油的需求量增加，很多棕榈油生产企业为了扩大种植面积，将生物多样性最丰富的热带雨林中的植物砍伐后，用火烧的方式清理地面从而进行油棕种植。2018 年，约 360 万公顷的原始森林被砍伐殆尽。传统棕榈油生产造成的大规模森林损失，不仅会加剧气候变化和生物多样性丧失，还影响到了当地居民的生计，森林和泥炭地本可以让当地居民获得干净的饮用水、自给作物、非木材经济产品等其他经济机会，但森林被砍伐用作种植经济作物后，森林提供的这些生态功能都受到影响[1]。

油棕种植肆意的商业化扩张，在没有做任何高保护价值森林和生态敏感区评估的前提下进行油棕种植园的开发和建设属于毁林行为。这些毁林行为造成每年大面积森林被焚毁，燃烧释放的气体也不合标准，严重影响生物多样性和

---

[1]　Palm Oil，The Hidden Truth Lurking in Your Home，2015-12-14 ［2019-06-20］，https://www.worldwildlife.org。

区域碳排放。婆罗洲岛是野生婆罗洲红毛猩猩唯一的栖息地，由于受到棕榈油生产的严重威胁，它们的栖息地在近 20 年锐减 55％，已沦为极度濒危物种。苏门答腊岛是苏门答腊虎和苏门答腊红毛猩猩的唯一自然栖息地，目前这两种动物都已列入世界自然保护联盟濒危物种红色名录，苏门答腊岛上 15％ 的老虎栖息地遭到破坏，野外仅剩不到 400 只苏门答腊虎，而油棕的扩张被视为导致动物数量下降的关键因素。栖息地被破坏，不仅造成野生动物的死亡，而且会导致野生动物被迫进入人类居住区，加剧与人类的冲突，助长非法狩猎。

（二）印度尼西亚原棕油产业不符合全球环保标准对可持续发展的要求

印度尼西亚棕榈油生产的消极后果使得棕榈油产业遭到国际上的广泛批评，各种民间团体、政府、企业和消费者采取行动，要求提高其可持续性。欧盟也通过了可再生能源和燃料质量的指令，指令于 2020 年 12 月开始生效。这些法规条例要求对生物燃料来源采取环保的做法，例如禁止在生物多样性和高碳储存量的区域设立种植园。行业内的许多小农户将会发现这些标准很难遵循，而认证过程涉及的成本相当高昂。可持续棕榈油圆桌会议（RSPO）是当前认可度最高、规则条例最为健全的认证机构，对生产棕榈油的企业制定了非常严格的标准，包括对森林、生物多样性、工人和原住民的保护。RSPO 的自愿机制内有 76 名印度尼西亚成员，仅占印度尼西亚棕榈油生产商协会（GAPKI）总会员数的 21％。目前，全球也只有近五分之一的棕榈油通过了RSPO 认证。欧盟在接下来的五年内将会对从印度尼西亚进口的生物燃料征收高额关税，并且将在 2020 年至 2030 年期间，逐步废除基于棕榈油的生物柴油，停止棕榈油作为运输燃料的使用。

（三）印度尼西亚棕榈油衍生品及下游产业体系不完善

作为世界最大的原棕油生产国，印度尼西亚拥有现成的原料，因此在油脂化学品行业有着巨大的潜力。但至今为止，行业产业链发展仍然落后于马来西亚。在这个每年 600 万吨的产业中，马来西亚的国际市场占有率较大，其 2020 年的市场占有率为 18.6％，而印度尼西亚只有 12％。在马来西亚原棕油的总出口量中，只有 20％ 左右是以原棕油的形式出口，而印度尼西亚则是 65％ 左右。马来西亚已经取得了更大的技术进展，创新地开发出多达 120 种衍生品，而印度尼西亚则不到 20 种[1]。印度尼西亚亟须通过大量的投资来促进其仰赖私营部门的油脂化学品产业，迎头赶上。私营部门企业需要开展和利用油脂化学品方面的新研究成果，例如针对可用作芳香族溶剂的油脂化学物的研究。增加投资提高产量，下一个挑战就是要掌握最新形势，即向本地市场和国际市场有效地宣传自己的下游产品和推广自己的品牌。在一个国内消费带动 60%GDP 的市场里，现有的多种消费品中存在着极大的增长空间。

由于石油化工衍生品和其他商品的价格随着飙升的油价而上涨，有机植物油的需求量从 2010 年开始上升。消费者对更环保、天然的产品原料的需求也促进了需求量的上升。随着需求量从 2010 年初开始逐渐走稳，全球油脂化学品行业前景看好。由于拥有大量现成的原料，印度尼西亚在油脂化学品行业有着巨大的潜力。

五、印度尼西亚棕榈油行业未来展望

总体来说，印度尼西亚棕榈油有望呈现"近弱远强"的格局，现实的基本面偏差、短期价格承压，但产量和需求仍有上涨的空间。发挥其天然的地理优势特点，政府应有针对性地着重对该产业进行整合，优化下游产业链发展，提高市场竞争力，并在土地、进出口税收优惠政策、价格政策、基础设施建设、高新技术人员配备、资金支持等方面提供保障。

第二节　棕榈油产业的国际竞争力

世界棕榈油产量呈逐年稳定增长的趋势，其中主要原因就是全球两个棕榈油主产国印度尼西亚、马来西亚的年产量逐年递增。这两个国家的棕榈油产量占世界总产量的 88%。两国拥有相同的热带雨林气候类型和土壤水分等自然条件，经济发展水平相当，都属于发展速度较快的发展中国家。两国都将油棕种植业和油棕工业作为国民经济的支柱产业。由于两国政府的高度重视，棕榈油产业已经达到了一定的规模，在世界棕榈油市场和价格调控甚至植物油市场和价格调控上都具有举足轻重的影响。

---

[1]　Opportunities in Palm Oil Derivatives，GBG Indonesia，http：//www.gbgindonesia.com/en/agriculture/article/2011/opportunities_in_palm_oil_derivatives.php。

一、印度尼西亚棕榈油的主要竞争对手——马来西亚

马来西亚是仅次于印度尼西亚的世界第二大棕榈油生产国和出口国。马来西亚棕榈油产业从 20 世纪 60 年代开始快速发展，经过六十年的发展，马来西亚不仅拥有成熟的生产科研技术，也在国际市场上拥有较强竞争力。马来西亚棕榈油产业有以下几个特点：种植面积和产量逐年增加、从业人员众多、科研先进适用、出口贸易地位突出[①]。

近十年来，马来西亚棕榈油产量持续稳定的增长，其棕榈油产量达到 2 000 万吨，占全世界总产的 30%。马来西亚的油棕种植面积也在直线攀升，油棕种植面积占全国耕地的一半，1974 年马来西亚种植面积仅为 56.57 万公顷，到 2014 年种植面积高达 539 万公顷，是马来西亚农业部门当之无愧的主要支柱产业。伴随棕榈油产业热度不断提升，全国从事棕榈油加工的各类企业超过 400 家，雇佣工人的数量也随之上涨，目前马来西亚直接和间接就业人员超过 200 万人[②]。

马来西亚油棕树主要种植在西马、沙巴及沙捞越。自 1975 年以来，沙巴和沙捞越的种植面积占比逐渐上升，西马的面积占比逐年下降，根据 MPOB 数据显示，至 2017 年，西马占全国总油棕面积的 46.6%，沙巴占 26.6%，沙捞越占 26.8%。马来西亚种植的油棕主要是改良品种 TENERA，每公顷的油棕鲜果串及棕油的产量大约分别为 19 吨和 4 吨，榨油率 20%[③]。马来西亚的油棕种植主要以大种植园生产为主，大种植园种植面积占油棕总种植面积的 85%，这与油棕高经济附加值密不可分。油棕树种植收益率高，尤其在 2017 年，马来西亚棕榈油价格维持高位，创出每公顷 6 815 令吉（合 1 605 美元）的高位水平，这刺激了农户种植的积极性。大种植园生产经营规模化效益明显，集中成片种植，实行集约化经营，统一品种和栽培标准，形成优势产区，也有利于技术提升，带来更高产能。马来西亚已经形成了先进的棕榈油研究和发展专业人员群体，掌握了基因改良等先进技术，从而能够不断开发出新型高产优质品种[④]。

---

① 张蓉芳，丁士军，陈玉萍，等，《从马来西亚棕榈油产业看中国油脂业》，《江苏农村经济》，2006 年第 2 期，第 62～63 页。

② 《马来西亚棕油业情况介绍》，中华人民共和国驻马来西亚大使馆，http://my.china-embassy.org/chn/zt/nycf/t314491.htm。

③ 黄慧德，《马来西亚油棕业概况》，《世界热带农业信息》，2017 年第 7 期，第 39～45 页。

④ 大马经济网，世界棕榈油主要生产国形势分析，http://www.malaysiaeconomy.net。

马来西亚的棕榈油及相关制品是马来西亚第二大类出口商品。马来西亚棕榈油的下游产业部门包括棕榈果压榨企业、棕榈仁压榨企业、精炼企业、油脂化工企业、生物柴油企业和油脂罐装企业等。其中，棕榈果压榨企业和精炼企业是产能最大的两个部门，产能接近1.12亿吨和2 732万吨，其他部门产能相对较小。马来西亚棕油及相关制品出口到全球150多个国家和地区，主要出口目的地是中国、欧盟、巴基斯坦、印度、美国、埃及。出口到这6个国家和地区的棕榈油及制品占马来西亚出口总量的64%。

二、印度尼西亚棕榈油产业竞争优势

（一）供给充足

在全球油棕种植分布上，印度尼西亚种植面积全球第一（2018年达1 432.7万公顷），紧接着依次是马来西亚（2018年达530万公顷）、尼日利亚（2018年达250万公顷）、泰国（2018年达78万公顷）。不仅种植面积位居第一，自2000年以来，在种植油棕的所有国家中，印度尼西亚棕榈园面积增幅最大，至2018年增幅可达272%，占全球油棕总面积的48.6%；其次为泰国，至2018年增幅达265%，但由于其起始面积较少，目前仅占全球油棕面积的3.4%；马来西亚面积增幅达76.8%，占全球油棕面积的23%；尼日利亚油棕面积基本保持不变。印度尼西亚棕榈园都比较年轻，旺产期会持续比较长，后期也有不少未成熟棕榈园步入生产期，逐渐释放产能，壮年油棕树抗自然灾害能力强，有助于印度尼西亚棕榈油产量稳步增加。而马来西亚棕榈园大多为成熟棕榈园，未成熟棕榈园占比较低，2017年未成熟棕榈园面积70万公顷，仅占12%，考虑到还有早年种植的棕榈园逐渐老化，马来西亚产量水平将稳定在当前水平。马来西亚油棕种植历史悠久，适宜土地基本已被开发完毕，过去5年种植面积仅增加12.8%，2017年仅增加2.2%。种植面积增速下降决定马来西亚未来棕榈油产量上限将维持在当前水平。

（二）价格优势

近几年随着印度尼西亚油棕树种植面积不断增加，产量已经远远超过马来西亚，成为名副其实的棕榈油第一大国，年产量超过4 000万吨，国内消费也超出1 000万吨。印度尼西亚国土面积广阔，人口众多，人均GDP仅为马来西亚的三分之一。棕榈种植园主要成本是土地和人力，印度尼西亚在这两方面具有明显优势，因此印度尼西亚棕榈油出口价格一般都低于马来西亚。

（三）单产高

由于气候影响，马来西亚棕榈油单产下降，而印度尼西亚油棕树进入旺产期，单产提升较快。2014 年之前印度尼西亚棕榈油生产效率远低于马来西亚。以 USDA 提供资料为依据，从单产上来看，马来西亚在 2014 年以前居全球之首，之后开始下滑，近两年印度尼西亚的单产高于马来西亚。因为就目前树龄来看，马来西亚 7～18 年成熟油棕树面积占比基本保持稳定，对产量不会造成影响。而印度尼西亚的树龄更为年轻，整体单产也将持续走高，有更大的增长潜力。

三、印马两国棕榈油国际贸易比较之实证分析

（一）国际市场占有率（MRP）

印度尼西亚是世界上第一大棕榈油出口国，2005 年全球棕榈油总出口量达到 2 630 万吨，其中马来西亚棕榈油出口 1 345 万吨，占比 49%，印度尼西亚棕榈油出口为 1 030 万吨，占比 39%。但到 2015 年，全球棕榈油出口量达 4 600 万吨，其中马来西亚棕榈油出口达 997.97 万吨，占全球总出口量 21.7%，印度尼西亚棕榈油出口量达 1 867.9 万吨，占比 40.6%，远远超过马来西亚的国际市场占有率[①]。据统计，近年来印度尼西亚棕榈油出口量连年增加，马来西亚棕榈油出口量不稳定，波动较大，且出口额不涨反降，国际市场份额呈下降趋势。主要原因是中国作为世界第一大棕榈油进口国，中国从印度尼西亚进口棕榈油的增幅一直超过从马来西亚进口的增幅。一是马来西亚的油棕种植面积难以继续扩大，棕榈油产量增幅有限。相较于马来西亚 33 万千米^{2}的国土面积，印度尼西亚拥有 190 万千米^{2}的国土面积，扩种潜力更大；二是马来西亚近几年国内生物柴油产量增加，国内棕榈油消费量急剧提升，对其棕榈油出口造成部分影响（表 5-2）。

---

① 数据来源：联合国商品贸易数据库，https：// comtrade. un. org/。

表5-2 2014—2018年两国棕榈油各项进出口指标

国家	年份	出口额（亿美元）	出口量（万吨）	进口额（亿美元）	进口量（万吨）	出口均价（美元/吨）	进口均价（美元/吨）	TSC	RCA	NBTT	CI（%）
印度尼西亚	2014	132.58	1 716.56	0.004	0.03	772.37	1 313.94	0.999 9	37.08	100	13.50
	2015	109.97	1 867.9	0.046	0.76	588.75	610.6	0.999 2	37.1	164.03	18.54
	2016	110.6	1 747.54	0.002	0.02	632.88	1 523.59	0.999 9	46.34	70.69	14.76
	2017	138.15	2 027.73	0.018	0.25	681.3	719.61	0.999 7	48.38	161.07	14.98
	2018	129.51	2 133.92	0.009	0.08	606.91	1 128.56	0.999 7	99.95	91.51	16.09
马来西亚	2014	85.66	1 052.38	1.56	19.68	813.97	791.37	0.964 2	37.08	100	19.57
	2015	64.25	997.97	2.62	44.21	643.76	592.24	0.921 6	40.73	105.68	16.60
	2016	67.29	997.34	1.98	32.15	674.65	615.99	0.942 8	32.63	106.48	11.84
	2017	78.38	1 089.59	1.93	26.27	719.37	735.58	0.951 9	33.53	95.08	9.10
	2018	67.29	1 049.96	1.78	29.64	640.92	601.83	0.948 5	67.72	103.54	9.63

数据来源：根据联合国商品贸易数据库数据库公布的数据整理而得。参见联合国商品贸易数据库网站，https：// comtrade. un. org/。

（二）贸易竞争优势指数（Trade Special Coefficient，TSC）

贸易竞争优势指数（TSC）是指一个国家进出口贸易的差额占进出口贸易总额的比重，它能够反映相对世界市场上由其他国家所供应的一种产品而言，本国生产同种产品是否处于竞争优势及其程度。

其计算公式为：

$$TSC =（出口额－进口额）/（出口额＋进口额）$$

TSC 取值范围在 $-1\sim1$ 之间，TSC 指数 >0 时，表明该类商品具有较强的国际竞争力，越接近于 1，竞争力越强；TSC 指数 <0 时，则表明该类商品处于竞争劣势，越接近于 -1，表明该产品越缺乏国际竞争力。

2014—2018 年印度尼西亚和马来西亚两国的棕榈油 TSC 计算结果见表 5-2，在这 5 年里马来西亚棕榈油 TSC 数值一直保持在 0.9 以上，说明马来西亚棕榈油产业的国际竞争力很强，但相较于印度尼西亚的 TSC 值，马来西亚的贸易竞争指数波动较大，且根据马来西亚棕榈油 TSC 值从 2014 年的 0.964 2 下降到了 2018 年的 0.948 5，近年来马来西亚棕榈油国际竞争力略有下降；印度尼西亚 5 年的 TSC 值一直保持在 0.999 的高水平，表明印度尼西亚棕榈油在国际市场的竞争力极强。从贸易竞争优势指数 TSC 来看，印度尼西亚棕榈油的国际竞争力强于马来西亚。

（三）显示比较优势指数（Revealed Comparative Advantage，RCA）

显示比较优势指数（RCA）是衡量一个国家或地区某一产业国际市场竞争力最具说服力的指标。它旨在定量地描述一个国家或地区内各个产业相对出口的表现。RCA 是指一个国家某种商品出口额占其出口总额的份额与世界出口总额中该类商品出口额所占份额的比率，剔除了国家总量波动和世界总量波动的影响，可以较好地反映该国某类产品的出口与世界平均出口水平比较的相对优势。

其计算公式为：

$$RCA_{ij} =（X_{ij}/X_i）/（W_j/W）$$

其中，RCA_{ij} 代表 i 国（地区）j 产品的显示比较优势指数，X_{ij} 代表 i 国（地区）对世界市场出口 j 产品的出口额，X_i 代表 i 国（地区）对世界市场的总出口额，W_j 代表世界市场 j 产品的出口额，W 代表世界市场产品的总出口额。

一般而言，RCA 值接近 1 表示中性的相对比较利益，无所谓相对优势或劣势可言；RCA 值＞1，表示该商品在国家中的出口比重大于在世界的出口比重，则该国的此产品在国际市场上具有比较优势；RCA 值＜1，则表示在国际市场上不具比较优势，国际竞争力相对较弱。

2014—2018 年印度尼西亚和马来西亚两国的棕榈油 RCA 计算结果见表 5-2。5 年内马来西亚的 RCA 指数相较印度尼西亚波动加大，但始终保持在 32 以上，表明马来西亚棕榈油具有很强的国际竞争力；印度尼西亚历年的 RCA 要高于马来西亚，并且数值呈连年递增的态势。从显示比较优势指数 RCA 来看，印度尼西亚的国际竞争力要优于马来西亚。

（四）净贸易条件（Net Terms of Trade，NBTT）

净贸易条件（NBTT）是用来衡量在一定时期内一个国家出口相对于进口的盈利能力和贸易利益的指标，反映该国的对外贸易情况，它表明一个国家或地区每出口一单位商品可以换回多少单位的进口商品。

其计算公式为：

净贸易条件指数（$NBTT$）＝出口价格指数（P_x）/进口价格指数（P_m）×100

如果净贸易条件指数大于 100，说明出口同量商品能换回比原来更多的进口商品，该国该年度贸易条件得到改善；如果净贸易条件指数小于 100，说明出口同量商品能换回的进口商品比原来减少，该国该年度贸易条件出现恶化。

2014—2018 年印度尼西亚和马来西亚两国棕榈油 NBTT（以 2014 年为基期）计算结果见表 5-2。马来西亚历年净贸易条件指数除 2017 年之外都在 100 以上，说明马来西亚历年度贸易条件良好，国际竞争力强。马来西亚 2017 年的 NBTT 下降到 95.08，原因是该年的棕榈油出口均价为 719.37 美元/吨，低于进口价 735.58 美元/吨，但净贸易条件恶化不明显。印度尼西亚在上述年度中 NBTT 波动明显，2016 和 2018 年 NBTT 分别下降到 70.69 和 91.51，主要原因是当年棕榈油的进口价高于出口价，特别是 2016 年出口均价为 632.88 美元/吨，进口均价为 1 523.59 美元/吨，进口均价是出口均价的 2.4 倍之高，净贸易条件恶化明显。其余年份 NBTT 值均在 100 以上，特别是 2015 年 NBTT 值达到了 164.03，净贸易条件改善明显，这主要是由于印度尼西亚该年出口棕榈油价格高于进口棕榈油价格。净贸易条件指数比较的结论是：马来西亚净贸易条件良好且稳定，印度尼西亚某些年份净贸易条件恶化明显，但总体贸易条件较好，两国在世界棕榈油市场上都拥有较强的国际竞争力。

（五）贸易依存度

印度尼西亚和马来西亚两国的贸易依存度可以通过出口和进口依存度指标来衡量。考虑到中国是世界第一大棕榈油进口国，也是印马两国首要出口地区，因而可以用两国对中国市场的出口集中度指标 CI 来评价两国的出口依存度。CI 是指一个国家或地区在某一年度对中国出口棕榈油的出口额与当年棕榈油出口总额的比值。如表 5-2 所示，马来西亚对中国的棕榈油 CI 值在 2014—2018 年总体呈下降趋势，2014 年 CI 值为 19.57％，2018 年就下滑到 9.63％，主要由于马来西亚近年来棕榈油出口量和对华出口量都在减少。印度尼西亚对中国的棕榈油 CI 值在 2014—2018 年总体呈上升趋势，2014 年对中国棕榈油的 CI 值为 13.5％，2015 年对中国的棕榈油 CI 值达到历年最高峰 18.54％，2018 年对中国的棕榈油 CI 值达到 16.09％。CI 分析结果表明，印度尼西亚和马来西亚两国对中国棕榈油出口贸易依存度都很高，尤其是印度尼西亚。统计显示，2018 年中国棕榈油进口份额中，印度尼西亚占 66.6％，马来西亚占 33.4％。可以看出，中印马三国贸易依存度很高，而且中国对印马两国棕榈油的进口依存度要大于印马两国棕榈油对中国的出口依存度。

从以上五个指标可以得出结论：①印度尼西亚和马来西亚是在棕榈油市场上竞争力最强的两个国家，同时，印度尼西亚棕榈油的出口竞争力更胜一筹。②印度尼西亚棕榈油的出口潜力更强。马来西亚由于油棕树种植面积达到饱和，近年来出口量连年减少，在世界棕榈油市场中，马来西亚的份额逐渐缩小，印度尼西亚的市场份额逐渐扩大。③在中国市场上，印度尼西亚的棕榈油出口与中国的棕榈油进口互补性最大，互相依存度最高。

近年来由于原油价格大幅下挫，导致棕榈油价格再度下行，尽管如此，油棕种植业和棕榈油工业仍然是有利可图的行业，该产业成本低，种植园和棕榈油生产商从棕榈油及其相关产品中获利颇丰。巴西、委内瑞拉等南美国家也开始将棕榈油产业列入新的发展计划，正是因为棕榈油生产相对其他油料作物来说生产成本较低。这一计划可能引致未来棕榈油生产大国的格局产生某些变化，但多年来形成的世界主要棕榈油生产国的形势在未来十年不会发生大的改变。印度尼西亚和马来西亚仍然是世界两大棕榈油生产国和销售国，世界棕榈油的生产量、贸易量和消费量也会逐年稳定增长，棕榈油在世界植物油产业中也必将占据更加重要的地位①。

---

① 大马经济网，世界棕榈油主要生产国形势分析，2020-4-10，http：//www.malaysiaeconomy.net。

第六章 CHAPTER 6
印度尼西亚橡胶产业 ▶▶▶

第一节　橡胶产业概况

一、橡胶产业简介

通常我们所说的天然橡胶，是指从巴西橡胶树上采集的天然胶乳，经过凝固、干燥等加工工序而制成的弹性固状物。巴西橡胶树属于热带雨林乔木，原产于巴西亚马孙河流域马拉岳西部地区，喜高温，要求年平均降水量 1 150～2 500毫米，适合在土层深厚、肥沃而湿润、排水良好的酸性砂壤土生长。现已分布在亚洲、非洲、大洋洲、拉丁美洲 40 多个国家和地区，主要种植在东南亚地区。在东南亚，天然橡胶乳胶提取的速度很慢，三个小时仅能收集半椰子壳的分量，而且等待其凝固也需要漫长的过程。天然橡胶是一种以聚异戊二烯为主要成分的天然高分子化合物，具有工业品和农业品的双重性质，被广泛应用于工业、农业、国防、交通运输、医药卫生和日常生活领域。它与钢铁、煤炭和石油并称为四大工业原料，是国防、航空及基础设施建设的重要原料，关系国计民生。目前天然橡胶行业的分布结构大概是 40％轮胎、15％鞋子、15％替换胎、5％手套、25％其他。

天然橡胶种植地域基本分布在南北纬 15°以内，主要集中在东南亚地区，尤以泰国、印度尼西亚、马来西亚三国为主，产量占全球 60％，且其天然橡胶绝大部分用于出口，其中，泰国和印度尼西亚的出口量占国内产量比高达 90％。橡胶资源的消费地和产出地区域分布极不均衡，生产主要分布在泰国、印度尼西亚、马来西亚、印度和中国、越南、斯里兰卡等少数亚洲国家，以及尼日利亚等少数非洲国家，东南亚国家橡胶产量约占全球的 90%，而消费国主要集中在美国、日本、韩国和欧盟这些发达国家和地区以及中国等少数发展中国家，且发达国家的橡胶需求严重依赖进口。汽车和轮胎行业是天然橡胶的主要下游产业，印度尼西亚一直稳居日本工业制造企业最希望投资的国家前十位，美系和欧系车企也一直把印度尼西亚作为在东南亚地区的主要生产基地之一，丰田、铃木、通用、标致等多品牌车企均在印度尼西亚建厂。随着印度尼西亚经济的快速发展、低廉劳动力以及政府对橡胶种植持续的优惠政策等因素，今后众多车企将涌进印度尼西亚汽车生产和销售市场。

印度尼西亚是天然橡胶大规模商业种植的起源地，1902 年就已经开始商业栽培，是印度尼西亚的一大特色产业，已经成为印度尼西亚最重要的经济作物之一。现在印度尼西亚橡胶种植面积约 360 万公顷，其中 85% 是个体胶农种植，大约有 2 500 万农民以橡胶种植为生，橡胶在社会经济发展中起着重要作用。而印度尼西亚橡胶国内消费占比仅有 17.35%，主要还是用于出口。印度尼西亚几乎所有地区都适合种天然橡胶（苏门答腊岛是天然橡胶主产区），这也是印度尼西亚成为世界第二大橡胶生产国的原因。印度尼西亚橡胶主要分布在北苏门答腊、南苏门答腊、西苏门答腊、加里曼丹等地区，其中，整个苏门答腊岛的种植面积占总种植面积的 70% 以上，其次是加里曼丹岛占 20%。印度尼西亚的产胶区域地跨南北半球，因此，南北半球不同的气候特点决定了印度尼西亚的橡胶生产规律也具有南北不同的特点，因此，根据南北气候不同而形成的产胶变化规律，印度尼西亚橡胶产量的高峰期出现在每年 6—8 月和 1 月[1]。

二、印度尼西亚橡胶生产情况

印度尼西亚是仅次于泰国的全球第二大天然橡胶生产国和出口国。1910 年，天然橡胶种植面积就达到了 11.1 万公顷。第二次世界大战前夕，橡胶种植面积和产量呈现大幅度增长，随后，由于受到战争和政局动荡等因素影响，橡胶种植面积和产量逐渐下降，同时也隔断了正常的橡胶贸易。不过战争也推高了对橡胶的需求，飞机、汽车轮胎、防毒面具之类的军用物资都离不开天然

---

[1] 橡胶主要生产国情况，2011-12-28，https://wenku.baidu.com/view/bc443d20ccbff121dd3683e2。

橡胶。印度尼西亚橡胶种植面积居世界首位，但产量次于泰国，主要原因在于印度尼西亚橡胶单产低，有很长一段时期大批胶农放弃天然橡胶改种油棕和其他作物。之后随着天然橡胶价格回升，才又激起胶农种植积极性重新回到橡胶园。近十年来，天然橡胶种植面积逐年增长，2018 年印度尼西亚橡胶种植面积 367 万公顷，达到历史最高点，且仍有继续扩大的趋势。但是印度尼西亚橡胶单产较低，目前产量是每公顷 1 188 千克，稍低于泰国、马来西亚平均每公顷 1 500 千克的产量。随着天然橡胶价格不断高涨，胶农产胶积极性大大提高，尽管印度尼西亚单产依然偏低，但天胶的年均产量大幅提高，据印度尼西亚中央统计局数据显示，2013 年印度尼西亚天然橡胶产量 323.74 万吨，较 2007 年增加 111.4 万吨，增幅高达 52.3%。

印度尼西亚的橡胶种植极易受国际价格影响，20 世纪 90 年代末，随着天然橡胶价格的持续下降，棕榈油利润逐渐提高，许多小农场主胶园开始转向棕榈油等盈利较高的产业，放弃橡胶种植园，导致橡胶种植面积减少。之后从 21 世纪起，天然橡胶价格回升，许多之前改种油棕和其他经济作物的私人企业和小农场主又纷纷恢复种植橡胶，直到 2014 年才恢复到 360.6 万公顷，之后印度尼西亚天然橡胶面积开始逐步回升，2018 年橡胶种植面积达 367 万公顷。

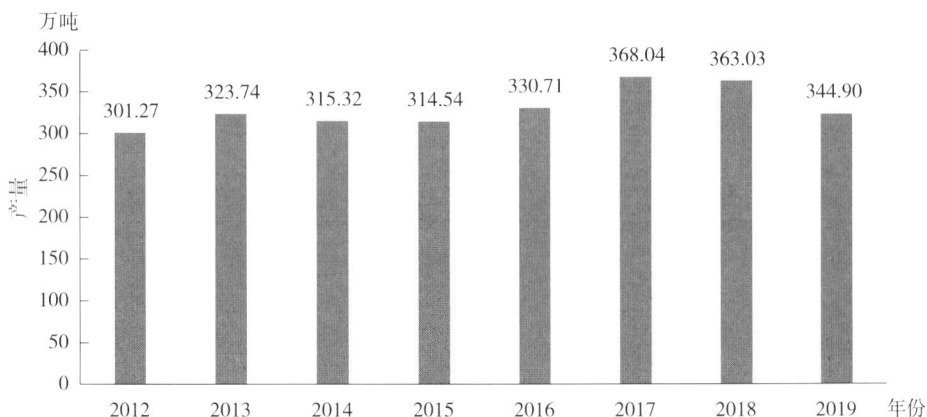

图 6-1　印度尼西亚 2012—2019 年天然橡胶产量走势图

数据来源：根据联合国商品贸易数据库公布的数据整理而得，参见联合国商品贸易数据库网站，https://comtrade.un.org/。

从图 6-1 中可以看出，2014、2015 两年橡胶产量连年减产至 315.32 万吨和 314.54 万吨，降幅分别为 2.6%、0.25%，原因基于以下判断：①2008—2011 年印度尼西亚新增天然橡胶种植面积大幅减少，对应 2014—2015 年可割胶面积亦下滑；②受厄尔尼诺天气影响，印度尼西亚 2015 年出现极度干旱气候，天然橡胶受降水量下降影响而大面积减产；③受全球经济增速放缓拖累，橡胶需求量有所减少，全球橡胶供大于求，价格低迷；④2014 年中期以来，印度尼西亚橡胶出口价格持续下降，2015 年初，印度尼西亚民营橡胶产量下降30％，由于生胶的价格每千克仅 4 000～5 000 印度尼西亚盾，导致许多胶农暂时放弃种植橡胶而改种其他作物。

天然橡胶在 2011—2012 年是东南亚种植的高峰期，对应产胶期高峰在2018—2019 年，2018 年印度尼西亚天然橡胶产量达到历史高峰。受真菌性病害影响，印度尼西亚 2019 年天然橡胶产量较 2018 年的 363.03 万吨下降4.99％。受影响的橡胶园主要位于南苏门答腊、北苏门答腊、邦加-勿里洞、加里曼丹地区，这种病害在上述地区已经广泛传播开来。病害暴发的原因是因为橡胶价格低迷导致部分胶农减少对橡胶树的保养。为解决农户在化肥使用等方面的作物养护费用少的问题，农业部决定向胶农提供技术性援助，分发额外数量的化肥以控制病害[①]。

影响印度尼西亚天然橡胶产量的两个重要因素就是单产和开割面积。其中单产与气候变化、栽培技术、采割水平等有关。印度尼西亚南部气候相对稳定，而北部持续的干旱会对橡胶产量产生严重影响。若经过多年发展橡胶单产可以维持在一个较高的水平，则开割面积就成为影响橡胶产量的关键因素。开割面积与总种植面积中的可割面积和开割率有关，开割率受天气、价格和劳动力是否充足的影响，可割面积则受生长周期(树龄)和生长状况(有无病虫害)的影响。

表 6-1　印度尼西亚 2015—2019 年天然橡胶种植情况

橡胶种植	2015 年	2016 年	2017 年	2018 年	2019 年
产量（万吨）	314.54	330.71	368.04	363.03	344.9
增速（％）	—	5.14	11.29	−1.37	−4.99
单产（千克/公顷）	1 047	1 042	1 062	1 073	1 083
增速（％）	—	−1.40	1.97	0.96	0.96
开割面积（万公顷）	300.5	298.7	304.7	316.9	329.5
增速（％）	—	−0.60	2.01	4	3.98

数据来源：根据联合国粮农组织（FAO）公布的数据整理而得，参见联合国粮农组织网站，http：//www.fao.org/。

---

① 黄艳，《泰国橡胶受到真菌病害侵袭》，《世界热带农业信息》，2019 年第 11 期，第 41～42 页。

　　表6-1从产量、单产、开割面积三个方面展示了印度尼西亚近五年天然橡胶种植的基本情况。产量的变化及原因已在上文中叙述，作为影响产量的两个重要因素——单产和开割面积，总体来看，印度尼西亚的单产和开割面积都在增加，且印度尼西亚的开割面积远高于其他国家，是橡胶种植面积第二大国家马来西亚的三倍之多。但与其他橡胶主产国相比，印度尼西亚天然橡胶的单产仍处于较低水平，每公顷1 000千克左右，是天然橡胶生产国联合会（ANRPC）成员国单产最低的国家。2018年ANRPC平均每公顷单产1 400千克左右，印度尼西亚单产仅1 073千克/公顷，而泰国早在2005年单产就已达到每公顷1 736千克。

（一）天然橡胶期货价格的影响因素

1. 天然橡胶国际供应情况

　　供求关系是影响天然橡胶期货价格最根本的因素。当供大于求时，天然橡胶价格下跌；反之价格上涨。泰国、印度尼西亚、马来西亚三国出口量之和占全球出口的86%，中国进口量占全球进口总量的70%。泰国、印度尼西亚、马来西亚三国在2002年成立天然橡胶地区销售联盟（ITRCO），统一实行限产保价措施。当天然橡胶价格跌至限价附近时，只有三个国家都将该措施付诸实施才有效，才会对全球橡胶供给产生实质性影响，才能影响天然橡胶期货价格。天然橡胶生产的高集中度决定产业在供给层面具有很高的话语权，一旦上述三国对橡胶进行限产、采取限制出口措施，势必使得供给受限从而对处于底部的天然橡胶价格（只有价格处于低位才有效）产生明显的提振。除中国之外，对印度尼西亚天然橡胶进口量较大的国家是印度、美国、韩国和日本，上述天然橡胶主要进口国的供求关系对天然橡胶的价格也起着最基本的作用。尤其是天然橡胶使用大国美国和日本不生产天然橡胶，需求完全依赖进口，其对价格支持显而易见。

2. 国际橡胶组织对天然橡胶价格的促动

　　在2016年之前天然橡胶价格长期处于低谷，即使在各种因素的影响下反弹，但反弹幅度有限，直至2016年3月天然橡胶价格不断走高，价格从年初的9 760元/吨，涨到年末的16 380元/吨，全年涨幅67.83%。天然橡胶价格大幅上涨的原因要归功于泰国、印度尼西亚、马来西亚三大橡胶主产国对天然橡胶出口量的限制。早在2008年12月天然橡胶价格持续下跌，正是由于国际橡胶联盟削减 91.5 万吨橡胶出口，才使得天然橡胶在 2009—2010 年之间的价格最大幅度上升了 147%。2012 年由于天然橡胶库存压力严重，价格再陷低谷，三大橡胶生产国自 2013 年 10 月 1 日起削减 30 万吨橡胶出口，在之后的 5 个月内，天然橡胶价格上涨，涨幅达到 25%。

3. 国家对天然橡胶的进口政策及汇率水平

政策因素对价格的影响具有极速性，期货价格总是会在政策条例发布的短期内产生剧烈波动，并在较长时间内影响其价格走势。进口国有关天然橡胶的进口政策，特别是关税政策和进口配额政策对天然橡胶价格产生影响。与此同时还要关注各国尤其是三大产胶国以及日元兑美国汇率的走势[①]。

4. 自然因素

天然橡胶树的生长对地理、气候条件有很强的要求，一般适宜割胶的胶树需要有 5～7 年的树龄，因此天然橡胶供给的周期性主要源于橡胶树的开割及停割导致供给量的变化。天然橡胶的割胶时节根据种植区域纬度的不同有所差异。2 月中旬印度尼西亚的赤道以北进入停割期，赤道以南主要是巨港地区，停割期从 9 月底持续到 11 月。在产区季节性供给下降的影响下，通常停割期天然橡胶市场的单月价格表现要好于其他月份[②]。除季节因素之外，热带风暴、持续的降雨、干旱和霜冻都会降低天然橡胶产量，加上投机因素，引起胶价上涨。最后，病虫害对天然橡胶的产量和价格影响也很大，如白粉病、红根病、炭疽病等，这些都会影响天然橡胶树的生长，甚至导致死亡。2019 年泰国、印度尼西亚、马来西亚三国的天然橡胶均受到真菌病侵害，这种病可以导致橡胶树叶子掉落，产量下降 50%。

5. 汽车、轮胎工业的发展影响天然橡胶的供需及价格

天然橡胶消费量最大的产业就是汽车工业（约占天然橡胶消费量的 65%），轮胎作为汽车必不可少的配件，汽车工业的发展和国家对汽车工业的政策会影响到对轮胎的需求，进而轮胎行业的景气度直接影响天然橡胶市场。

6. 合成橡胶的生产及应用情况

当前，天然橡胶和合成橡胶的产量比是 1∶2，天然橡胶的生产和消费量远远低于合成橡胶。天然橡胶因为具有完美的弹性、高耐磨性和高抗开裂性等优点，不能被合成橡胶完全替代，但橡胶制品随着工艺的不断改进，原材料的

---

① 影响橡胶价格的因素，2015-3-14，https：//wenku.baidu.com/view/。
② 橡胶期货价格季节性规律，2019-12-06，http：//www.zhuanlan.zhihu.com。

选用有所改变，很多产品已经做到利用合成橡胶代替天然橡胶。随着合成橡胶技术越发成熟，其市场价格竞争力越发增强。在某些应用中，合成橡胶与天然橡胶为互补商品，当天然橡胶价格上涨时，一些厂家会改选合成橡胶。同时，由于合成橡胶属于石化类产品，其价格受到其上游产品——石油的影响，因此石油价格的波动也会通过影响合成橡胶的价格而作用于天然橡胶的价格。

（二）印度尼西亚橡胶种植发展情况

印度尼西亚天然橡胶种植园分三种类型：国营胶园、私营胶园和小农场主胶园。由于政府和大型私营种植园在印度尼西亚橡胶产业中作用较小，因此橡胶产量的80%都来自小农场主胶园。小农场主胶园在印度尼西亚橡胶业占据主导地位，占全国橡胶种植面积的86%，而其余面积大致由私营胶园和国营种植园平分①。印度尼西亚天然橡胶加工能力强，苏门答腊、爪哇一带主产区有强大的加工企业集群，巨港和棉兰两市的天然橡胶年加工能力在120万吨左右，而且企业规模都较大，年生胶加工能力在2万～6万吨，平均每年5万吨。

印度尼西亚天然橡胶种植园主要分布在苏门答腊岛和加里曼丹岛，若以赤道为界，赤道以南地区植胶面积占总面积的60%。橡胶主产省份有南苏门答腊、北苏门答腊、廖内、占碑、西加里曼丹、中加里曼丹、中爪哇和西爪哇。不同于苏门答腊和加里曼丹，中爪哇和西爪哇的橡胶园主要是国营和大型私营种植园（表6-2）。

表6-2　2018年种植面积前十省份橡胶产量

单位：万公顷、万吨

省份	南苏门答腊	北苏门答腊	占碑	西加里曼丹	廖内	中加里曼丹	南加里曼丹	楠榜	西苏门答腊	亚齐
种植面积	834	450	379	367	350	281	191	158	130	116
产量	98.2	46.1	31.6	27.6	36.9	15.5	19.3	16	15.2	9.84

数据来源：根据印度尼西亚中央统计局公布的数据整理而作，参见印度尼西亚中央统计局网站，http://www.bps.go.id/。

从表6-2可以看出，印度尼西亚天然橡胶的产量与种植面积呈正相关。其中，在南苏门答腊种植面积最大，北苏门答腊第二，种植面积分别为834万公

---

①　印度尼西亚农业部，橡胶业概观，http://www.gbgindonesia.com。

顷和 450 万公顷。因为"经济走廊"计划，苏门答腊被指定为橡胶园和下游生产的主要场所，特别是在棉兰、北干巴鲁、巨港[①]。为了生产国际标准的橡胶并提高生产率，棉兰和巨港等地有众多橡胶研究中心为种植业投资者提供技术援助，选在这些地方是因为靠近种植园和有相对完善的运输基础设施，选址在偏远地区会增加生产成本。

印度尼西亚天然橡胶种植生产以小农场主胶园为主，数量众多，规模较小，胶农的产品通常通过乡村贸易商和批发商卖给橡胶加工厂[②]。这些贸易商为小农场主提供资金支持，因此和胶农的联系紧密，橡胶种植园农户的家庭开支主要依靠这些乡村贸易商和批发商。私营种植园主要依靠自身的渠道扩展其市场。大型国营种植园公司都拥有固定的长期合作伙伴，这是相对稳定的销售渠道。除此之外，也会通过拍卖对外销售，印度尼西亚贸易部在部分地区设有橡胶拍卖行，但此方法的销售量难以比及大型批发商。一般来说，印度尼西亚天然橡胶产品出口渠道有两种，一是由新加坡的营销商执行印度尼西亚产品标准，然后进行采购；二是大型轮胎跨国公司直接到印度尼西亚厂家定点采购，商品标准可以由用户提供，按需生产。

（三）印度尼西亚政府对橡胶业的政策支持

为改善植胶农民的福利和提高民营橡胶种植园的生产能力，印度尼西亚政府联合橡胶业协会一同对民营橡胶种植园制定了重新种植橡胶树的计划。

1. 印度尼西亚国内橡胶政策

（1）印度尼西亚农业部法令 No12/2007。通过茂物、棉兰和巨港等多个国内橡胶研究中心，为橡胶种植行业的投资者提供技术协助。采用优质克隆苗来生产符合国际标准的橡胶以及提高生产率是本国的关键竞争优势。

（2）目前印度尼西亚橡胶产业发展重点是调整结构、改善和更新橡胶树、提高本国橡胶消费量。据印度尼西亚橡胶业协会介绍，调整结构、限产减产政策一直持续到 2014 年。2008 年经济危机后，橡胶新种植面积微增 1 000 公顷，但印度尼西亚政府于 2006 年开始投入资金支持老胶园的更新，2009 年印度尼西亚的橡胶树种植面积砍掉 55 000 公顷，后续重新种植 50 000 公顷，此政策延

---

① 印度尼西亚农业部，橡胶业机遇，http：//www.gbgindonesia.com。
② Mankiw，N. Gregory，Macroeconomic Theory，Jakarta，2003（4）：8-12。

续至 2014 年，印度尼西亚的橡胶产量因此而减少①。

（3）印度尼西亚充分利用橡胶来修建省级与地区级路面，以及铁路减震器、路面分离器、桥梁支座、轮胎翻新等②。在苏门答腊岛南部、廖内省及占碑省，政府将橡胶和沥青混合使用，这样价格虽然更高，但使用效果不错。受全球橡胶供应过剩打压，2018 年胶价触及近年低位，为支撑印度尼西亚国内橡胶价格，印度尼西亚实施铺设混合橡胶道路的项目，旨在自产自销去库存，中央政府将推动使用混合 7% 橡胶的沥青，该项目有助于吸收国内生产的橡胶。

2. 印度尼西亚对外橡胶政策

（1）对外开放投资。《2010 年限制投资清单》的变更将以前对外资封闭的农业开放了一部分，橡胶种植园和胶粉行业之前不在外商投资范围内，但是《2010 年限制投资清单》的变更开放了这个行业③。印度尼西亚橡胶种植面积虽居世界第一，但生产率一直偏低，在下游部分对外资开放橡胶业是政府吸引投资者的一项举措，期望投资者能引进技术来提高生产率和产出质量。根据《2010 年限制投资清单》的规定，在 25 公顷或更大面积的种植园和综合下游设施中，允许最多不超过 95% 的外资占有率，并且需要获得农业部和种植园理事会的推荐。这项规定涵盖了橡胶片、粗乳胶和胶粉行业，其中胶粉行业以前也是外商不能投资的范围。

（2）印度尼西亚政府已联系马来西亚和泰国削减橡胶出口量。除了减少橡胶出口，三国橡胶理事会提出加大三国的国内消费量与供应管理计划，增加国内橡胶消费 5%～10%。这样他们通过和国内的销售商达成协议，形成固定的销售渠道，减少对国外市场的依赖程度。

三、印度尼西亚橡胶消费和出口情况

（一）国际消费出口情况

印度尼西亚的天然橡胶是继椰子油和棕榈油之后的第三大种植业商品，印度尼西亚是世界第二大天然橡胶出口国，仅次于泰国。印度尼西亚的橡胶出口

---

① 《印度尼西亚采购橡胶提振生产》，《特种橡胶制品》，2019 年第 3 期，第 35 页。
② 郑淑娟，《2019 年 3 月天然橡胶信息》，《世界热带农业信息》，2019 年第 4 期，第 11～15 页。
③ 印度尼西亚农业部，橡胶业机遇，http://www.gbgindonesia.com。

经历了一个平稳波动的过程（图6-2）。据印度尼西亚橡胶协会数据显示，2019年向世界出口237.75万吨，较2018年减少43.52万吨，减幅15.47%。其中标准胶总出口量230.87万吨，占总出口量97.1%；天然乳胶（普通乳胶及浓缩乳胶）出口量为0.64万吨，占总出口量0.27%；烟片胶出口6.24万吨，占总出口量2.62%[①]。

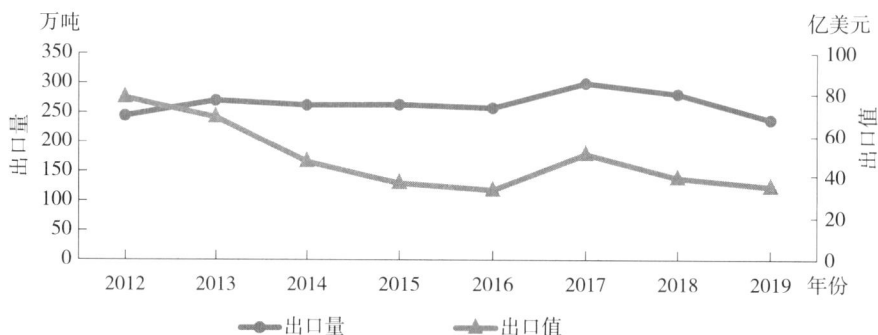

图6-2　2012—2019年印度尼西亚天然橡胶出口量及出口值

数据来源：根据联合国商品贸易数据库公布的数据整理而得，参见联合国商品贸易数据库网站，https://comtrade.un.org/。

由图6-2可以看出，2012—2019年，印度尼西亚天然橡胶出口量一直呈不断增长的态势，虽然增幅不大，但趋势是逐年上涨的。其中，2013年印度尼西亚出口世界的天然橡胶270.33万吨，同比增加10.53%，出口额却下降12.13%；2014年出口量262.44万吨，2015年出口量263.11万吨，增长0.67万吨，但出口额由2014年的47.45亿美元下降到2015年的37.01亿美元，主要原因是由于胶价的下跌，导致出口量上升但出口额降低。2013年印度尼西亚天然橡胶出口价格平均2 556美元/吨，较上年降低20.51%；2015年天然橡胶出口均价下跌到1 407美元/吨，较2014年降低22.18%。

2016年印度尼西亚天然橡胶出口量小于上年，这主要由于限制出口政策执行较为严格，印度尼西亚市场份额有所损失。印度尼西亚标胶出口量除2月较上年同期有小幅增长外，其余月份均小于上年同期。而从标胶在印度尼西亚天然橡胶总出口量的占比看，标胶可占天然橡胶总出口量的93%～95%，因此2016年印度尼西亚天然橡胶出口量下降主要来自于标准胶出口量减少。2017年印度尼西亚出口量增长16.13%，达到历年最高峰299.5万吨，主要得益于天气情况良好且库存充足，同时在2016年经历限制出口后，印度尼西亚

①　天然橡胶网，印度尼西亚橡胶出口减少，2020-01-08，http://www.yunken.com/? p=92892。

也试图增加其在国际市场的份额，出口动力强劲。

2018 年橡胶出口量总计 281.27 万吨，2019 年印度尼西亚天然橡胶出口 237.75 万吨，下降 43.52 万吨，下降幅度取决于国内消费量。印度尼西亚 2019 年橡胶园遭受真菌病害，产量明显下滑，从而导致出口量降低，另外，印度尼西亚天然橡胶主要出口到欧美国家，这也在一定程度上反映了 2019 年欧美市场需求不佳。

印度尼西亚的橡胶主要是通过新加坡转口贸易，也有部分工厂直接与美日韩等国和欧洲的轮胎企业进行贸易，大约有 80% 的大型工厂以长期合约为主，大部分的印度尼西亚出口商以 FOB 方式销售。印度尼西亚橡胶对中国出口，多数是通过新加坡转口贸易，从巴东装船到中国主港需要 21 天，从巨港装船需要 14 天[①]。中国作为进口印度尼西亚天然橡胶的大国，在对印度尼西亚天然橡胶的生产、贸易情况加深了解后，与印度尼西亚橡胶产业合作也要参照国际运作模式进行。采取集团采购、联合采购方式，与印度尼西亚建立天然橡胶的直接贸易关系。汽车、轮胎行业带动中国橡胶消费量的增加，加之中国-东盟自贸区零关税的优惠政策，对用胶量超过 10 万吨的大公司，建议定点、定标准直接采购，即施行集团采购；对中小企业用胶，可通过信誉好、实力强的营销公司，施行联合采购，印度尼西亚的加工厂按中方企业需求的标准加工。同时，也可以通过国内已建立起来的贸易市场，吸引印度尼西亚厂商到市场设点，直接供应，建立不通过第三方的新型采购体系，保证天然橡胶的品质和货源稳定，降低采购成本。

（二）印度尼西亚天然橡胶主要出口国

从 2010 年全球需求急剧回升以来，印度尼西亚橡胶业便恢复了活力。据统计，2019 年上半年全球橡胶消费量总计 1 460 万吨，同比（下同）持平。消费量增长和下降的国家数量相当，印度尼西亚前三位主要出口国的橡胶消费量都不同程度地有所上升。美国增长率最高，达 5% 以上，日本和中国业绩微增，基本和上年同期持平。印度尼西亚天然橡胶主要出口至亚洲、北美洲、欧洲，其出口更侧重于欧美国家。印度尼西亚和马来西亚一样主要生产块状橡胶，但其主要出口目的地为美国，因为美国固特异轮胎将印度尼西亚作为主要

---

① 印度尼西亚天然橡胶生产现状，http：//www.rubberproductsexpo.com/detail/index/id/1010/aid/1420.html。

原料生产基地①，其他主要出口市场有中国、印度、韩国和日本，其中，对中国出口量的增长最快，目前是继美国和日本之后的印度尼西亚第三大橡胶出口国，中国汽车和轮胎行业的发展对橡胶有极大的需求，中国占印度尼西亚出口总量的近 20%。

1. 中国

中国是天然橡胶最大的消费国家，占据全球消费量的三分之一，从 2012 年起，中国汽车行业步入黄金期，汽车行业带动轮胎市场兴起，进而天然橡胶消费量猛增。但由于中国地理位置不具优势，可种植天然橡胶的省份很少，产量也远低于东南亚国家。与此同时，中国国内供应增幅有限，年产 70 万～80 万吨的天然橡胶无法满足日益增长的橡胶消费。目前中国橡胶消费高度依赖进口，自给率仅在 20% 左右，仅能满足约五分之一的本国消费量。中国天然橡胶的增产空间也不大，主要原因是种植面积有限，很难再扩大种植面积。2019 年中国天然橡胶（含胶乳）进口总量 245 万吨，2019 年全钢轮胎、半钢轮胎、氯丁橡胶、促进剂、防老剂的进口依赖超过 40%。

表 6-3　2014—2018 年中国进口天然橡胶情况

单位：万吨、%

国家	2014 年		2015 年		2016 年		2017 年		2018 年	
	进口	占比	进口	占比	进口	占比	进口	占比	进口	占比
泰国	162.7	62.33	180.63	66.04	159.35	63.70	168.49	60.32	152.2	58.63
马来西亚	31.02	11.89	34.47	12.60	28.81	11.52	30.16	10.80	31.73	12.22
印度尼西亚	36.2	13.87	27.96	10.22	27.96	11.18	45.04	16.12	26.8	10.32
越南	18.73	7.18	17.82	6.52	16.88	6.75	11.24	4.02	20.47	7.89
其他国家	12.35	4.75	12.64	4.62	17.16	6.86	24.39	8.73	28.4	10.94
合计	261	100	273.52	100	250.16	100	279.32	100	259.6	100

数据来源：根据联合国商品贸易数据库公布的数据整理而得，参见联合国商品贸易数据库网站，https://comtrade.un.org/。

根据表 6-3 的数据可看出，从 2014—2018 年，中国天然橡胶进口量一直低幅波动，平均进口量 260 万吨左右。其中从泰国进口最多，2018 年中国进口天然橡胶 259.6 万吨，从泰国进口高达 152.2 万吨，占总进口量的 58.63%，其次是马来西亚 31.73 万吨、印度尼西亚 26.8 万吨、越南 20.47 万吨，分别占比 12.22%、10.32%、7.89%。表明泰国天然橡胶产品在中国进口市场中

---

① 高慧娟，《泰国天然橡胶（HS4001）产业的出口竞争力研究》，首都经济贸易大学，2014 年。

占据主导地位。中国从越南进口天然橡胶的总量和占比逐年增加，但从马来西亚和印度尼西亚进口天然橡胶的总量和占比波动较大，特别是中国从印度尼西亚进口天然橡胶占比总体呈现下降趋势。可见中国的橡胶产业和泰国的联系愈来愈密切，而和印度尼西亚的关联相对减少。

2. 美国

美国是世界橡胶消费量第二大的国家。根据联合国商品贸易数据库统计，在天然橡胶进口国之中，1993 年美国进口量位居世界第一，达 100 万吨，其次是欧盟、日本。美国工业高度发达，而且汽车保有量相当高，加之消费水平高，因此天然橡胶需求量极大。但美国自身不具备种植天然橡胶的条件，故美国严重依赖从国外进口，全部的橡胶需求都是从其他国家进口所得。美国最重要的天然橡胶进口国是印度尼西亚，2018 年美国从印度尼西亚进口天然橡胶量占其天然橡胶进口总量的 60.76%，其次是泰国，占比 18.73%。

表 6-4　2014—2018 年美国进口天然橡胶情况

单位：万吨、%

国家	2014 年		2015 年		2016 年		2017 年		2018 年	
	进口	占比	进口	占比	进口	占比	进口	占比	进口	占比
泰国	15.16	16.01	16.93	17.82	18.73	19.79	17.65	18.15	18.68	18.73
马来西亚	4.20	4.44	3.95	4.16	2.79	2.95	2.74	2.82	2.21	2.22
印度尼西亚	60.46	63.85	61.55	64.79	59.17	62.53	61.13	62.87	60.60	60.76
越南	3.21	3.39	3.35	3.53	3.51	3.71	3.78	3.89	3.62	3.63
其他国家	11.66	12.31	9.22	9.70	10.42	11.01	11.94	12.28	14.63	14.67
合计	94.69	100	95	100	94.62	100	97.24	100	99.74	100

数据来源：根据联合国商品贸易数据库公布的数据整理而得，参见联合国商品贸易数据库网站，https://comtrade.un.org/。

根据表 6-4 所示的统计数据，美国进口的天然橡胶总量在连年上升，从 2014 年的进口量 94.69 万吨增加到 2018 年的 99.74 万吨，增长率 5.33%。印度尼西亚作为美国最大的天然橡胶进口国，占据了六成以上的进口量，2018 年美国进口印度尼西亚天然橡胶交易价值达 10.69 亿美元。美国从泰国进口的天然橡胶量与占比也在提升。

3. 印度

印度是南亚次大陆最大的国家，其大部分地区靠近赤道，南部地区属于热带季风气候区，适宜种植天然橡胶。印度每年天然橡胶需求量大约 120 万吨，而国内产量仅有 50 万吨。作为制造业基地，印度国内经济一直保持快速增长，对天然橡胶需求量大。

表 6-5　2014—2018 年印度进口天然橡胶情况

单位：万吨、%

国家	2014 年		2015 年		2016 年		2017 年		2018 年	
	进口	占比	进口	占比	进口	占比	进口	占比	进口	占比
泰国	10.51	24.85	11.72	26.06	8.64	19.07	6.88	16.77	7.67	12.86
马来西亚	1.78	4.20	1.77	3.94	1.39	3.07	0.45	1.10	4.82	8.08
印度尼西亚	18.86	44.59	20.26	45.05	22.23	49.07	25.66	62.53	27.12	45.46
越南	8.42	19.91	8.49	18.88	9.59	21.17	4.93	12.02	10.38	17.40
其他国家	2.73	6.45	2.73	6.07	3.45	7.62	3.11	7.58	9.67	16.21
合计	42.30	100	44.97	100	45.30	100	41.03	100	59.66	100

数据来源：根据联合国商品贸易数据库公布的数据整理而得，参见联合国商品贸易数据库网站，https：//comtrade.un.org/。

从表 6-5 所示数据可看出，2014—2018 这 5 年间，印度从世界进口的天然橡胶总量在不断上升，从 2014 年的 42.30 万吨增加到 2018 年的 59.66 万吨，增幅 41.04%。目前，印度从印度尼西亚进口的天然橡胶占比最大为 45.46%，其次越南占 17.40%，泰国占 12.86%，马来西亚占 8.08%。其中从印度尼西亚进口的天然橡胶产量和占比连年上涨，而从马来西亚进口的橡胶产量连年下降，直到 2018 年才开始回升。

（三）印度尼西亚国内天然橡胶消费和相关产业市场

除国际市场之外，印度尼西亚国内天然橡胶消费也连年上升，随着汽车和摩托车销售量的提高，印度尼西亚将成为一个橡胶消费品大国，在未来五年内将会消费总产量的 20%。

2019 年天然橡胶消费量最大的是汽车工业，约占天然橡胶消费总量的 65%，因此，汽车工业以及相关轮胎行业的发展，将会影响天然橡胶的出口量。印度尼西亚生胶质量稳定，多为米其林等大型跨国轮胎公司所直接采用。印度尼西亚是东盟第三大汽车市场，仅次于泰国和马来西亚，即使在金融危机爆发后，全球经济复苏的不稳定不确定性上升的情况下，印度尼西亚的汽车工业依然保持着旺盛的发展势头。有关统计显示，2013 年汽车销量 123 万辆，较 2009 年增加 72 万辆。目前印度尼西亚共有外资及合资汽车企业约 15 家，汽车零配件企业约 390 家。近几年，印度尼西亚经济的快速发展、低廉的劳动力、巨大的国内市场、巨大的辐射潜力以及政府对汽车工业持续的优惠政策等因素，使得众多车企涌进印度尼西亚汽车生产和销售市场，将印度尼西亚纳入各自的全球化战略当中，并积极地在当地开展自己的业务。

四、印度尼西亚橡胶产业面临的问题

（一）橡胶生产效率低下

虽然印度尼西亚拥有全球最大的橡胶种植园面积365万公顷，但是生产率低下一直损害印度尼西亚橡胶业的发展，阻碍其问鼎全球第一大生产国、出口国。据印度尼西亚橡胶协会（GAPKINDO）称，印度尼西亚橡胶园的平均产量为1.2吨/公顷，而马来西亚和泰国却分别达到最多1.5吨/公顷。与每公顷生产率有密切关系的是橡胶幼苗以及克隆苗质量，印度尼西亚在这两方面处于劣势。印度尼西亚大多数橡胶种植园是归农户所有的小块地，无法投入资金来换掉较老的树木，因此橡胶树的平均树龄偏高，产胶率和质量较泰国、越南和马来西亚三国要低很多。

（二）橡胶产业发展资金不足

橡胶行业属于发展资金短缺的行业，橡胶种植园需要长期资金投入，但市场价格波动较大不稳定，容易面临坏账风险，银行一般不愿给予其贷款。此外，印度尼西亚自从1970年取消橡胶出口税后，印度尼西亚政府失去了扶持橡胶的资金来源[①]。割胶工人薪水很低，每天工作10小时，日薪100元，割胶工人的薪资在所有行业中都算是偏低的，因此许多人放弃种植橡胶而转向其他职业。从2014年到2016年11月，天然橡胶价格已低于生产成本，一些无法维持日常生活的胶农放弃橡胶种植，改种其他经济作物。此外，橡胶企业的利润亏损以及高库存压制，均加重了企业的资金负担。

（三）下游行业发展仍处于较低水平

印度尼西亚橡胶园种植面积全球最大，但其下游加工业技术不成熟，加工业发展缓慢，因此印度尼西亚国内市场仅占印度尼西亚橡胶总消费市场的15％。政府应投资改善下游产业，在橡胶出口前先进行加工，增加天然橡胶的

---

① 安丽丽，印度尼西亚天然橡胶产业状况，驻印度尼西亚使馆经商处，2007-4-16，http：// www. id. mofcom. gov. cn。

附加值，也可借此推动价格上涨。政府可资助橡胶生产公司开展研究和开发活动，提高橡胶成分的质量，增加其在国际橡胶市场上的份额。

橡胶业的前景是乐观的，低价天然橡胶的日子似乎不会重现了。由于轮胎产量决定了天然橡胶行业的需求发展趋势，而汽车产业则是轮胎行业需求的最大市场，因此对汽车行业发展的关注是必不可少的。当前汽车产业整体发展平稳，需求稳步增长。整体来看，随着印度尼西亚人均收入及汽车销量的日益增长，该国轮胎需求将不断攀升。目前印度尼西亚是东盟第三大汽车市场，仅次于泰国和马来西亚。

除了国内消费的增长，国际市场对印度尼西亚橡胶的需求量也将会继续增加，因为有车人士的队伍不断壮大，而现有的汽车需要更换轮胎。2015年全球乘用车产量为6 865.19万辆，同比增长2.09%。随着美国和西欧经济的逐渐复苏，全球乘用车产销量自2009年以来呈现稳步增长趋势。

这个新兴市场虽然在基础设施和运输手段上仍存在问题，但印度尼西亚是一个拥有最大天然橡胶种植园的国家，人均收入的提高拉动了汽车对轮胎需求的增长，同时印度尼西亚政府提出的经济发展总体规划也将从根本上刺激轮胎需求的跃升，所以在印度尼西亚建设轮胎厂已成为巨头轮胎企业投资的新宝地。现有的种植园亟须换种较幼龄的橡胶树，待其5～7年后达到可产胶的成熟期。因此，印度尼西亚有潜力最终成为世界最大的橡胶生产国，前提是生产率和土地零散的问题得到解决。向更高价值的橡胶发展将会增加收益，使小农户可以在全球需求持续不退的形势下再投资引进新技术来提高未来的产量。

第二节　橡胶产业的国际竞争力

天然橡胶是典型的资源约束型产业，它对气候和土壤等自然条件有严格的要求。天然橡胶多种植在高温多雨、土壤排水条件较好的东南亚地区。天然的地理优势和汽车轮胎行业的发展，带来东南亚国家橡胶产业的急速发展，使其成为东南亚地区的特色优势产业。东南亚是全球最大的天然橡胶生产基地，目前，全球天然橡胶的主产国是泰国、印度尼西亚、马来西亚、印度、越南和中国。其中，中国和印度国内橡胶消费量大，越南的橡胶产量远低于泰国、印度尼西亚和马来西亚。因此，泰国、印度尼西亚、马来西亚三国才是全球橡胶的主要出口国。三国占据了全球总产量的60%～70%。三个国家在2002年成立天然橡胶地区销售联盟（ITRCo），并合资成立天然橡胶联盟（IRCo），该联盟设立的主要目的在于维稳胶价，调节供需平衡，保持橡胶市场稳定，而实际上三国垄断了全球天然橡胶的市场供应，左右着国际天然橡胶价格的走向，掌握着国际天然橡胶市场的话语权。

一、印度尼西亚天然橡胶的主要竞争对手

（一）泰国

泰国天然橡胶业起步较晚，但发展速度惊人。如今，泰国是全球最大的天然橡胶生产国，也是世界第二大天然橡胶种植国家，而且拥有较为完整的天然橡胶产业链，成为全球天然橡胶的主要增量。泰国和印度尼西亚是天然橡胶的主要生产国，且两国均将所生产的天然橡胶大部分用于出口，两国的出口占国内产量比高达90％。为了提高橡胶的国际竞争力，20世纪60年代起泰国坚持不懈地进行了40多年的品种改良，产量迅速提高，从1991年成为世界最大的天然橡胶生产国，时至今日仍保持全球首位。在生产型号上，泰国与印度尼西亚情况相似，天然橡胶生产和出口主要是以标准胶为主，2018年泰国向世界出口天然橡胶352.6万吨，其中标准胶152.91万吨，占比43.4％。泰国胶林主要分布在南部和中部，东北部和北部植胶面积也不断在扩大，其面积占比已超过25％。

泰国政府也极力通过政策及资金支持本国天然橡胶产业的发展。2018年11月，泰国政府通过一揽子方案，向天然橡胶产业投资186亿泰铢（约合5.67亿美元）扶持生产，其中包括向已在泰国橡胶协会注册的小户胶农发放33美元/每莱（约0.16公顷）土地的直接补贴，补贴上限为500美元①。此方案在2019年1月开始实施。泰国政府还为全国8万个乡村铺设橡胶公路。

近年来得益于泰国进一步夯实制造业基础，泰国天然橡胶的消费量持续增长，泰国占全球天然橡胶的消费量从2003年的3％，提高至2017年的5％，位居世界第五。泰国橡胶的下游消费同样以轮胎为主，占整体消费的56％，其中汽车轮胎为49％，摩托车轮胎为7％。正是由于泰国汽车行业处于快速增长时期，驱使天然橡胶消费增长。2017年全球轮胎贸易总额排名前五的国家

---

① 《泰国扶持天然橡胶生产》，《特种橡胶制品》，2019年第3期。

依次为中国（19%）、德国（7.9%）、日本（6.5%）、美国（6.2%）以及泰国（4.4%）。

（二） 马来西亚

马来西亚是东南亚老牌天然橡胶生产国，橡胶种植业曾是其农业的两大支柱产业之一。近年来橡胶产量不如以前，且有被越南超过的迹象，但在天然橡胶市场上仍占据重要地位，并且马来西亚的橡胶贸易活跃，也是橡胶的消费大国。马来西亚从 1877 年开始种植橡胶，在二战之后成为世界橡胶产量最高的国家，但 20 世纪 90 年代后由于油棕的替代，橡胶种植面积和产量开始下降，龙头地位被泰国所取代。进入 21 世纪之后，种植面积出现大幅度下跌，截至 2014 年累计跌幅达 65%。2017 年马来西亚种植面积为 107.79 万公顷，产量为 74.03 万吨；而泰国种植面积为 371.7 万公顷，产量为 449 万吨。马来西亚的天然橡胶同印度尼西亚一样主要来自小型种植园，2017 年马来西亚小胶园主的种植面积达 99.95 万公顷，占比 93%；大胶园主的种植面积仅为 7.84 万公顷，占比 7%。

马来西亚是全球最主要的天然橡胶生产国，同时也是天然橡胶进口大国。随着马来西亚橡胶种植面积和产量的下降，国内市场的需求开始依赖国外天然橡胶进口，马来西亚的橡胶出口量逐年下降，进口量虽然小幅波动，但整体维持在 90 万吨以上。主要出口国家是中国、德国、美国和韩国，其中中国是马来西亚橡胶的最大出口目的地，2017 年出口到中国市场 87.5 万吨橡胶，占到出口总量的 73%。对中国市场的出口量逐年提升是由于中国汽车制造业的飞速发展，带来轮胎制造业需求量的扩大。马来西亚的进口胶种中，乳胶占到 24.6%，标准胶占 28.6%。橡胶主要出口品种为标准胶和乳胶，标准胶占 88%（主要是 SMR20 和 SMR10），乳胶占 12%，这与马来西亚国内手套行业占主导地位密不可分。马来西亚国内橡胶需求巨大，乳胶制品行业尤其是手套行业发展成熟，为橡胶行业的发展提供动能。作为继中国、美国、日本和印度之后的第五大橡胶消费国，马来西亚的橡胶手套、橡胶导管和乳胶线的产量和出口量位居世界第一[1]。

马来西亚政府历来重视橡胶产业的可持续发展，政府从管理、种植、生产

---

① 邓海燕，《全球天然橡胶供需概况与发展趋势》，《橡胶科技市场》，2011 年第 5 期，第 4～10 页。

三个方面制定了相关扶持政策。在财政上，政府每年在季风期给割胶工人和小胶园主进行补贴；在技术上，对其进行免费培训；在橡胶园上，政府对沙捞越州等种植区财政拨款用于更新老化的胶园[①]。除上游产业之外，在下游产业中马来西亚积极加大橡胶制造和橡胶木材的出口力度，特别是巩固橡胶手套出口量占全球市场的主导地位。

（三）越南

越南近年来橡胶产量大幅提高，已成为世界第四大天然橡胶生产国和第三大出口国。2017 年 9 月在曼谷召开的国际橡胶三方理事会（ITRC）会议上，三大产胶国泰国、马来西亚、印度尼西亚决定接受越南为新的成员国。目前 ITRC 天然橡胶产量约占全球的 70%，越南加入成员国后，产量将占近 80%，强化了天然橡胶市场供给端的影响，维持胶价稳定的能力将得以提升。越南天然橡胶主要出口目的地是中国、马来西亚和韩国，其中，对中国出口量占总量的 62.1%。越南橡胶种植区主要集中在东南部和中部高原地区，政府也通过优惠政策来鼓励胶农扩大种植面积，预计未来占全球份额将会提升。越南正在成为世界天然橡胶市场一支不可小觑的新生力量。

二、国际竞争力分析

（一）生产要素

在天然资源方面，泰国、印度尼西亚、马来西亚三国同属热带湿润气候区，在自然条件上基本一致，三个产胶国均分布在南纬 10°以北、北纬 15°以南，同属热带季风气候，高温多雨、静风、土壤肥沃，因此气候和地理位置对三国橡胶生产差值影响不大。橡胶生产是劳动密集型产业，印度尼西亚人力资源成本极低，在印度尼西亚，一个小时的劳动成本在 8～9 元，远远低于世界平均时薪，这也给印度尼西亚的天然橡胶产业提供了大量廉价劳动力。印度尼西亚人口也在以每年 1% 的速度递增，劳动人口每年增加 230 万，印度尼西亚拥有大量的劳动力，这为国家产业发展提供了战略性劳动力，拉动经济增长。在资本资源方面，印度尼西亚通过其绝佳的地理位置、丰富的自然资源、价格

---

① 2017 年马来西亚橡胶产业现状，环球印象，2018-8-28，http://www.zcqtz.com。

低廉的劳动力、不断增长的国内需求、稳健的经济政策和产业的集聚效应吸引了无数海外投资。印度尼西亚外汇管制较少，企业可以无限制地从国外自由转入或向国外转出资金。并且印度尼西亚对外商投资没有明显限制，印度尼西亚鼓励外商投资并可参与绝大多数经济领域。橡胶是印度尼西亚农业部自 2007 年开始实施的振兴计划的重点作物，政府在下游领域向外国投资开放，以引进先进技术来提高橡胶生产率和产出质量。根据《2010 年限制投资清单》，投资者最多可拥有 25 公顷或以上土地的 95%，用于耕种和整合下游设施。这包括薄板橡胶、厚胶乳和碎橡胶工业，后者在 2010 年之前对外国投资者是禁止进入的[①]。中国作为全球最大的橡胶消费国和进口国，为吸引中国买家的投资，增加对中国的橡胶出口量，印度尼西亚还在丹戎阿比建立海港和经济特区。泰国为增加橡胶销售量，在政策、税收上措施频出。泰国不但减免轮胎公司 8 年的企业所得税，减免生产出口产品的机械和原材料进口关税，还采取了其他非税收激励措施。马来西亚也表示，他们欢迎中国企业前往马来西亚投资建厂，并会在相关政策、两国企业合作等方面提供力所能及的帮助。在知识资源方面，印度尼西亚政府非常注重高级人才的培养，很多大学都开设农业相关专业，为本国的橡胶产业提供了专业技术型人才，对提高天然橡胶的质量和产能具有极大的促进作用。印度尼西亚索罗大学农学院在橡胶、油棕、木薯等作物研究领域与全球 12 个国家的高校有合作，其中中国的高校及研究院包括暨南大学、济南大学、中国热带农业科学院、广东大学、广西民族大学、湛江师范大学[②]。

（二）需求条件

印度尼西亚国内对天然橡胶的需求量相对较少，印度尼西亚国内生胶年产量为 360 万吨，其中国内需求量仅为 60 万吨，消费量只占产量的 16.67%，剩余全部用于出口。相比之下，马来西亚生胶年产量的 40% 用于国内供给。相对泰国和印度尼西亚，马来西亚天然橡胶下游产业发展较为成熟，橡胶加工技术先进，制造业发达，每年消耗大量天然橡胶。马来西亚乳胶制品行业特别是手套行业发展比较成熟，马来西亚国内天然橡胶的消费量稳中上升。为了进一步增加橡胶使用量，各国都开始刺激国内市场需求。泰国橡胶局开发了一个本

---

① 印度尼西亚农业部，橡胶业机遇，http：//www.gbgindonesia.com。
② 汪佳滨，《印度尼西亚热带农业科技概况》，《世界热带农业信息》，2019 年第 10 期，第 35～37 页。

土轮胎品牌 TH-TYRE，该品牌市场销售价比名牌轮胎产品低 20％，就是为了鼓励泰国人支持使用本国轮胎产品[①]。泰国在 2018 年 12 月 4 日实施"为国消费"政策，为期一个月，这个政策鼓励购买三种类型的产品，包括轮胎、书籍及 OTOP 产品。其中，鼓励购买轮胎也就是变相增加对橡胶的需求，促进国内天然橡胶消费。为缓解天然橡胶价格下跌的趋势，泰国、印度尼西亚、马来西亚均提出橡胶修路等橡胶国内消费的计划。

（三）相关与支持型产业

橡胶最密切的下游产业就是汽车及轮胎行业，因此汽车、轮胎行业的景气程度可以用来判断中期橡胶的长期需求状况。印度尼西亚现在成为全球轮胎巨头建厂的新宠儿，全球轮胎前十强企业中有 7 家企业在此建厂，分别是普利司通、米其林、固特异、倍耐力、住友、韩泰、正新。印度尼西亚也是全球各大汽车生产企业竞相争夺的重点市场。作为拥有多家知名车企的韩国和日本，也是轮胎生产大国，是很大的天然橡胶市场，而日韩两国和美国、西欧一样天然橡胶完全依赖进口。各国在印度尼西亚的汽车投资非常活跃，韩国现代汽车计划在印度尼西亚投资 15.5 亿美元建设新工厂，用于生产电动车，其中生产车辆的 47％将在印度尼西亚本地销售。日本丰田汽车在西爪哇省加拉横（Karawang）建有汽车工厂，为更好地满足当前印度尼西亚不断攀升的汽车需求，丰田斥资 2.52 亿美元另建一家新的汽车工厂，新工厂的汽车年产量将上涨 63.7％。法国轮胎制造商米其林 2015 年投资 5 亿美元在印度尼西亚西爪哇岛建设橡胶园以及橡胶加工厂，在苏门答腊岛、加里曼丹培养橡胶园，用于生产对外出口的合成橡胶。

（四）产业结构

1970—1990 年，印度尼西亚天然橡胶是以橡胶-经济林木体系和单作体系这两种模式种植且稳步发展的，1990 年之后种植模式普遍采用农林混作体系，并且开展了以无性系为基础的农林混作体系研究，以利于大规模推广应用，该种植模式经济成本相对较低[②]。印度尼西亚的天然橡胶销售主要由印度尼西亚

① 邹远红，《泰国橡胶局开发本土品牌轮胎》，《中国橡胶》，2017 年第 8 期，第 37 页。
② 陈慧，《橡胶种植技术的革新历程及印度尼西亚农场主动态》，《世界热带农业信息》，2000 年第 12 期，第 4～7 页。

橡胶协会负责，协会由橡胶种植者、加工商、贸易商和买方代表共同组成[1]。泰国的胶农组织是以合作社的形式组织起来的，在组织里大家共同商讨优化种植技术、拓展新销售渠道等问题，共同应对风险，维护彼此间的共同利益。入会手续很简单，合作社负责解决许多日常事务。马来西亚橡胶种植有国营和私营两种经营模式，其中以私营种植为主，小胶园主的种植面积占总种植面积的90%。马来西亚政府也非常注重橡胶产业的可持续发展，从管理、种植、生产三个方面制定了发展计划和扶持政策。

（五）政府

橡胶产业是东南亚各国的支柱型经济产业，对各国的国民经济有着举足轻重的作用，泰国、印度尼西亚、马来西亚三国政府对天然橡胶产业都给予大量的资金及优惠政策支持，以稳固并提升本国橡胶在国际上的竞争地位。政府提供的扶持主要有低息贷款、技术支持、计划措施等多个方面[2]。政府对需求的影响主要是政府采购，为提振印度尼西亚国内橡胶消费，2019年末印度尼西亚政府以每千克7 500～8 000卢比的价格直接向农户和合作社采购橡胶，此举也将提高胶农种植的积极性。印度尼西亚政府还计划开展一项橡胶补种项目，计划在苏门答腊南部、苏门答腊北部或占碑地区进行试点，试点面积5 000～6 000公顷。目标是在2025年之前对总面积360万公顷中的70万公顷橡胶完成补种[3]。2020年5月6日，印度尼西亚公共工程和公共住房部已拨款1 250亿卢比（约820万美元），直接从胶农种植园购买10 000吨橡胶和800吨胶水。泰国政府为维护胶农利益，农业合作社银行贷款50亿泰铢用于采购橡胶机械设备。马来西亚政府在2019年出台橡胶生产激励项目（RPI），计划提高橡胶生产激励补贴，促进橡胶产能提高。

（六）机遇

作为重要的战略物资和工业原料，世界天然橡胶需求持续增长。同时，世界汽车轮胎业和其他行业的飞速发展，印度尼西亚要抓住这个发展机遇，利用东盟经济共同体（AEC）积极拓展中国市场。在基础设施投资方面，印度尼

---

① 邓海燕，《全球天然橡胶供需概况与发展趋势》，《橡胶科技市场》，2011年第5期，第4～10页。
② 那美君，《东南亚主要橡胶出口国竞争力对比分析研究》，浙江工业大学，2015年。
③ 《印度尼西亚采购橡胶提振生产》，《特种橡胶制品》，2019年第3期，第35页。

西亚将建设 2 650 千米公路、1 000 千米高速公路，这对橡胶市场也是极大的提振。同时也要注重提高制造业水平，抢占世界橡胶市场。

总的来看，泰国、印度尼西亚、马来西亚三国政府对天然橡胶产业的重视程度都很高，且都有相应的政策扶持。同时东南亚种植橡胶的天然环境优越，政府提供的技术支持和优惠政策对橡胶产业的发展有很大的促进作用。由于橡胶业较大的经济效益，大量的劳动力将继续涌入天然橡胶行业，高学历高技术的科研创新人才成为橡胶产业的重要战略资源，有利于全面提高产业的科技创新能力和科学技术水平，有利于增强市场竞争力。

当前，不管是国内环境还是国际环境，对印度尼西亚的天然橡胶业的发展都非常有利。印度尼西亚经济逐步复苏，交通业、国防建设、基础设施建设等产业领域加快发展速度，同时，世界经济整体发展和消费市场不断扩大，轮胎、胶带、胶布、橡胶手套等橡胶制品的全球需求仍将持续走高。结合天然橡胶产业现状来看，海外投资项目不断增加，外资和先进技术的引进都将会大大促进印度尼西亚橡胶产业发展。印度尼西亚的橡胶种植面积和发展潜力强于泰国，政府对农场进行翻新耕种，加之出口税收的优惠政策倾斜，相信在不久的未来，印度尼西亚会取代泰国成为全球第一大天然橡胶生产国。

第七章 CHAPTER 7
印度尼西亚其他主要经济作物 ▶▶▶

━━━━━━━━━ **第一节　咖啡产业** ━━━━━━━━━

根据国际咖啡组织（International Coffee Organization）统计，印度尼西亚是继巴西、越南和哥伦比亚之后的世界第四大咖啡生产国和咖啡出口国，其咖啡种植园面积位列全球第一。咖啡产业是印度尼西亚的第三大外汇来源，仅次于棕榈油和橡胶，也是印度尼西亚继原油之后的第二大国际贸易出口商品。由此可见，咖啡是印度尼西亚非常重要的经济作物。印度尼西亚在 2015 年加入美国在西雅图举行的美国精品咖啡协会（SCAA）之后，由于咖啡种类的繁多，荣获"世界咖啡天堂"称号。

一、种植起源与发展

印度尼西亚咖啡种植历史起源于 17 世纪中期，要追溯到荷兰殖民统治时期。1696 年，当时荷兰驻印度 Malabar 的总督将一批咖啡苗送给荷兰驻巴达维亚（Batavia，今雅加达）的总督，这是印度尼西亚首次种植咖啡。当时引进的是荷兰的阿拉比卡（Arabica）咖啡，培育种植在 Cibodas 国家公园前往 Puncak 山峰的路上。不过这第一批咖啡苗没能存活下来，被洪水冲毁了。1699 年，巴达维亚再次接受了捐赠，这次捐赠的咖啡苗在 1701 年终于迎来了第一次收获，自此开启了印度尼西亚咖啡世界的大门。1900 年罗布斯塔作为阿拉比卡咖啡的替代品被引入东爪哇种植。如今，在印度尼西亚，罗布斯塔咖啡大约占总产量的 85％，阿拉比卡咖啡占比 15％。罗布斯塔集中种植在苏门答腊南部，阿拉比卡在苏门答腊北部。目前，印度尼西亚的咖啡种植面积位居世界第一，超过 130 万公顷，占全国耕地总面积 24％。全国大约拥有 27 亿株，其中仅有 4％由大型种植园生产，90％以上都是小农经营。

在印度尼西亚，咖啡不仅仅是一种生活方式，也是这个国家重要的产品。咖啡不仅被印度尼西亚人饮用，还成为许多当地人的生计来源，是众多印度尼西亚人日常生活的重要组成部分。咖啡豆和已加工的咖啡占了印度尼西亚国内生产总值的 22％，由于印度尼西亚每年咖啡行业的增长率大约在 3％，因此，其对国内生产总值的贡献率还会不断增加。

二、地理位置与种植条件

气候是咖啡种植的决定性因素，咖啡树只适合生长在热带或者亚热带，咖啡的最佳种植地带介于北纬 25°和南纬 25°之间，此区间即所谓的"咖啡带"，此区域最适咖啡生长，能够生产出高质量的咖啡。印度尼西亚位于北纬 6°到南纬 11°之间，地跨南北半球，赤道贯穿全境，从印度尼西亚西北部穿过。印度尼西亚不仅地处热带地区，而且几乎是纬度最低的热带地区，因此印度尼西亚终年受到赤道低气压带的控制，盛行上升气流，形成了热带雨林气候，全年气温较高，年平均气温在 25～27℃，雨量充沛，平均年降水量 2 000 多毫米，而山区最高降水量可达 6 100 毫米，例如咖啡种植业发达的爪哇岛、苏门答腊岛以及苏拉威西岛等地区，这样的热带气候无疑为咖啡的种植提供了近乎完美的条件。

优质的土壤情况更是为咖啡的种植提供了条件。印度尼西亚地处环太平洋火山带，是世界上火山数量最多的国家，拥有 400 座火山，其中 120 多座为活火山，约占世界活火山数量的六分之一。火山喷发产生的火山灰含有丰富的硫、磷、氮等营养元素，加上自身数千年沉积的腐殖质有机物，所以土壤非常肥沃。另外，印度尼西亚全年受到阳光直射，并伴有充足的降水量，也促进了肥沃土壤的形成。咖啡的种植要求有机物质很高的土壤，而印度尼西亚的土壤条件正好能够满足咖啡作物的种植和生长需要，当地人甚至称印度尼西亚的土壤为"天堂的土壤"。

三、种植面积和种植产区分布

2011—2018 年印度尼西亚咖啡种植园总面积波动较大，整体呈上升趋势，见图 7-1。2018 年，印度尼西亚咖啡种植园总面积约为 124.15 万公顷，占耕地总面积的 24%，位列全球第一，咖啡主产区为 95 万公顷，全国平均咖啡种植园面积为 1.7 公顷，而世界上最大的咖啡生产国巴西，其种植园面积只有 65 万公顷。

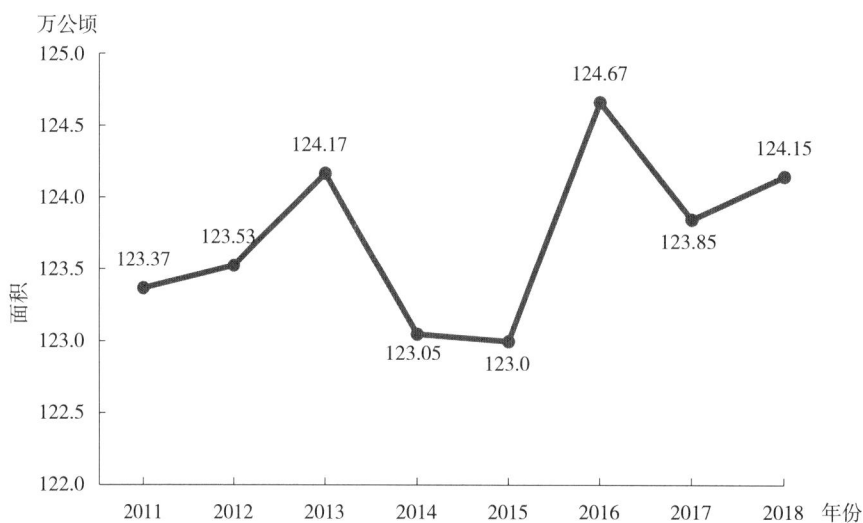

图 7-1 2011—2018 年印度尼西亚咖啡种植面积

数据来源：根据印度尼西亚中央统计局公布的数据整理而作，参见印度尼西亚中央统计局网站，http://www.bps.go.id/。

印度尼西亚咖啡种植园分布较分散，分布在全国 30 个省份中，种植面积最多的是南苏门答腊省，其种植面积为 25.11 万公顷，占印度尼西亚咖啡种植总面积的 20.2%，其次是楠榜省（15.48 万公顷）、亚齐特区（12.41 万公顷）以及东爪哇省（10.63 万公顷），其他省份种植面积则较小。印度尼西亚咖啡主要有五大种植产区，分别为：爪哇岛、苏拉威西岛、苏门答腊岛、巴厘岛和弗洛勒斯岛。除此之外，加里曼丹、松巴哇以及印度尼西亚大部分中部地区也都为印度尼西亚咖啡的种植和生产做出了贡献。

（一）爪哇岛

爪哇岛为印度尼西亚最古老的咖啡种植产区，爪哇咖啡以优质美味著称，其盛名从 18 世纪延续至今。爪哇岛是印度尼西亚的第五大岛，南临印度洋，北临爪哇海，介于南纬 6°～9°之间。四面临海，为热带雨林气候，没有寒暑季节的更迭，年平均气温在 25～27℃，并且雨量充沛。得天独厚的自然条件使得岛上热带丛林密布，草木终年常青，物产丰富。爪哇岛最好的种植园是詹姆比特、卡尔尤斯、布拉万和潘库尔等。有名的阿拉比卡咖啡就产自爪哇岛。

（二）苏拉威西岛

苏拉威西岛因由四个半岛组成呈"K"形而得名印度尼西亚的"老 K"，它位于印度尼西亚中部，菲律宾以南，介于南纬 6°和北纬 3°之间，也属于热带雨林气候区，年降水量 2 500 毫米以上，大部分地区雨水均匀，最著名的产区托那加（Toraja）位于南苏拉威西的高山，年产量不到 1 000 吨的"托那加"咖啡就产自苏拉威西岛。

（三）苏门答腊岛

如今，印度尼西亚的大部分咖啡都产自苏门答腊岛，它同时也是最具传奇风味的咖啡产区。苏门答腊岛是印度尼西亚西部的一个大型岛屿，世界第六大岛屿，位于赤道上，西濒太平洋，东北隔马六甲海峡与马来半岛相望，赤道将它一分为二，同属热带雨林气候，刚好处在"咖啡带"上，广义上的"曼特宁"咖啡，都是来自苏门答腊岛。苏门答腊岛的咖啡豆有一种特别的蓝色。

（四）巴厘岛

巴厘岛地处热带，受海洋的影响，气候温和多雨，土壤十分肥沃，四季绿水青山，风景宜人，因其如画的风景、淳朴的民风而成为世界级旅游度假区，旅游业发达，出产的咖啡素有"贵族咖啡"的美誉。

（五）弗洛勒斯岛

弗洛勒斯岛是由爪哇岛向东延伸的一系列岛屿中最后的一个主岛，也是印度尼西亚主要咖啡产区之一，虽然是较晚投入咖啡产业的产区，但在种植咖啡上也开发了独具特色的品种。

四、印度尼西亚的咖啡产量

自 2008 年以来，印度尼西亚咖啡的总产量有所波动，特别是 2011 年咖啡产量创下了新低，在近几年都呈现一定程度的下滑（图 7-2）。主要原因是气候影响和种植面积减少。

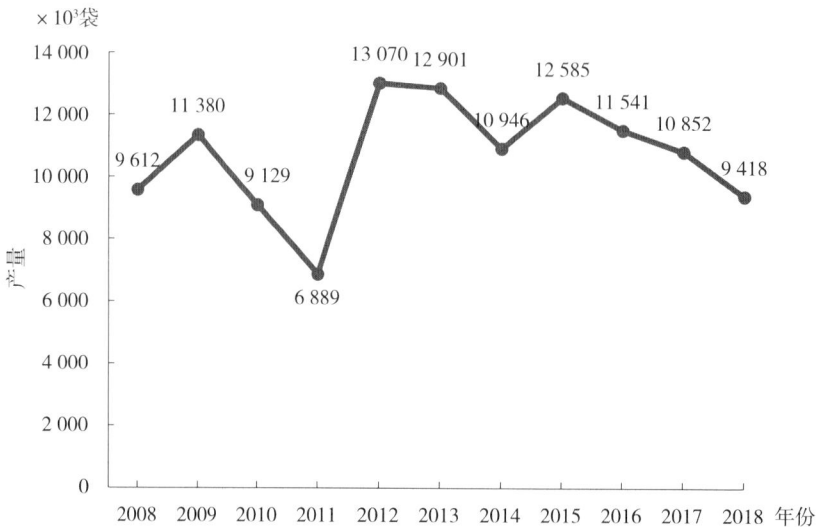

图 7-2　2008—2018 年印度尼西亚咖啡总产量

注：每袋为 60 千克。

数据来源：根据国际咖啡组织公布的数据整理而得，参见国际咖啡组织网站，http：//www.ico.org /new _ historical.asp/。

（一）气候影响

气候是种植咖啡的决定性因素。2009—2011 年，印度尼西亚咖啡总产量一直呈下降趋势，并在 2011 年达到十年来最低。究其原因，主要是因为异常气候的影响。气温变化、降水量不稳定以及病虫害都对咖啡的产量和质量造成了负面影响，干旱和强降水对咖啡收获均产生影响，收获期降水频繁会损坏咖啡鲜果从而滋生微生物的寄生。2011 年印度尼西亚的咖啡生产减少了 20%～30%[1]。2012 年气候好转，咖啡产量达到了 2008—2018 年最高。

---

[1] 《2011 年印度尼西亚气候异常将使咖啡生产减少 30%》，《世界热带农业信息》，2011 年第 5 期，第 17 页。

（二）种植面积的变化

影响咖啡产量的另外一个重要因素是咖啡种植面积的变化。图 7-1 显示，2011 年咖啡的种植面积较少，这是除了异常气候之外，造成该年咖啡产量低的另一个重要原因。2012 年的咖啡在经历了 2011 年的最低谷之后，由于气候环境的改善，且数年前咖啡种植园进行了更新，其种植面积也较 2011 年有所增加，咖啡总产量在 2012 年达到了 2008—2018 年最高。而从 2012—2018 年，咖啡总产量有所波动，但整体呈逐年缓慢下降趋势。

五、咖啡出口情况及其国内消费情况

（一）出口情况

从图 7-3 我们可以看出，2008—2018 年印度尼西亚出口到国际市场的咖啡平均每年的出口量达到 40.72 万吨（6 787×10³ 袋），咖啡出口量波动较大，但从每年平均增长率上看，印度尼西亚咖啡的出口量总体上趋于增加。2011 年咖啡出口量为最低谷，由于气候异常的原因，2011 年印度尼西亚咖啡产量为 2008—2018 年最少，因而出口量相应地最低。

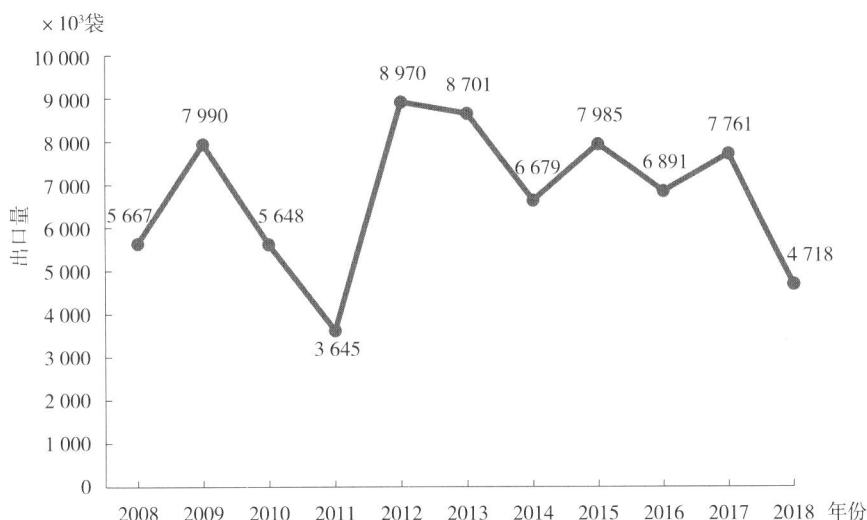

图 7-3　2008—2018 年印度尼西亚咖啡出口量

注：每袋为 60 千克。

数据来源：根据国际咖啡组织公布的数据整理而得，参见国际咖啡组织网站，http://www.ico.org/new_historical.asp/。

　　而 2012 年出口量达到整个 2008—2018 年的顶峰，主要是由于 2012 年印度尼西亚咖啡大丰收，生产量是近年来最高的一年，所以相应地出口量也最高。并且从 2011 年 5 月 3 日起，印度尼西亚政府放宽了咖啡出口条例，如输出商办理出口许可证时，无须再附上向印度尼西亚咖啡输出商协会（AEKI）缴纳会员费的收据，以及咖啡实际出口呈报制度，咖啡出口商也不再需要向印度尼西亚贸易部呈报咖啡出口的实际数目，只需通过网上呈报。此次出口政策的放松，在一定程度上拉动了印度尼西亚咖啡的出口量，也有利于咖啡贸易的健康竞争。

（二）国内消费情况

　　印度尼西亚虽然是世界第四大咖啡生产国，但国内咖啡消费量却较低，大部分咖啡主要是用于出口。图 7-4 可以看出，2008—2018 年，印度尼西亚国内咖啡消费量呈现逐年稳步递增的趋势。2008—2010 年，国内咖啡消费量保持不变，均为 20 万吨（$3\,333 \times 10^3$ 袋），而从 2011 年开始，咖啡生产量的提高不仅使出口量增加，国内咖啡消费量也在逐年增加。近年来，随着人们经济条件和生活水平的提高，对咖啡的需求也越来越大，人们对咖啡的购买力也在提高，咖啡正在成为人们的生活必需品。

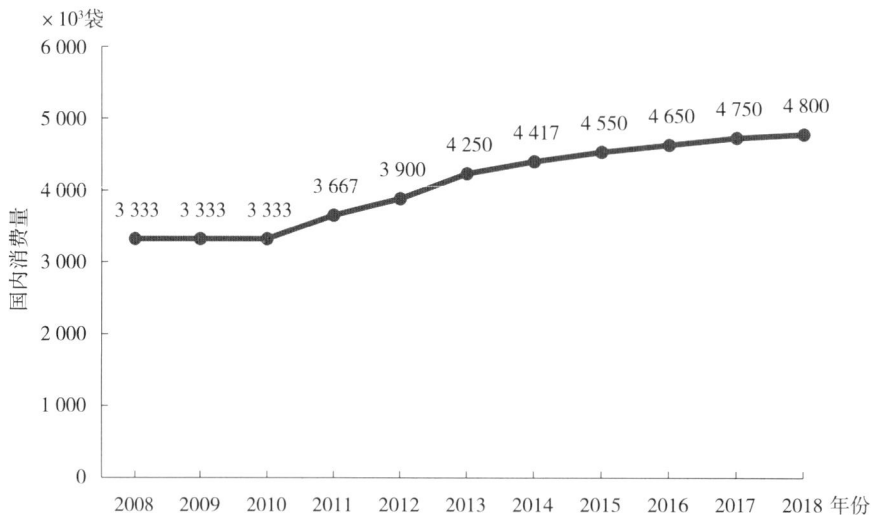

图 7-4　2008—2018 年印度尼西亚咖啡国内消费量

注：每袋为 60 千克。

数据来源：根据国际咖啡组织公布的数据整理而得，参见国际咖啡组织网站，http://www.ico.org/new_historical.asp/。

六、国际竞争力分析

（一）从产量分析

印度尼西亚是继巴西、越南和哥伦比亚之后的第四大咖啡生产国，据图7-5所示，2008—2018 年，巴西、越南、哥伦比亚和印度尼西亚的咖啡平均年产量分别为 320.84 万吨（53 474×10³ 袋）、149.24 万吨（24 874×10³ 袋）、67.99 万吨（11 332×10³ 袋）和 64.54 万吨（10 757×10³ 袋）。2008—2013 年，印度尼西亚咖啡生产量总体上一直领先于哥伦比亚，排名全球第三，但是两者之间差额较小。2013 年之后，印度尼西亚咖啡总产量呈逐年下降趋势，而哥伦比亚的咖啡年产量持续增加并最终超过印度尼西亚一跃成为继巴西和越南之后的世界第三大咖啡生产国，印度尼西亚位列第四。

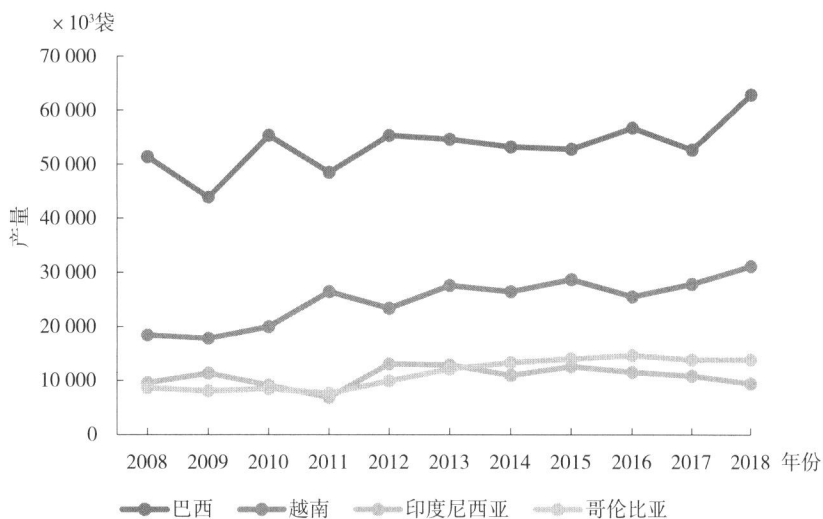

图 7-5　2008—2018 年世界四大咖啡生产国的生产量

注：每袋为 60 千克。

数据来源：根据国际咖啡组织公布的数据整理而得，参见国际咖啡组织网站，http：//www.ico.org/new_historical.asp/。

印度尼西亚咖啡产量仍远落在其他大生产国之后，印度尼西亚咖啡园每公顷仅生产 500 千克的咖啡，咖啡种植园面积共 120 多万公顷。而越南的咖啡产量达到每公顷 2.7 吨，越南的咖啡种植园面积仅 63 万公顷。

印度尼西亚的咖啡产量低于越南和巴西，主要在于印度尼西亚咖啡种植园化肥用量为零，以及咖农采摘咖啡果的技术不成熟。虽然如此，不使用化学肥料已成为印度尼西亚咖啡的优点。印度尼西亚咖啡的另一特色之处在于拥有每千克价格 7~8 美元的精品咖啡[①]。据联合国商品贸易组织 2019 年最新数据显示，印度尼西亚出口咖啡均价为每千克 7.12 美元。

（二）从出口量分析

同咖啡生产国一样，世界上最主要的四大咖啡出口国也是巴西、越南、哥伦比亚和印度尼西亚。根据国际咖啡组织的数据，2008—2018 年，巴西、越南和哥伦比亚的平均年出口量分别为 199.60 万吨（33 266×10³ 袋）、130.82 万吨（21 803×10³ 袋）和 62.87 万吨（10 478×10³ 袋），而印度尼西亚咖啡平均年出口量为 40.72 万吨（6 787×10³ 袋），其咖啡出口量和咖啡出口所占的比例远低于巴西和越南以及哥伦比亚。且巴西、越南和哥伦比亚的咖啡出口量均呈波动递增趋势。2012 年之前，印度尼西亚是仅次于巴西和越南的世界第三大咖啡出口国，其咖啡出口量虽然远低于巴西和越南，但是略高于哥伦比亚。而在 2012 年之后，由于咖啡生产量的减少，其出口量也呈现出波动下降趋势，哥伦比亚则超过印度尼西亚一跃成为世界第三大咖啡生产国和出口国（图 7-6）。印度尼

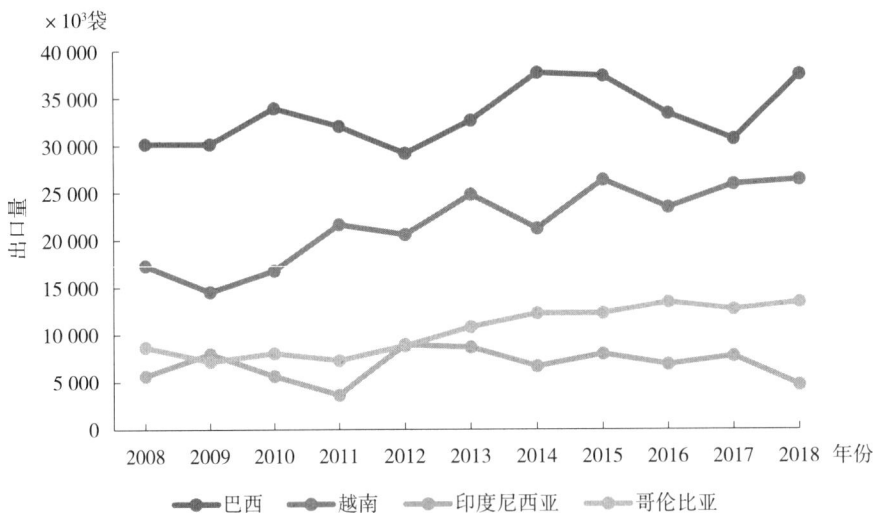

图 7-6　2008—2018 年世界四大咖啡出口国咖啡出口量

注：每袋为 60 千克。

数据来源：根据国际咖啡组织公布的数据整理而得，参见国际咖啡组织网站，http://www.ico.org/new_historical.asp/。

[①] 《印度尼西亚计划未来 5 年控制国际咖啡市场》，《世界热带农业信息》，2012 年第 10 期，第 22 页。

西亚咖啡出口有六大目的国：美国、德国、意大利、日本、马来西亚和新加坡。

七、面临问题及政府应对措施

（一）气候问题

气候是种植咖啡的决定性因素，咖啡作物对生长环境的变化较为敏感，气温和降水的变化会影响咖啡的产量和质量，印度尼西亚正是因其优越的气候条件而成为世界四大咖啡生产国和出口国之一。但是近年来，随着厄尔尼诺现象的加剧，农产品首当其冲地受到影响，尤其咖啡、可可遭受的影响最为明显，而印度尼西亚位于厄尔尼诺现象影响较为严重的地区，厄尔尼诺现象导致的气候干旱使得印度尼西亚咖啡产量持续降低，印度尼西亚的咖啡种植正面临着巨大的挑战。

（二）小农户种植带来的弊端

棕榈油和其他农业综合企业取代了许多大型咖啡庄园，如今小农户对印度尼西亚全国咖啡产量的贡献超过90％。他们的土地面积通常不到1公顷，这给有效耕种带来了挑战，并增加了其他一系列问题，削弱了印度尼西亚农民的竞争力。

（三）产业附加值较低

目前印度尼西亚咖啡产业面临的另一个问题是产业附加值有待提高，印度尼西亚等全球主要的咖啡出口国只获得了全球咖啡产业10％的利润。

印度尼西亚农业部鼓励国内咖啡产品获得保护地理标志认证，鼓励提高咖啡豆质量，比如推荐正确的咖啡栽培技术、人力资源培训，以及在种植园设立辅导员[1]。为提升咖啡产业吸引力，印度尼西亚许多咖啡园都建立了产业链体验区，让买家从种植咖啡到采摘、研磨过程身临其境进行体验。一个产业附加值的提升，关键是品牌及其内含的知识产权。印度尼西亚咖啡的特色之一是烘焙技术高超，有望成为亚洲地区烘焙咖啡豆出口的领军者，这也将成为印度尼西亚咖啡增加附加值的主攻方向[2]。为进一步提升印度尼西亚咖啡文化的吸引力，

---

① 《印度尼西亚农业部冀提高咖啡出口附加值》，《世界热带农业信息》，2014年第12期，第9～10页。
② 《经济日报》，2018-06-22。

推动国内外市场对印度尼西亚咖啡文化的消费，印度尼西亚工业部拟于每年10月举办"印度尼西亚咖啡日"。印度尼西亚任抹大学也积极组织关于提高咖啡产能的研讨会，从各种技术角度积极探索印度尼西亚咖啡产业的附加值之路。

第二节　可可产业

印度尼西亚是世界主要可可供应国之一、世界第三大可可生产国，其可可生产量占全球可可总产量的13.6％，仅次于科特迪瓦和加纳。印度尼西亚是传统的可可生产大国，不管是种植面积还是产量和品质都名列世界前茅。可可作为印度尼西亚传统的优势农产品之一，也是为印度尼西亚农产品出口做出贡献的第三大经济作物，在创汇、增加农民收入来源以及增加就业机会方面做出了突出贡献[①]。

提高可可增值链一直是印度尼西亚政府的一个重点领域，为刺激对可可下游产业的投资，印度尼西亚财政部推行了一项累进税，税率依可可豆的国际价格而定，这项累进税保证了充足的国内加工供应。起步于2007年的"可可全国行动计划"成效显著，只要坚持下去并认真提高可可的产量和质量，印度尼西亚有能力成为世界最大的可可生产国[②]。

一、种植起源与发展

印度尼西亚的可可种植业起源可追溯到殖民时期，1560年西班牙人把可可栽培从委内瑞拉的加拉加斯跨洋传入印度尼西亚的苏拉威西岛。18世纪70年代之前，荷兰人也把可可树苗从菲律宾传入印度尼西亚，在巴达维亚（今雅加达）、苏门答腊岛建立试验种植园，荷兰人的尝试大获成功，可可种植在爪哇和苏门答腊广泛传开[③]。而在19世纪80年代之后，印度尼西亚人采用可可树与椰子树间作种植模式，印度尼西亚的可可产业开始不断发展，逐渐成为世界上重要的可可种植国和出口国。

---

① 《印度尼西亚有机会成为最大可可生产国》，《世界热带农业信息》，2010年第7期，第23～24页。
② 《印度尼西亚大力扶植可可生产》，人民网，2013-4-24，http：//finance.people.com.cn/n/2013/0424/c70846-212 58673.html。
③ 张箭，《可可的起源、发展与传播初探》，《经济社会史评论》，2012年第1期，第86～94页。

印度尼西亚可可种植面积从 2000 年 80 万公顷增至 2018 年 167.83 万公顷，产量从 2000 年的 40.8 万吨增至 2012 年 74 万吨后，尽管种植面积变动不大，但受 2008 年以后单产下降影响，2012 年之后印度尼西亚可可总产量开始下降，2018 年产量仅 59.38 万吨。在印度尼西亚，可可以小农户种植方式为主，小农户种植占可可种植总面积的 96%，可可豆产量占总产量的 71%。大型可可生产公司的数量持续下降，从 2000 年的 219 个减至 2019 年的 72 个。可可种植主要集中在中苏拉威西省、东南苏拉威西省、南苏拉威西省、西苏拉威西省、西苏门答腊省和亚齐特区，上述地区的可可种植面积和可可豆产量占全国种植总面积和总产量的 68.8% 和 67.8%[①]。

二、地理位置和种植条件

世界可可生长的区域主要集中在赤道两侧南北纬 20°之间的热带地区，南北纬 10°以内则更为适合。比较集中分布在西非，以加纳、尼日利亚、喀麦隆产量最高。其次分布在拉丁美洲，以巴西、厄瓜多尔、墨西哥为主。自 21 世纪以来，亚洲可可增产很快，其中马来西亚和印度尼西亚产量最大。印度尼西亚纬度位于北纬 6°到南纬 11°之间，具有得天独厚的可可种植条件。可可是热带常绿植物，梧桐科，喜生在温度高、湿度大、土壤肥沃的环境。要求栽培地区年平均气温在 22.4～26.7℃，月最低平均温度 15℃，绝对最低温度 10℃，最为理想的年降水量是 1 400～2 000 毫米。印度尼西亚为热带雨林气候，全年高温，雨量充沛，年均气温在 25～27℃，且平均年降水量超过 2 000 毫米，其气候非常符合可可的生长条件，因此可生产出较高品质的可可。

可可一般喜富含钾盐的厚层重土壤或者轻黏土，尤其是火山土以及花岗岩、闪长岩、页岩和片麻岩的风化产物形成的土壤。印度尼西亚多火山，火山喷发产生的火山灰使得土壤条件更加适合可可的生长条件。

三、种植面积和种植产区分布

从图 7-7 显示，2011—2018 年期间，印度尼西亚可可种植面积整体上呈波

---

① 朱增勇，曲春红，《印度尼西亚种植业及其与中国合作研究》，《世界农业》，2015 年第 10 期，第 64～68＋239 页。

动下降趋势，2018 年印度尼西亚可可种植总面积为 167.83 万公顷。印度尼西亚可可树分布在 32 个省，种植产区较分散。苏拉威西岛是印度尼西亚最大的可可产区，其种植面积占印度尼西亚可可种植总面积的 55.7%。其中种植面积最大的是中苏拉威西省，其种植面积高达 28.33 万公顷，其次是东南苏拉威西省（24.99 万公顷）、南苏拉威西省（23.67 万公顷）、西苏门答腊省（15.92 万公顷）以及西苏拉威西省（14.67 万公顷），其他种植产区虽然也栽种可可树，但种植面积较小。

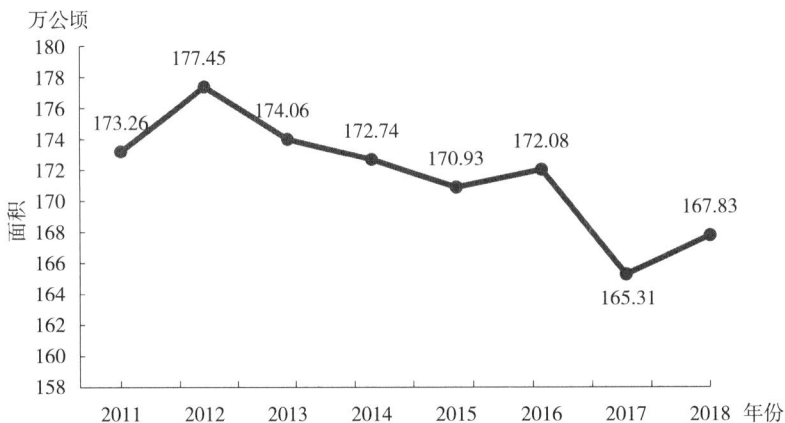

图 7-7   2011—2018 年印度尼西亚可可种植园面积

数据来源：根据印度尼西亚中央统计局公布的数据整理而作，参见印度尼西亚中央统计局网站，http://www.bps.go.id/。

印度尼西亚 93% 的可可种植园由小农户经营，涉及 140 万农户。但目前可可种植园未能良好发展，缺少良好的护理并遭到害虫侵袭，造成生产力下跌[①]。

四、印度尼西亚可可产量

图 7-8 显示：2008—2018 年印度尼西亚可可产量有所波动，总体上呈下降趋势。主要是由于以下原因：

---

① 《2014 年印度尼西亚可可产量将达全球第一》，《世界热带农业信息》，2012 年第 8 期，第 19 页。

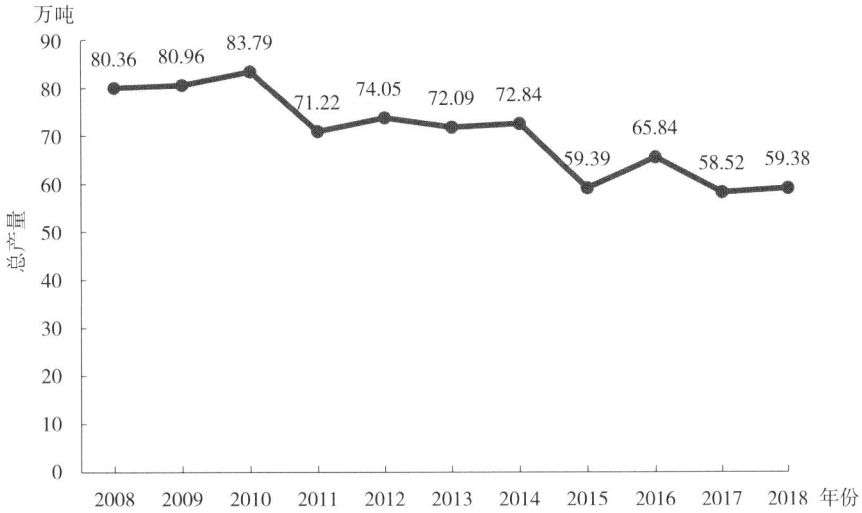

图 7-8　2008—2018 年印度尼西亚可可总产量

数据来源：根据印度尼西亚中央统计局公布的数据整理而作，参见印度尼西亚中央统计局网站，http：//www.bps.go.id/。

（一）　气候影响及管理不当

印度尼西亚农业部 2011 年的可可产量指标为 90.09 万吨，而 2011 年实际产量仅为 71.22 万吨，为 2008—2014 年最低，远远未达到标准。由于长时间降雨量较高，导致印度尼西亚国内的可可产量下降，随之出口量也降低[①]。除产量下降外，对咖啡园管理不当也降低了咖啡果的质量，可可废弃物已超过 9%～10% 的国际限度。恶劣的气候也使可可霉菌含量达 5%～6%，超过 4% 的霉菌含量限度。因为质量低，农民的收购价也较国际价格下降 15%[②]。2010 年可可产量增加并达到十年内最高，高达 83.79 万吨，说明自 2009 年来实施的"提高可可品质和产量全国行动"在短期内产生了一定成效。

（二）　可可树衰老

可可产量持续下降的另外一个原因是由于可可树的衰老导致其生产力下降，进而导致可可产量持续下降。此外，由于镉含量高，印度尼西亚可可的质量也处于劣势。根据印度尼西亚可可工业协会（AIKI）的数据，2015 年印度

[①]　《降雨量导致印度尼西亚可可产量和出口均减少》，《世界热带农业信息》，2011 年第 6 期，第 24 页。

[②]　《2011 年印度尼西亚可可产量达不到指标》，《世界热带农业信息》，2011 年第 10 期，第 17 页。

尼西亚国内可可豆的产量为每公顷 250 千克，总种植面积 170.93 万公顷。与之前的每公顷 500 千克的生产水平相比急剧下降。

（三）可可种植面积的减少

可可产量持续下降还有一个原因是可可种植园面积的减小。从图 7-7 可以看出，2013—2018 年，印度尼西亚可可种植园面积呈波动下降趋势，并在2017 年达到最低值，仅为 165.31 万公顷。可可由于极易遭受虫害和真菌侵袭，原本种植可可的农民开始放弃种植可可转而改种橡胶、棕榈和玉米等这些更容易栽培种植且利润更高的作物。由于转种其他作物的可可种植园每公顷收入可增加 150%，所以可可产量会减少 40 万吨，2015 年成为自 2004 年以来最低的可可产量。

五、印度尼西亚可可出口和国内消费情况

（一）出口情况

图 7-9 显示出，2012—2018 年印度尼西亚可可出口量总体上呈逐年下降趋势，主要是由以下几个方面的因素共同造成的。

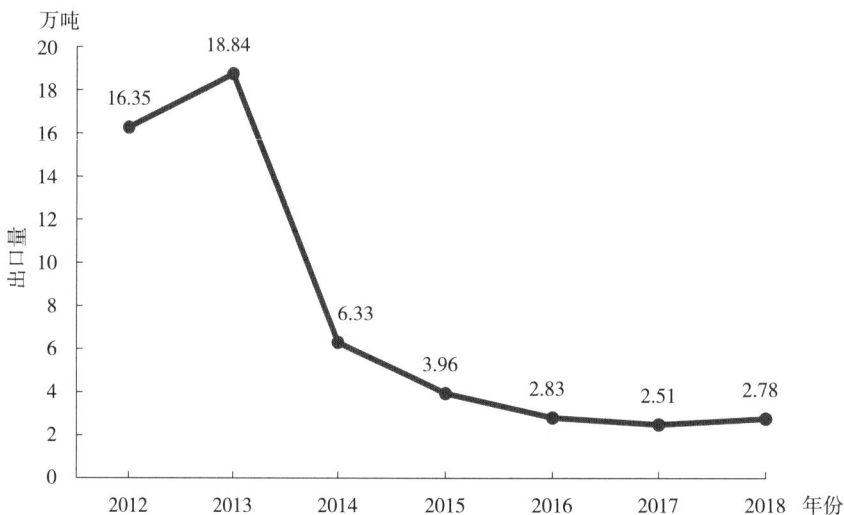

图 7-9　2012—2018 年印度尼西亚可可出口量

数据来源：根据联合国商品贸易数据库公布的数据整理而得，参见联合国商品贸易数据库网站，https://comtrade.un.org/。

1. 产量的降低

印度尼西亚虽然是世界第三大可可生产国，但是近年来由于气候的影响、可可树管理不当、可可树老化、可可种植面积的减少，以及可可出口税的实施等多方面因素，导致其年产量持续降低，进而对其出口量产生了影响。2011年由于长时间降水量较高，导致可可产量降低，2011年1—2月，可可出口值减少了3 460万美元，比2010年同期的2.5亿美元下降13.6%。

2. 可可出口税的实施

从2010年开始，印度尼西亚政府对可可征收出口税，保护了国内可可产业，同时导致了可可出口量的急剧下降。2012年可可出口量持续降低，可可籽出口下降的原因是印度尼西亚国内加工业对可可籽的需求持续上升，同时，印度尼西亚民众收入水平提高以及中等收入群体壮大，国内市场对巧克力的需求翻番。印度尼西亚本土巧克力生产商需求上涨而可可供应短缺之际，印度尼西亚政府通过提高出口关税抑制可可出口。2010年生效的可可出口税的实施，显然对印度尼西亚国内可可籽加工业有积极的影响。据印度尼西亚中央统计局记载，2011年的可可籽出口量21万吨，比2009年出口的43.9万吨下降52%。印度尼西亚中央统计局的数据显示，2011年加工可可出口量达17.8万吨，比只有8.2万吨的2009年剧升117%[1]。印度尼西亚可可协会表示，2016年印度尼西亚可可出口量下跌至2.8万吨，主因是该国政府开始征收更多的出口关税。

3. 国内需求的上升

可可出口量持续下降的另外一个原因是国内可可下游产业的发展，导致印度尼西亚国内加工业对可可籽的需求持续上升。随着政府推动国内可可加工业发展，可可出口量持续下降，已有90%的出口商业务停顿，因为大部分的可可产量被加工业吸收[2]。

（二）国内消费情况

2012—2018年，印度尼西亚可可平均年产量约为66万吨，平均每年出口到别国的可可数量约为7.7万吨，年平均出口量仅占年平均产量的11.67%，

---

[1] 《印度尼西亚积极发展可可下游业》，《世界热带农业信息》，2013年第1期，第24页。
[2] 《2014年印度尼西亚加工可可籽需求将达60万吨》，《世界热带农业信息》，2013年第12期，第17～18页。

剩下的都被国内可可加工业消化了。印度尼西亚国内的可可加工厂越来越多，加工业对可可的需求越来越高，可可加工业面临供应短缺的境况，生产量无法满足国内消费者需求，可可仍然需要进口。印度尼西亚政府一直通过大量投资提高可可生产率、质量、增加值来推动下游产业链发展，但种植面积和产量并未上涨，这可从 2014 年可可豆进口量剧升看出。2014 年，印度尼西亚全国可可豆产量剧降，相反可可生产商的吸收能力增强，因此不得不通过进口满足国内需求，导致当年可可豆进口剧升 127％。

2010 年实施的可可出口税，显然对国内可可加工业产生了积极的影响，使得国内可可加工业的可可籽供应更加有保障。

六、国际竞争力分析

（一）从产量分析

印度尼西亚是世界第三大可可生产国，其可可的年平均产量达到 66 万吨，仅次于科特迪瓦和加纳。据图 7-10 显示，2009—2017 年，印度尼西亚可可产量呈下降趋势。2011 年之前，印度尼西亚可可产量高于加纳，仅次于科特迪瓦，是世界上可可产量第二多的国家，而在 2011 年之后，由于气候因素、可可树老化、可可种植面积的减少以及政府政策等一系列因素的影响，使得印度

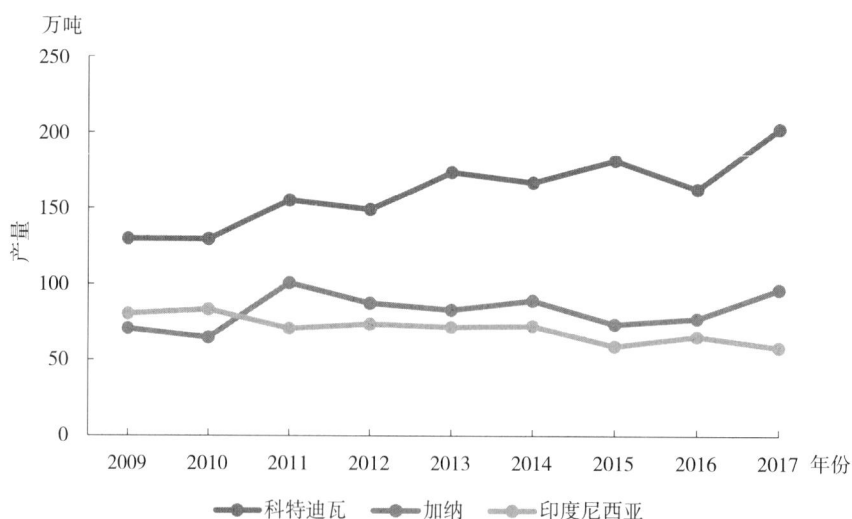

图 7-10　2009—2017 年世界三大可可生产国年产量

数据来源：CEIC 经济数据库（https：//www.ceicdata.com/en）、印度尼西亚中央统计局（https：//www.bps.go.id/）。

尼西亚可可产量持续降低，而加纳的可可产量却在一直上升，因此产量逐渐落后于加纳，也从世界第二大可可生产国变为第三大可可生产国。从年产量来看，印度尼西亚为世界的可可产业做出了很大的贡献，其年产量也远远高于其他生产可可的国家，但与世界最大的可可生产国科特迪瓦相比（其平均年产量为 162 万吨），仍然是远远不足的。尤其是近年来产量的持续降低更是降低了其作为世界第三大可可生产国的国际竞争力。

（二）从出口量分析

科特迪瓦是世界上最大的可可出口国，印度尼西亚是继科特迪瓦和加纳之后的世界第三大可可出口国。印度尼西亚可可主要出口目的国为马来西亚、新加坡、德国、美国和泰国。图 7-11 显示，印度尼西亚可可出口量与世界最大可可出口国科特迪瓦相比，差距很大，尤其近年来科特迪瓦可可出口量持续上升，而印度尼西亚呈逐年下降趋势，更是拉大了其差距。2012—2018 年期间，印度尼西亚可可年平均出口量仅为 7.7 万吨，而科特迪瓦高达 118.8 万吨，仅占其年平均出口量的 6.48%。其原因产生于多方面，首先是印度尼西亚可可年产量的降低，由于气候因素、可可树老化、政府政策等多方面因素的影响，印度尼西亚可可年产量呈逐年下降趋势，这是其出口量下降的一个重要原因。其次是由于 2010 年印度尼西亚可可出口税的实施，该税法虽然保护了国内可

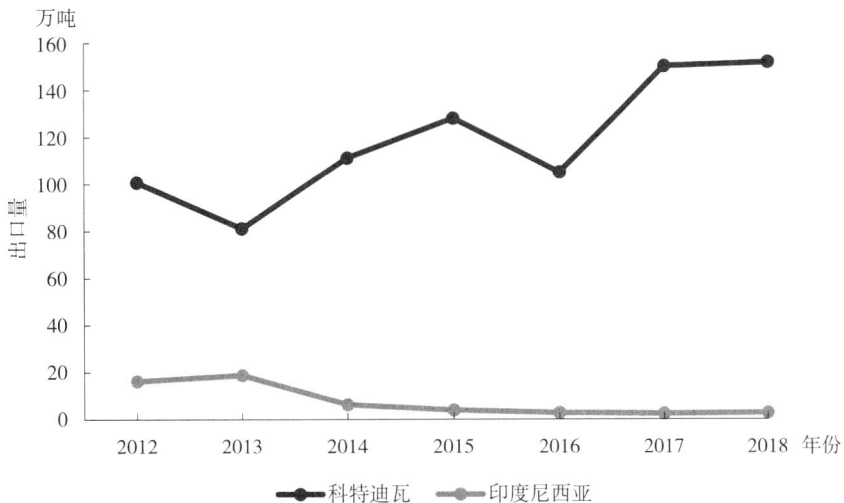

图 7-11　2012—2018 年科特迪瓦和印度尼西亚可可出口量

数据来源：CEIC 经济数据库（https：//www.ceicdata.com/en）、印度尼西亚中央统计局（https：//www.bps.go.id/）。

可产业，保证了国内可可市场的供应，但同时对可可的出口产生了冲击，导致可可出口量下降。再加上印度尼西亚国内可可下游产业的不断发展，国内市场对于可可的需求越来越大，甚至出现供应不足的现象，因此可供出口到别国的可可更少了，随着国内可可下游产业的加速发展，预测未来可可的出口量仍然呈下降趋势。而科特迪瓦和加纳则因其可可产量逐年攀升，其出口量也越来越多，占据市场的份额也越来越大。这些因素均降低了印度尼西亚作为世界第三大可可出口国的竞争力。

七、面临问题及政府应对措施

（一）可可农户改种其他作物

可可树是一种极其"娇贵"的树种，由于很容易遭受虫害和真菌侵袭而不易栽培。虽然可可是印度尼西亚传统农业作物之一，面对这个不易栽培且种植利润低的树种，当地许多农民开始放弃种植可可而改种一些更容易栽培且利润相对较高的树种。为扭转这种局面，印度尼西亚政府开始着手重点提升可可增值链，积极发展可可下游产业，增加其附加值。印度尼西亚只有 28% 的可可在国内加工，剩余 72% 是以未加工的可可豆形式出口。加工后的可可产品，例如黄油和粉状产品，价值高达每吨 5 000 美元，而未加工的可可豆价值为每吨 2 900 美元[①]。为了刺激对下游可可业的投资，从 2010 年开始根据财政部法令推进一项累进税，税率依可可豆的国际价格而定。从 2010 年 4 月开始实行可可出口税，吸引了数家外国企业在印度尼西亚进行投资。2013 年美国百乐嘉利宝（Berry Callebout）公司、马来西亚的 JB Cocoa 公司，以及嘉吉集团（Cargill）都在印度尼西亚开始运营可可加工企业。根据印度尼西亚 2015—2035 年国家工业发展总体规划（RIPIN），政府已经将可可加工业定为优先发展的部门之一。

（二）可可树老化导致生产力下降

可可树的逐渐老化导致生产力下降也是印度尼西亚可可种植业目前面临的一个大问题。由于镉含量高，印度尼西亚可可豆正面临数量减少、质量下降的

---

① 印度尼西亚农业部，可可产业向下游发展，http://www.gbgindonesia.com/。

局面。因此，印度尼西亚政府一直致力于提高可可产能。由于可可在其生长过程中需要一定的荫蔽，因此农户可采取间作模式种植可可。不仅可以提高生物多样性、增强土壤碳固定、增加土地肥力和抗旱性，还可以控制杂草和病虫害。可可作为印度尼西亚的特色经济产业，与椰子、槟榔等热带经济林复合栽培，可充分利用土地等自然资源，增加单位面积的经济效益①。印度尼西亚农业部预测，使用椰子园间作种植法之后，2020 年印度尼西亚全国可可豆产量能提高至 140 万吨。

（三） 政府政策的影响

印度尼西亚的可可发展预算在 2016 年修订的国家预算中，从 1.2 亿印度尼西亚盾减少到 3 250 万印度尼西亚盾。此外，印度尼西亚 94％的可可种植园归小农所有，资金有限，无法在其种植园进行大量投资。印度尼西亚政府已拨出国家资金，通过全国可可运动帮助农民振兴自己的种植园。

随着印度尼西亚政府越来越重视粮食安全，政府鼓励农民种植水稻或油棕等主要农作物，可可同时还面临来自其他作物的竞争。

印度尼西亚政府将在定期更换树种、提高肥料质量、培育新品种和培训农民种植技术、提高可可生产效率和产量、提供小额贷款、市场营销及出口指导等方面全力帮助农民。尽管可可发展受到各种限制，但是由于全球对于可可和巧克力产品需求的不断增加，印度尼西亚的可可行业在投资方面仍然具有吸引力，印度尼西亚将争取吸引更多的国内外投资促进可可加工业发展，在创造就业机会、提高农民收入的同时，增加可可产品的附加值。

第三节 椰子产业

印度尼西亚是世界第一大椰子生产国，其椰子产量位列世界第一，首都雅加达素有"椰城"之美誉。同时印度尼西亚椰子的种植面积为世界第二大，仅次于菲律宾，其椰子种植业的地位也仅次于水稻业。印度尼西亚的椰子产业对该国经济发展具有重要的作用，它不仅是印度尼西亚最重要的油料作物，供应着全国 2.7 亿人口的全部食用油，同时也是出口创汇的主要来源。

---

① 赵溪竹，赖剑雄，朱自慧，等，《椰园间作可可栽培模式种间营养竞争机理研究》，中国热带农业科学院香料饮料研究所，2017。

一、种植起源与发展

椰子是棕榈科椰子属植物，是热带木本油料作物，原产于亚洲热带地区，起源中心是在太平洋的美拉尼西亚群岛和新西兰等地，它依靠自然传播的方式，在热带沿海岛屿海岸繁衍。椰子生命力强，它离开母树，在大海中漂流上千公里，历经狂风暴雨、惊涛骇浪、低浅洼地，也能顽强生长。若把自然成熟的椰子埋入土中，过段时间就会发芽。作为千岛之国，印度尼西亚无法估算有多少椰树这样长大变成椰林，而后来的人工种植，也是促其成为最大产椰国的主要因素。20 世纪 70 年代，印度尼西亚在亚齐、西爪哇、南苏拉威西和北苏拉威西省建有椰子园。90 年代，在世界银行资助下，占碑省和苏门答腊省建有 0.08 万公顷的杂交椰子园[①]。

印度尼西亚椰子种植分布在全国 27 个省，2018 年种植总面积为 347.55 万公顷。印度尼西亚的椰子 97％属于小椰园主，包括 230 万个农户。在椰子的种植、贸易、加工等生产经营活动中，椰子产业提供了大量的就业机会和经济来源。但印度尼西亚椰子的单产较低，近十年平均每公顷不足 1 吨，2018 年单位面积产量仅为 0.83 吨/公顷。事实上，高杆椰子和杂交品种产量潜力达到 2.3 吨/公顷和 3.5 吨/公顷[②]。

二、地理位置和种植条件

椰树的种植范围限于南北纬 20°以内的亚热带、热带地区，它喜爱阳光、耐盐，适宜生长在高温多雨、阳光充足的环境里，对于温度和湿度的要求都比较高，只有在年平均温度 24℃以上，温差小、全年无霜，且湿度达到 60％～85％的地区才能正常开花结果。印度尼西亚位于北纬 6°到南纬 11°之间，为热带雨林气候，全年高温多雨，年平均气温在 25～27℃，雨量充沛，其地理位置和气候为椰树的种植提供了得天独厚的条件。

世界上质量最好的椰子种植区当属于东南亚地区，其主要归功于印度尼西亚爪哇岛上的 100 多座火山，火山活跃时火山灰会向周围的岛屿飘去，使

---

① 石少空，《印度尼西亚的椰园》，《粮油市场报》，2016 年第 8 期，第 50～51 页。
② 傅国华，黄循精，《印度尼西亚椰子业的现状、问题与展望》，《世界热带农业信息》，1995 年第 3 期。

得土壤含有丰富的矿物质，变得非常肥沃。菲律宾和马来西亚的椰子质量好，也得益于此。椰子种植面积较大的苏门答腊岛、爪哇岛以及苏拉威西岛西部等，土壤为新形成的火山风化土，非常肥沃，因此能生产出高产量和质量的椰子。

三、种植面积和种植产地分布

印度尼西亚椰子种植面积位列全球第二，仅次于种植面积第一大的菲律宾。2011—2018 年印度尼西亚椰子种植面积呈逐年下降趋势，到 2018 年，印度尼西亚椰子种植总面积为 347.55 万公顷。印度尼西亚椰树分布在 33 个省，其种植分布不均匀，最主要的种植产区是苏门答腊岛、爪哇以及苏拉威西岛。其中种植面积最大的是廖内省，拥有 42.18 万公顷的种植面积，它位于苏门答腊岛东部中段。苏门答腊岛东临马六甲海峡，西靠苏门答腊岛著名的巴里散山脉，因此拥有充足的淡水资源，并且能有效回避各种自然灾害如海啸和风灾等，是最适宜种植椰子的地方，可以说是椰子的天堂。种植面积较多的还有北苏拉威西省（28.18 万公顷）、东爪哇省（28.0 万公顷）、中爪哇省（22.54 万公顷）、北马鲁古省（21.93 万公顷）以及中苏拉威西省（21.85 万公顷），除此之外的其他地区则种植面积较小（图 7-12）。

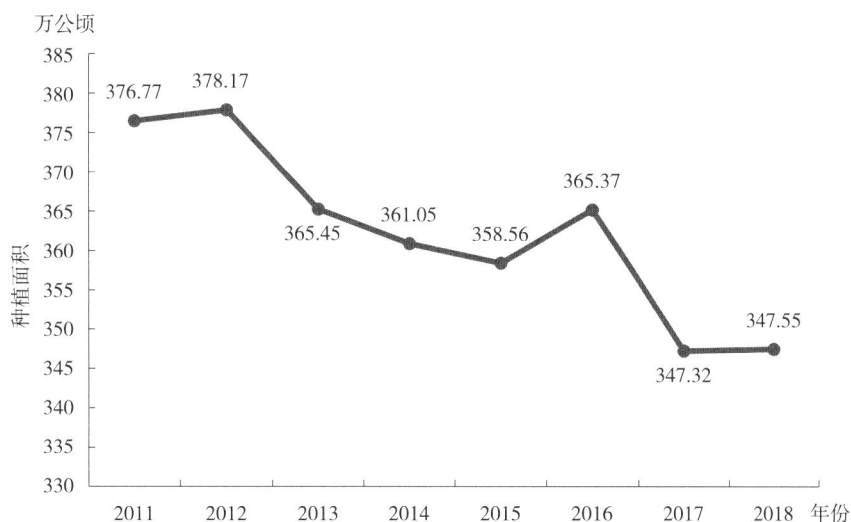

图 7-12　2011—2018 年印度尼西亚椰子种植面积

数据来源：根据印度尼西亚中央统计局公布的数据整理而作，参见印度尼西亚中央统计局网站，http://www.bps.go.id/。

在印度尼西亚所有的椰子种植园中，高达97％为民营种植园。因其缺乏专业的种植知识、熟练的技术工人以及高水平的管理，椰子单位面积产量低，生产率较为低下。

四、印度尼西亚椰子产量

图7-13显示，2012—2018年印度尼西亚椰子产量虽然有所波动，但总体上呈略微下降趋势。影响印度尼西亚椰子产量的主要因素是其种植面积的变化。我们从图中可以看出，2013年椰子产量最高，高达305.16万吨，达到2008—2018年产量最高值。而在2017年，椰子产量最低，仅为285.43万吨，同样，从图7-12中我们发现在2017年，椰子的种植面积也是近年来最少的一年，因此种植面积是影响其产量的一个极其重要的因素。印度尼西亚虽然是世界上椰子种植面积最大的国家，但从图7-12可以看出，该国椰子种植面积呈逐年下降的趋势，这是导致椰子产量不断下降的主要原因。由于海平面上升，导致椰子园土壤的酸碱度被海水侵蚀而破坏，大量椰子园遭到了破坏，椰子种植面积减少从而造成了椰子产量逐年下降的局面。

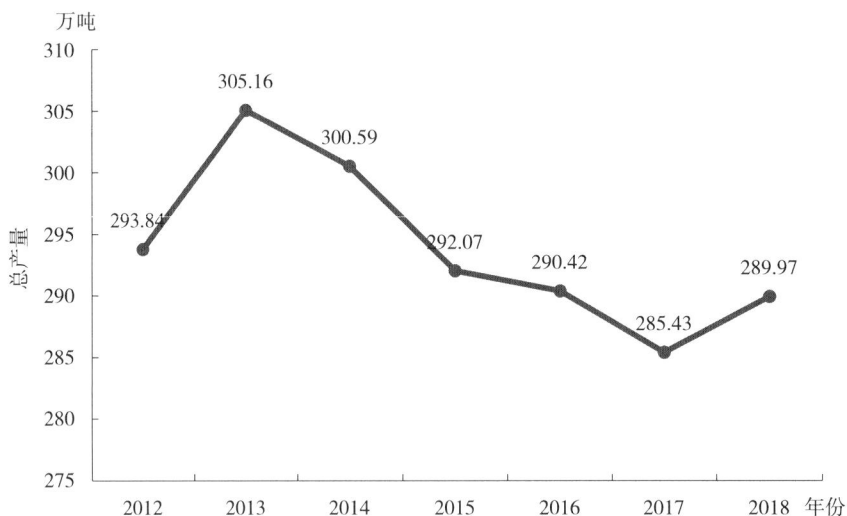

图7-13　2012—2018年印度尼西亚椰子总产量

数据来源：根据印度尼西亚中央统计局公布的数据整理而作，参见印度尼西亚中央统计局网站，http://www.bps.go.id/。

五、椰子出口和国内消费情况

（一）出口情况

印度尼西亚椰子主要出口目的地是荷兰、中国、美国和马来西亚。图 7-14 显示，2012—2018 年印度尼西亚椰子出口量不断上升。从 2012 年的 7.99 万吨到 2018 年的 29.05 万吨，上升了 263.57％，增幅巨大。但是和其生产量相比，出口量仍然很小。2012—2018 年，印度尼西亚椰子年平均产量为 293.9 万吨，而年平均出口量仅为 15.1 万吨，仅占其生产量的 5.14％。印度尼西亚椰子出口量小主要原因如下：

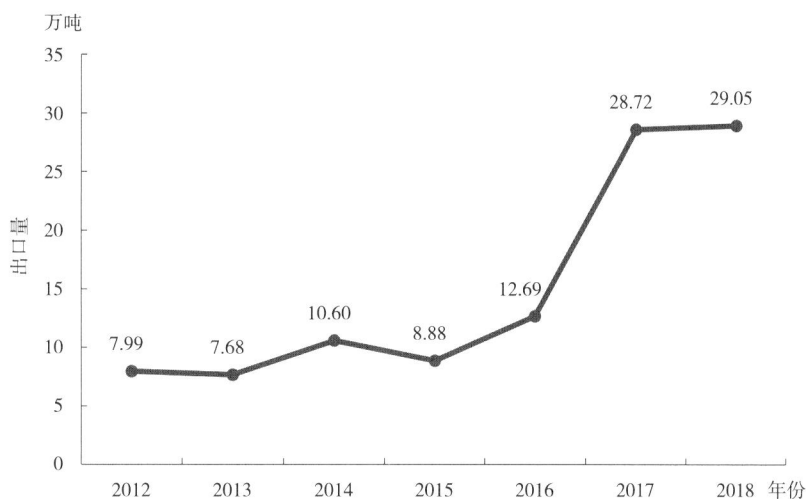

图 7-14　2012—2018 年印度尼西亚椰子出口量

数据来源：根据联合国商品贸易数据库公布的数据整理而得，参见联合国商品贸易数据库网站，https://comtrade.un.org/。

1. 国内需求大

印度尼西亚椰子出口量低的主要原因是国内市场对椰子巨大的需求量，使得可供出口的椰子很少。根据印度尼西亚椰子加工产业协会（HIPKI）的数据，2015 年印度尼西亚国内对新鲜椰子的需求达 146.3 亿粒，总值 35.3 亿美元。其中 10％或 15.3 亿粒新鲜椰子供家庭需求，66％作为加工业原料供应，供出口市场的新鲜椰子达 35 亿粒或 24％[①]。由此可见，印度尼西亚的椰子绝大

[①] 《印度尼西亚椰子加工产业协会呼吁政府禁止鲜椰子出口》，《世界热带农业信息》，2016 年第 9 期，第 38 页。

部分是被国内市场消化了，因此出口量一直低迷。

2. 政府政策的影响

由于国内椰子需求量巨大，国内椰子市场面临原料不足的窘境。2011 年印度尼西亚椰子业通讯论坛（Fokpi）敦促政府颁布椰子出口禁令。此禁令的目的是推动印度尼西亚国内的椰子加工业，减少国外的椰子加工产品进口。2016 年，HIPKI 呼吁政府禁止新鲜椰子出口，此举动保护了国内椰子市场，这也是造成印度尼西亚椰子出口量低的一个重要原因。

（二）国内消费情况

2012—2018 年印度尼西亚椰子年平均产量约为 293.9 万吨，而年平均出口量仅为 15.1 万吨，仅占其年平均产量的 5.14%，剩下的都被国内加工业所吸收了。近年来印度尼西亚国内加工业的蓬勃发展，国内椰子消费量巨大，加上国内椰子收购价格低，椰农更倾向于将椰子卖给国外的收购者，因此导致国内市场出现原料供应不足的情况。

六、国际竞争力分析

（一）从产量分析

根据表 7-1 可得出，2012—2017 年，印度尼西亚椰子平均年产量为 294.59 万吨，而作为世界第二大和第三大椰子生产国的菲律宾和印度，其平均年产量分别仅为 1.48 万吨和 1.52 万吨，远远低于印度尼西亚。尽管近年来印度尼西亚椰子产量在持续下降，但是目前就产量而言，印度尼西亚仍然占有绝对优势，并且这种优势将保持很长一段时间，未来印度尼西亚依然能够保持世界最大椰子生产国的地位。

表 7-1　2012—2017 年世界三大椰子生产国椰子产量

单位：万吨

国家	2012 年	2013 年	2014 年	2015 年	2016 年	2017 年
印度尼西亚	293.84	305.16	300.59	292.07	290.42	285.43
菲律宾	1.59	1.54	1.47	1.47	1.38	1.40
印度	1.49	1.56	1.49	1.41	1.53	1.65

数据来源：CEIC 经济数据库（https://www.ceicdata.com/en）、印度尼西亚中央统计局（https://www.bps.go.id/）。

（二）从出口量分析

由图 7-15 可知，2012—2018 年，印度尼西亚共出口到世界各国的椰子总量为 105.59 万吨，年平均出口量为 15.1 万吨；菲律宾作为继印度尼西亚之后的世界第二大椰子生产国，出口总量仅为 2.22 万吨，年平均出口量更是只有 0.32 万吨；而印度虽然椰子产量不及印度尼西亚和菲律宾，但其出口量较多，2012—2018 年，对世界出口椰子共 49.53 万吨，年平均出口量达到 7.08 万吨，其出口总量和年平均出口量都仅次于印度尼西亚。从椰子产量来看，印度尼西亚是世界上最大的椰子生产国，其产量常年位居世界第一。而从出口量来看，近年来印度尼西亚椰子出口量也远远高于世界其他两大椰子生产国，仍然稳居第一。尽管相对于其产量来说，印度尼西亚椰子出口量并不多，但从出口量来说，印度尼西亚的椰子仍然极具竞争力。

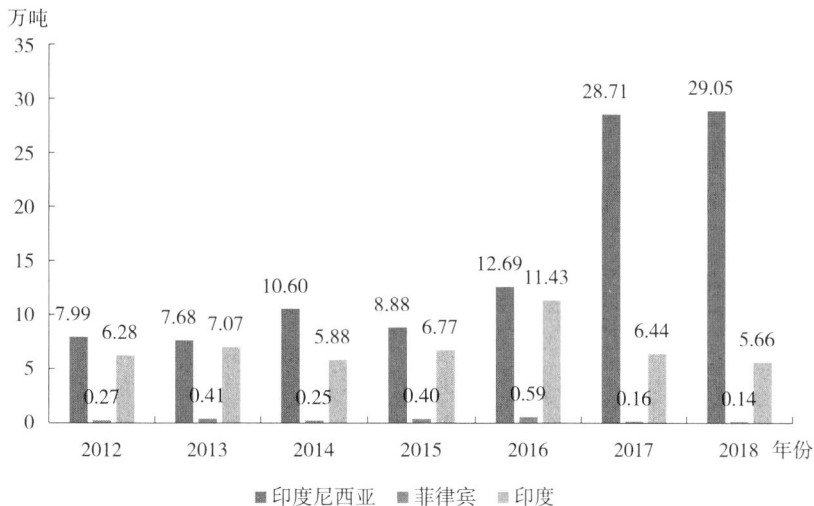

图 7-15　2012—2018 年世界三大椰子生产国的出口量

数据来源：CEIC 经济数据库（https：//www.ceicdata.com/en）、印度尼西亚中央统计局（https：//www.bps.go.id/）。

七、面临问题及应对措施

印度尼西亚虽然是世界上最大的椰子生产国，但目前椰子产业也面临诸多问题。主要有以下四个方面：

（一） 椰子遭到破坏，种植面积减少

首先是椰子种植面积逐年减少的问题。图 7-12 显示，2011—2018 年，印度尼西亚椰子种植面积呈逐年下降趋势，从 2011 年的 376.77 万公顷下降到了 2018 年的 347.55 万公顷，印度尼西亚的大量椰子种植园都遭到了破坏。全国的椰子种植园总面积达 360.0 万公顷，其中 350.0 万公顷是民营种植园，在椰子种植园总面积中的 260.0 万公顷已生产，剩余的是未生产或遭破坏的种植园[①]。由于大量椰子园遭到破坏，因此椰子种植面积逐年减少，在一定程度上也影响了椰子的产量。

（二） 椰园所有权分散，生产率低下

椰子种植分布不均衡，较为分散。印度尼西亚椰子种植面积大约 360.0 万公顷，分布在全国 27 个省，且各省的种植面积差距较大。椰园的所有权也极其分散，主要是农户自主经营，缺乏专业的管理，因而椰子生产率低下，单位面积产量低，椰农收入水平低。气候环境的影响、椰树老化以及椰子经营品系的单一也导致了其生产率低下。

（三） 国内加工业原料供应短缺

印度尼西亚的椰子产业目前还面临着加工产业原料供应短缺的窘境。因本地椰子企业的收购价格较低，约为 2 000 印度尼西亚盾/千克，而泰国、马来西亚以及新加坡等国椰子企业的收购价格远远高于本国企业，可达 2 500 印度尼西亚盾/千克，因此本地的椰农更愿意将椰子卖给这些国家的收购者而不是本国企业，导致了本国椰子企业原料供应不足。

（四） 椰子产业附加值低

椰子产业附加值低。由于种植不集中、加工场地分散以及种植规模较小等原因导致了印度尼西亚椰子产业的附加值较低。印度尼西亚椰子产业发展的重心不仅在于增加种植面积和产量，也在于下游加工业和农业效益的提升。

印度尼西亚政府进一步收紧椰子原料出口政策，使得直接出口椰子的难度

[①] 《印度尼西亚椰子加工产业协会担忧原料供应短缺　呼吁政府禁止鲜椰子出口》，《世界热带农业信息》，2016 年第 8 期，第 50～51 页。

加大，以保护本国椰子企业。为解决国内工业原料供应短缺的问题，印度尼西亚椰子加工产业协会（HIPKI）要求政府禁止新鲜椰子出口。

第四节 茶产业

印度尼西亚是世界上重要的茶叶生产国，在国际茶叶生产中占有一定的地位。在 1918 年，印度尼西亚曾经是世界上第三大产茶国，近年来随着茶叶产量和出口量的下降，印度尼西亚成为继中国、印度、肯尼亚、斯里兰卡和土耳其之后的世界第六大产茶国。印度尼西亚茶叶色泽醇厚、亮丽，虽然国际地位有所下降，但在国际茶市场上仍然极具竞争力，印度尼西亚依然是世界上重要的茶叶生产国。

一、种植起源与发展

印度尼西亚的茶叶有着悠久的种植历史，可以追溯到荷兰殖民统治时期。1684 年首次从日本引进茶籽种在爪哇岛，成为继中国、日本之后的第三个种茶的国家。1694 年荷兰人引中国茶苗种植于巴达维亚。1828 年后逐渐进入规模发展。1938 年茶园发展到 23 万多公顷，产量 8.3 万吨，约占当时世界茶叶出口总量的 19％。1945 年 8 月，印度尼西亚宣布独立。独立后茶叶生产得到良好发展，经济恢复发展较快[1]。20 世纪 80 年代，印度尼西亚茶叶局推出了新举措用来恢复茶园的发展，包括翻新和重建基础设施等，此后印度尼西亚茶叶得到了较快的发展。

印度尼西亚有多个茶叶产区，其中最主要的产区在爪哇岛和苏门答腊岛。茶叶生产大部分以种植场方式经营，种植场规模从 200 公顷到 2 500 公顷不等[2]。2018 年印度尼西亚茶叶种植面积为 10.38 万公顷，比 2017 年的 11.12 万公顷减少 0.74 万公顷。近十年印度尼西亚茶叶种植面积和总产量变化不大，但从变化趋势来看，印度尼西亚的茶叶产量呈现整体下降的趋势。

---

① 彭继光，刘淑娟，包小村，《印度尼西亚茶叶生产和科研考察报告》，《茶叶通讯》，2009 年第 2 期，第 32～33 页。

② "一带一路"沿线主要产茶国发展报告，中国茶叶流通协会，2019-1-26，http://m.tea160.com/。

二、地理位置和种植条件

全球的茶树种植主要集中在南纬16°至北纬30°之间，茶树喜欢温暖湿润的气候，平均气温在10℃以上时，芽开始萌动，茶树的生长最适宜温度为20～25℃；年降水量要在1 000毫米以上；茶树喜光耐阴，适于在漫射光下生长。光照是茶树生存的首要条件，光照太强或者太弱都会影响茶树的生长。印度尼西亚位于北纬6°到南纬11°之间，位于茶树的集中种植区，从地理位置上来看非常符合茶树的生长。从气候上，印度尼西亚大部分地区为典型的热带雨林气候，全年高温多雨，阳光充足，没有严寒和酷暑，年平均气温为25～27℃，年均降水量在2 000多毫米，由于充沛的降水量，印度尼西亚的茶树几乎都是依靠自然雨水灌溉，极少人工灌溉。由此可见，其温度和降水量都十分有利于茶树的生长。

适宜茶树生长的土壤一般是土层厚达1米以上不含石灰石、排水良好的砂质壤土，有机质含量1%～2%，通气性、透水性或蓄水性能好，酸碱度4.5～6.5为宜。印度尼西亚茶园的土壤多为火山灰或者火山岩发育而成，土壤pH均值为5，土壤的有机质含量高，土质疏松，非常肥沃，适宜茶树的栽培和生长。

三、种植面积和种植产区分布

从图7-16可以看出，2011—2018年，印度尼西亚茶叶种植面积呈波动下降趋势，现有茶树种植园总面积为10.38万公顷（2018年）。印度尼西亚最主要的茶叶种植产区在爪哇岛和苏门答腊岛，在众多种植茶树的省份中，最大茶园发展中心是西爪哇省，其茶树种植面积达到8.65万公顷，是所有种植茶树的省份中种植面积最大的，占到印度尼西亚茶树种植总面积的76%。其次是中爪哇省，种植面积为0.85万公顷，占茶树总种植面积的7.5%。再次是西苏门答腊省，种植面积为0.5万公顷，占茶树总种植面积的4.4%。其他省份例如东爪哇省、北苏门答腊省、占碑等省虽然也有茶园，但是种植面积较少，占比较小。

印度尼西亚的茶园大部分是以种植场方式经营。按照所有制划分为三种经营方式，分别是国营种植场、私营大型种植场以及个体农户。在这三种经营方式中，虽然种植面积最大的是个体农户，但由于茶农通常缺乏系统专业的茶叶知识以及管理水平较低等原因，其生产力是最低的。生产力水平最高的是国营种植场，其次是私营大型种植场。2013 年在茶园的总面积中，个体农户茶园占 5.63 万公顷（46.07％），国营大型茶园占 3.81 万公顷（31.18％），私营茶园占 2.78 万公顷（22.75％）[①]。

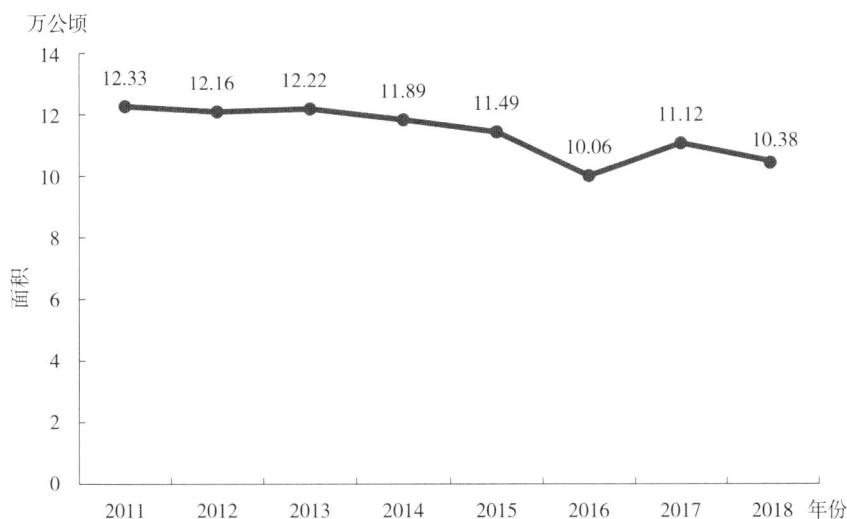

图 7-16　2011—2018 年印度尼西亚茶园种植面积

数据来源：根据印度尼西亚中央统计局公布的数据整理而作，参见印度尼西亚中央统计局网站，http://www.bps.go.id/。

四、印度尼西亚茶叶产量

图 7-17 显示，2008—2018 年期间印度尼西亚茶产量波动较平缓，总体上呈先上升后下降趋势，并在 2016 年产量达到最低。近年来印度尼西亚茶产量持续下降主要有以下几个原因：

（一）气候影响

近年来印度尼西亚茶产量持续下降，首先是来自气候的挑战。由于气候的变化，印度尼西亚很多茶园温度升高，而温度的升高势必会影响茶的产量，茶

[①]　《印度尼西亚农业部拨款改善提高茶园产量》，《世界热带农业信息》，2014 年第 6 期，第 22 页。

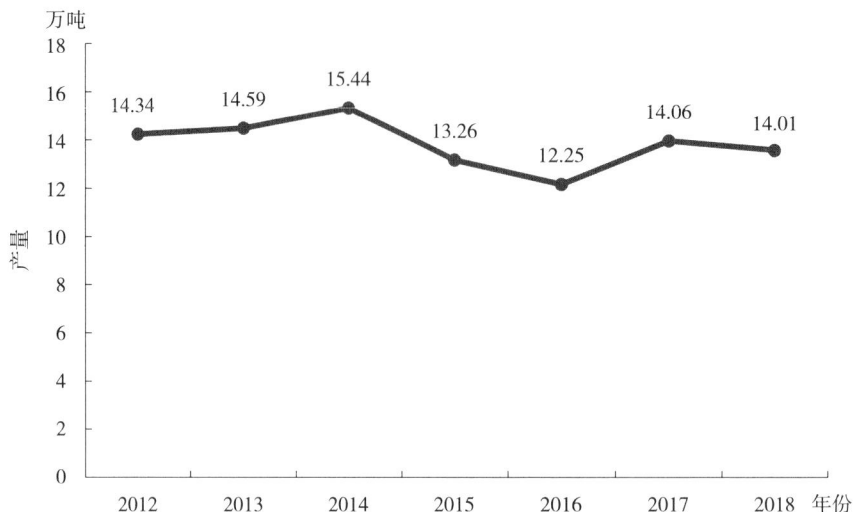

图 7-17　2012—2018 年印度尼西亚茶产量

数据来源：根据印度尼西亚中央统计局公布的数据整理而作，参见印度尼西亚中央统计局网站，http：//www.bps.go.id/。

树种植的最理想温度是 25℃，气温在 25℃时，茶树长势最好，产量也最理想，而当气温每升高 1℃，茶叶产量就会降低 5％。2015 年和 2016 年茶产量低的主要原因就是受气候的影响，厄尔尼诺现象是 2015 年茶产量下降 15％～30％的原因，尤其是在 10 月和 11 月，由于这种天气的发生，一些茶厂停止了生产，因此导致了产量下降。

（二）茶树老化，生产力低下

印度尼西亚茶叶产量低的另一个原因是，大部分茶园属于经营过程不能满足技术标准的个体农户茶园，大部分个体农户茶园的树龄已经老化，茶树的质量在标准以下[①]。印度尼西亚大多数茶树都很古老，状况较差，茶的平均生产力水平仅为 900 千克/公顷，远低于每公顷 2 500 千克的理想产量。此外，每个小农户的平均土地面积仅为 0.6 公顷[②]。茶树老化、土地面积减少也是导致近年来印度尼西亚茶产量持续下降的重要原因。

（三）茶树种植面积的减少

茶树种植面积的减少直接导致了茶产量的降低。从图 7-17 可以看出，在

---

① 《印度尼西亚农业部拨款改善提高茶园产量》，《世界热带农业信息》，2014 年第 6 期，第22 页。

② 印度尼西亚农业部，http：//www.gbgindonesia.com/。

2012—2018 年，茶产量在 2016 年最低，除了来自厄尔尼诺现象的影响导致产量减少外，另一个原因是其种植面积的减少，2016 年的茶叶种植面积最少，仅为 10.06 万公顷。由于茶叶种植地的功能改变为更有利于农民的园艺产品种植地，导致印度尼西亚国内茶叶产量更加下降[①]。许多茶农认为种植茶叶无利可图，因此转而种植其他利润更高的作物，例如油棕或者蔬菜，由此导致茶叶种植面积逐年减少，进而导致茶产量的下降。

（四）缺乏系统专业的种茶知识和熟练的人力资源，管理水平低下

印度尼西亚的茶园占比最大的是个体农户的经营模式，许多个体种植者缺乏系统专业的种茶知识和实践能力，再加上低水平、不完善的管理，由此大大降低了印度尼西亚茶园的生产力和盈利能力，使得印度尼西亚茶产量持续下降，这同时也是导致印度尼西亚茶价格低，尤其是来自小农户种植的茶价格低的重要原因。由于印度尼西亚政府对茶产业的重视度依然不足，缺少资本和信贷支持，导致茶叶产品缺乏创新、市场营销能力弱、生产和市场脱节。

五、茶叶出口和国内消费情况

（一）出口情况

印度尼西亚茶叶的主要出口目的地国家是俄罗斯、马来西亚、巴基斯坦，其次是德国、美国、英国、波兰、阿拉伯联合酋长国、乌克兰和荷兰。

图 7-18 显示，2012—2018 年印度尼西亚茶出口量逐年下降，并在 2018 年达到最低。主要是由于以下两个原因：

1. 产量的减少

由于环境气候因素、茶树老化、茶叶种植面积的减少以及茶叶种植园较低下的管理水平等一系列原因，近年来印度尼西亚茶叶产量持续减少，产量的减少导致了出口量的持续下降。作为生产力最强的国营大型茶园，大多因为土地转种其他作物和产能下降，导致印度尼西亚整体茶叶产量持续下降。印度尼西亚茶叶对世界的出口量从 2012 年的 7.01 万吨下降到 2018 年的 4.90 万吨，下

---

① 《印度尼西亚茶叶产量持续下降》，《世界热带农业信息》，2014 年第 2 期，第 21 页。

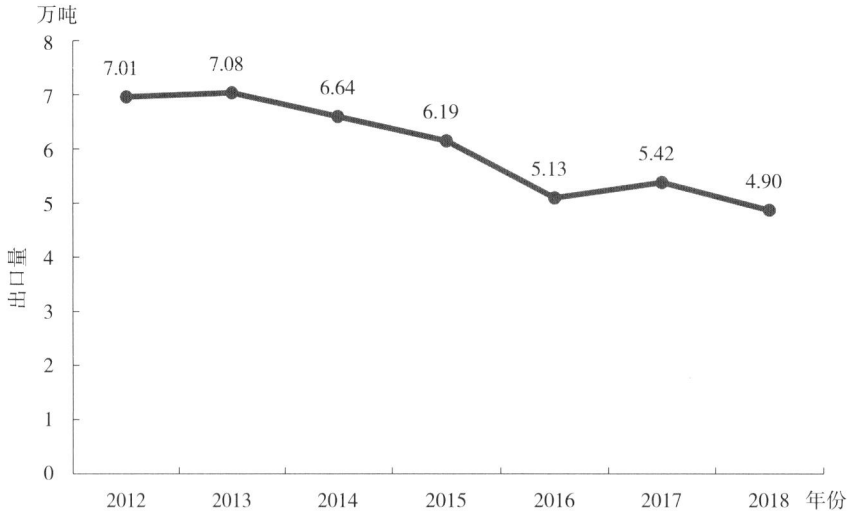

图 7-18　2012—2018 年印度尼西亚茶出口量

数据来源：根据联合国商品贸易数据库公布的数据整理而得，参见联合国商品贸易数据库网站，https：//comtrade.un.org/。

降了 30.09％，创下了近 10 年以来的最低。自 2015 年以来，印度尼西亚国内茶叶需求较高但生产力水平下降，加之主要出口目的国的农药最高残留限量（MRL）问题得不到解决，进一步拉低了出口数字。

2. 国内需求的增长

近年来印度尼西亚茶叶出口量持续下降的另一个原因是国内市场对于茶的需求正在不断增加，尤其是与茶相关的下游产业的发展，使得印度尼西亚国内市场对于茶叶的需求越来越大。茶加工和饮料行业对于茶的需求尤为旺盛，包装的即时茶饮料在印度尼西亚深受年轻消费人群的青睐。国内加工茶产品的总销售额平均每年达到 100 亿印度尼西亚盾，是出口产品的 5 倍。

（二）国内需求

由于下游产业的蓬勃发展，目前印度尼西亚国内市场对于茶的需求越来越大。2018 年印度尼西亚国内茶叶消费量呈增长趋势，比 2017 年茶叶消费量上涨 6.3％。印度尼西亚每年茶叶出口仅占其茶叶产量的 40％，剩下的全部用于国内加工产业。然而印度尼西亚国内仍然存在产量与需求不平衡的问题，茶叶产量不足以供应国内消费者的需求，印度尼西亚茶叶依然需要依赖进口，并且每年进口量持续上升。

六、国际竞争力分析

（一）从产量分析

中国、印度和肯尼亚是世界三大产茶国，印度尼西亚是继中国、印度、肯尼亚、斯里兰卡和土耳其之后的世界第六大产茶国。如图 7-19 所示，根据国际茶叶委员会的数据，2014—2018 年，中国、印度和肯尼亚的年平均产茶量分别为 237.24 万吨、126.87 万吨和 45.00 万吨，而印度尼西亚年平均产量仅为 13.58 万吨，与世界最大产茶国中国相比，年平均产量仅为中国年产量的5.72%。茶叶曾经是印度尼西亚最重要的作物之一，而现在印度尼西亚茶叶所面临的一个重要问题是茶叶产量持续下降，且茶叶质量较低。

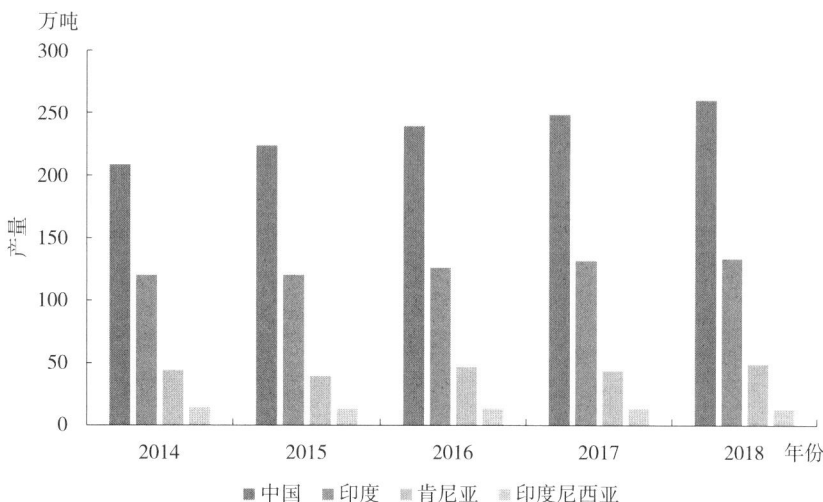

图 7-19　2014—2018 年世界三大产茶国和印度尼西亚茶产量
数据来源：根据国际茶叶委员会公布的数据整理而得，参见国际茶叶委员会网站，https://www.inttea.com/。

（二）从出口量分析

世界茶叶产量最高的是中国，而茶叶出口量最大的却是肯尼亚，其次是中国和斯里兰卡。根据国际茶叶委员会的数据，2014—2018 年期间，肯尼亚茶叶年平均出口量高达 46.28 万吨，紧接着是中国和斯里兰卡，茶叶年平均出口量分别为 33.50 万吨和 29.00 万吨。而印度尼西亚作为世界第六大产茶国，也是继肯尼亚、中国、斯里兰卡、印度和越南之后的世界第六大茶叶出口国，

2014—2018 年印度尼西亚茶叶年均出口为 5.66 万吨，约占其产量的 41.7%，剩下的茶叶被国内市场吸收了。印度尼西亚茶叶出口量远远低于世界三大茶叶出口国，并且随着近年来印度尼西亚茶叶产量的降低，其出口量也在逐年下降，更是降低了印度尼西亚茶叶的国际竞争力（图 7-20）。

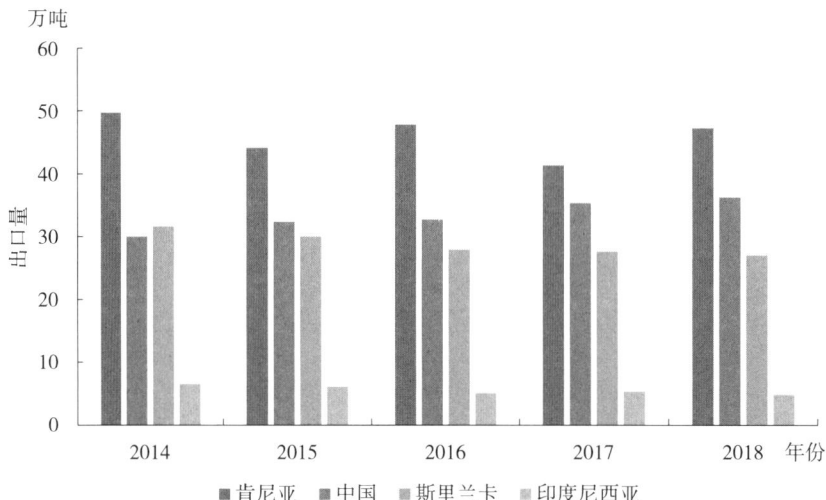

图 7-20　2014—2018 年世界三大茶叶出口国和印度尼西亚茶出口量
数据来源：根据国际茶叶委员会公布的数据整理而得，参见国际茶叶委员会网站，https://www.inttea.com/。

七、存在问题及政府应对措施

（一）产量持续下降

阻碍印度尼西亚茶产业发展的主要原因之一就是近年来其产量的不断下降，印度尼西亚茶园的生产力和盈利能力降低，产量的下降导致了出口量的下降。由于产量低，国内下游产业不得不依靠进口来满足国内市场不断增长的需求。2014 年，印度尼西亚进口了 2.4 万吨茶。为了保护当地的茶园业务，政府在 2015 年将进口税从 5% 提高到 20%。该政策已成功地将茶进口量减少了一半，降至 1.2 万吨[1]。

（二）茶叶质量较差，价格低

由于个体茶园种植者缺乏专业系统的种茶知识和实践技能，并且茶园管理

---

[1]　印度尼西亚农业部，http://www.gbgindonesia.com/。

水平低下，加上高强度的降雨，导致印度尼西亚茶叶的质量较差，且印度尼西亚大部分茶叶产品都是非品牌出售，因此价格较低，尤其是来自个体农户的茶叶价格更低。另外，印度尼西亚一些茶叶产品无法达到欧盟检测指标，这也是阻碍其进入欧洲茶叶市场的一个原因。

（三） 劳动工资和物流成本高，国际竞争力下降

由于高昂的劳动工资和物流成本，降低了印度尼西亚茶产业的国际竞争力。越南和斯里兰卡是印度尼西亚在国际茶市场上的两个主要竞争对手，越南和斯里兰卡将茶出口到印度尼西亚，并与当地茶生产商进行正面竞争。越南更具有优势，因为作为东盟国家，对越南免征进口关税，因此使得印度尼西亚茶产业的国际竞争力降低。

（四） 政府应对措施

尽管印度尼西亚的茶产业发展面临各种阻碍，但是依然具有很大的发展潜力和良好的发展前景。首先，印度尼西亚是继中国、印度和美国之后的世界第四大人口大国，拥有近 2.7 亿的庞大人口，具有巨大的潜在消费人群和市场发展空间。未来十年，印度尼西亚的茶叶消费量预计将以每年 3％ 的速度增长。许多预测表明，该国茶业的未来在于国内市场，而不在于出口市场。此外，印度尼西亚人均茶消费量仍然很低，这为增长提供了足够的空间。例如，在 2014 年，印度尼西亚人均只消费 0.32 千克茶。这低于全球平均水平 0.57 千克，远低于英国和土耳其等主要茶叶消费国，其人均茶叶消费量分别为 2 千克和 7.54 千克[1]。

政府已经意识到了当前茶产业所面临的困境，对茶产业的重视程度得到了加强，并采取了一些帮助和振兴茶产业发展的有力措施。由于产量的持续降低导致国内供应不足，政府将茶叶的进口税从 2014 年的 5％ 提高到了 2015 年的 20％，这一举措保护了国内茶产业的发展。农业部和商务部将联合制定相关政策，如对生产或出口的茶叶征收茶叶税；资助茶园和加工厂改造，新产品开发和国内外市场开拓；成立个体茶农联合会等[2]。

---

① 印度尼西亚农业部，http://www.gbgindonesia.com/。
② 韩文炎，《印度尼西亚茶叶生产现状及发展趋势》，《中国茶叶》，2013 年第 4 期，第 4～7 页。

第八章 CHAPTER 8
中国与印度尼西亚的农业贸易 ▶▶▶

　　中国和印度尼西亚都是地区性的农业大国，拥有丰富的农业资源，农业在国民经济中所占比重较大。中国土地辽阔且地跨热带、亚热带、温带以及寒带等多个温度带，适合稻谷、玉米、小麦等多种农业作物的种植与生长，农作物产量大、出口量大，主要出口果蔬类及水产类农产品。印度尼西亚属于热带雨林气候，是东南亚地区最大的农业国，农业从业人口众多且农产品种类丰富，主要农作物有水稻、木薯、玉米等。农产品出口是印度尼西亚出口创汇的重要组成部分，主要出口的农产品有棕榈油、橡胶、咖啡、可可等。印度尼西亚是东盟成员国中最早对中国开放市场和进行进出口贸易的国家之一。自1990年两国复交以来，中国与印度尼西亚农产品贸易数量一直呈稳步上升状态。2001年，中国与印度尼西亚两国农业部签署了《农业合作谅解备忘录》，这为两国开展农业合作以及农产品贸易奠定了基调。2002年，中国与东盟签署了《中国-东盟全面经济合作框架协议》，标志中国与东盟自由贸易区（China and ASEAN Free Trade Area，CAFTA）的初步形成。同时还签订了《中国-东盟"早期收获"计划》（China-ASEAN Early Harvest Program），中国与包括印度尼西亚在内的六个东盟国家一致同意自2004年1月1日起对《海关税则》中第一章至第八章的近600种农产品进行减税，并规定到2006年全部实现零关税。其中，中国与印度尼西亚协商后列入"早期收获"计划的农产品数量为595个。截至2019年，中国已经连续8年成为印度尼西亚最大的贸易伙伴国。随着中国与印度尼西亚双边经贸关系的显著提升，两国在农产品贸易领域的合作也日益紧密。东盟是中国农产品进出口的重要地区，印度尼西亚作为东盟的最大成员国，两国之间的农产品贸易是中国与东盟农业贸易的重要组成部分。

第一节　中国与印度尼西亚双边
农产品贸易特征

本章以 1993 年《乌拉圭回合农业协定》附录所规定的农产品范围为统计口径，WTO 所界定的基本农产品具体包括：HS01（活动物；动物产品）（第 1～5 章）；HS02（植物产品）（第 6～14 章）；HS03（动、植物油、脂及其分解产品；精制的食用油脂；动、植物蜡）（第 15 章）；HS04（食品；饮料、酒及醋；烟草、烟草及烟草代用品的制品）（第 16～24 章）；HS290543（甘露糖醇）；HS290544（山梨醇）；HS3301（精油）；HS3501～HS3505（酪蛋白、改性淀粉、胶）；HS380910（整理剂）；HS382360（其他山梨醇）；HS4101～HS4103（生皮）；HS4301（生皮毛）；HS5001～HS5003（生丝和废丝）；HS5101～HS5103（羊毛和动物毛）；HS5201～HS5203（原棉、废棉和已梳棉）；HS5301～HS5302（生亚麻、生大麻）[①]。

图 8-1 和表 8-1 的数据显示，2005 年以前，中国出口至印度尼西亚的农产品贸易额始终在低水平稳定徘徊，1989—2004 年的年均出口额为 2.21 亿美元。2005 年以后，中国出口额开始提升，2005—2018 年的年均增长率为16%，年均出口额为 23.27 亿美元。中国进口印度尼西亚农产品数额在 2005年之前总体保持低速发展状态，年均进口额为 3.41 亿美元。2005 年之后进入高速发展状态，年均进口额为 15.06 亿美元，较 2005 年之前增长了三倍多。至于双边进出口总额，2003 年之前，中国与印度尼西亚之间的农产品进出口贸易额一直处于低速增长状态，年贸易成交额始终低于 10 亿美元，农产品进口与出口额基本达到相互持平状态。1989—2002 年中国与印度尼西亚双边农产品进出口贸易额年均增长率为 9.99%。2003 年，双边农产品进出口贸易额首次突破 10 亿美元，在这之后中国与印度尼西亚的农产品双边贸易总体上呈多阶段高速增加状态。2001 年之前，双边进出口贸易额的增长依靠出口拉动，其增幅和涨势与出口折线保持一致。2001 年以后，双边进出口贸易的增长额几乎完全依靠进口拉动，其增幅和涨势与进口折线保持一致。经计算，2003年至 2009 年双边农产品进出口贸易的年均增长率为 15.79%，年均进出口贸

---

① 张玉娥，曹历娟，魏艳骄，《农产品贸易研究中农产品范围的界定和分类》，《世界农业》，2016 年第 5 期，第 4 页。

易额为 19.84 亿美元。其中，2009 年受到国际金融危机的影响，双边农产品贸易额增长较慢。2010 年，随着中国-东盟自由贸易区的正式启动，双边贸易再创新高，2009—2012 年的进出口年均增长率为 22.67%，进出口总额年均 46.25 亿美元。2013 年，受印度尼西亚国内通货膨胀的影响，印度尼西亚出口产品大幅缩水，双边进出口总额下降至 48.52 亿美元，较 2012 年下降了 16%，这一阶段的进出口总额年均 50.31 亿美元。2013 年之后为发展的第三阶段，2013—2018 年的年均增长率为 9.35%，进出口总额年均 60.70 亿美元。自 2003 年起，中方一直处于贸易逆差方，且随着双边贸易额的不断增加，该逆差在 2018 年达到最大值 23.14 亿美元。总体上看，中国与印度尼西亚农产品贸易的主要特征有以下四方面内容：

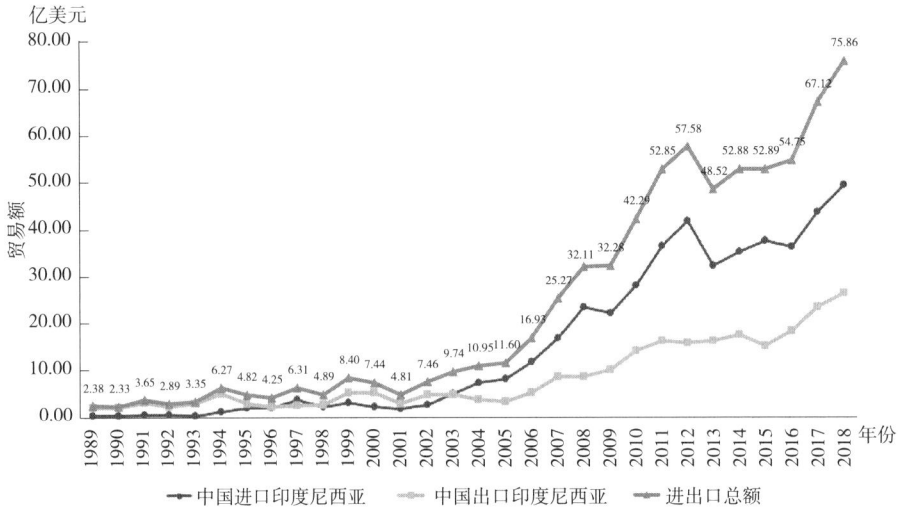

图 8-1　1989—2018 年中国与印度尼西亚进出口农产品贸易额
数据来源：根据联合国统计司相关统计数据整理而作，参见联合国统计司网站：https://unstats.un.org/home/。

表 8-1　**1989—2018 年中国与印度尼西亚农产品贸易差额**

单位：亿美元

年份	贸易差	逆差国	年份	贸易差	逆差国
1989	1.8	印度尼西亚	1994	3.87	印度尼西亚
1990	1.79	印度尼西亚	1995	0.82	印度尼西亚
1991	2.45	印度尼西亚	1996	0.25	印度尼西亚
1992	1.77	印度尼西亚	1997	−1.33	中国
1993	2.65	印度尼西亚	1998	0.43	印度尼西亚

（续）

年份	贸易差	逆差国	年份	贸易差	逆差国
1999	2.08	印度尼西亚	2009	−12.12	中国
2000	3.1	印度尼西亚	2010	−13.97	中国
2001	1.19	印度尼西亚	2011	−20.37	中国
2002	2.06	印度尼西亚	2012	−26.02	中国
2003	−0.25	中国	2013	−15.92	中国
2004	−3.55	中国	2014	−17.68	中国
2005	−4.8	中国	2015	−22.37	中国
2006	−6.65	中国	2016	−18.05	中国
2007	−8.25	中国	2017	−20.48	中国
2008	−14.71	中国	2018	−23.14	中国

数据来源：根据联合国统计司相关统计数据整理计算而作，参见联合国统计司网站：https：//unstats. un. org/home/。

第一，双边农产品贸易额大，农产品贸易种类多。印度尼西亚在中国与东盟国家农产品贸易中排名始终保持在前三位，且自 2004 年开始，双边贸易成交额始终保持在 10 亿美元之上。2018 年两国农产品进出口贸易额共计 75.86 亿美元，其中中国进口印度尼西亚的农产品共计 49.5 亿美元，中国出口印度尼西亚的农产品共计 26.36 亿美元。

第二，双方农产品贸易结构具有明显的互补特征，且主要集中在大宗货物如棕榈油等农产品，两国农产品贸易主要是产业间贸易。中国与印度尼西亚两国由于地理位置和气候等原因，导致两国农业发展的自然资源禀赋不同，因此生产和出口农产品结构也不大相同。中国地跨多个气候带，农产品种类丰富，印度尼西亚是热带岛国，盛产热带农产品和水产品。中国向印度尼西亚出口的主要农产品是中国具有比较优势的温带水果、蔬菜、烟草等，中国从印度尼西亚进口的主要农产品是印度尼西亚具有比较优势的棕榈油、热带水果、水产品等。中国与印度尼西亚两国农产品贸易的结构差异能够很好地满足两国各自的进出口需求，从而给双边农产品贸易打下坚实的基础。

第三，中国与印度尼西亚农产品双边贸易情况较为稳定。农产品贸易是双边经贸关系的重要组成部分。自《中国-东盟自由贸易协定》签署以来，尤其是"早期收获"计划（Early Harvest Program，EHP）的实施，中国与印度尼西亚的双边农产品贸易额不断突破历史纪录。2004 年，双边农产品贸易成交额首次突破 10 亿美元，之后便进入高速发展轨道。2013 年中国与印度尼西亚两国政府宣布建立"农业联委会机制"以推动双边农产品贸易合作[①]。随着"一带一路"倡议的提出，印度尼西亚积极响应并成为"一带一路"沿线重要国家，双方在农业贸易领域之外的诸多合作也展开得如火如荼。随着中国与印度尼西亚双边关系的持续稳定发展，农产品贸易水平将会不断得到提升。

第四，随着双边贸易额的逐渐上升，中国由贸易顺差变为贸易逆差位置。2003 年之前，中国与印度尼西亚双边农产品贸易差额几乎始终保持在 4 亿美元以下，且除了 1997 年之外中国均处于贸易顺差地位。自 2003 年起，中国与印度尼西亚的农业贸易水平在不断提升的过程中，中国对印度尼西亚的农产品出口水平保持低速缓慢增长，而中国进口印度尼西亚农产品的水平一直处于高速增长状态。随着双方贸易额的增长，中方贸易逆差额在 2018 年达到最大值，为 23.14 亿美元。

第二节　双边贸易主要农产品进出口情况分析

根据中国与印度尼西亚农产品双边进出口贸易数据所呈现出的阶段性增长特征，为了更好地凸显双边贸易的贸易内容，本节分别选取了中国与印度尼西亚在 2008—2018 年双边进口和出口排名前十的农产品进行分析。

中国与印度尼西亚农产品双边农业贸易中，中国出口至印度尼西亚的农产品排名前十的是：HS0703（鲜或冷藏洋葱、青葱、大蒜、韭葱及其他葱属蔬菜）、HS0808（鲜的苹果、梨及榅桲）、HS2401（烟草；烟草废料）、HS0303（冻鱼）、HS2106（其他品目未列名的食品）、HS1702（其他固体糖，包括化学纯乳糖、麦芽糖、葡萄糖及果糖；未加香料或着色剂的糖浆；人造蜜，不论是否掺有天然蜂蜜；焦糖）、HS2008（其他未列名目的水果、坚果及植物）、HS2309（配制的动物饲料）、HS0805（鲜或干的柑橘属水果）、HS3301〔精油（无萜或含萜），包括浸膏及净油；香膏；提取的油树脂；用花香吸取法或浸渍法制成的含浓缩精油的脂肪、固定油、蜡及类似品；精油脱萜时所得的萜烯副产品；精油水馏液及水溶液〕。

中国自印度尼西亚进口的农产品排名前十的是：HS1511（棕榈油及其分

---

① 郑国富，《"一带一路"倡议下中国与印度尼西亚农产品贸易合作发展的路径与前景》，《世界农业》，2018 年第 4 期，第 118 页。

离品）、HS1513（椰子油、棕榈油或巴巴苏棕榈果油及其分离品）、HS1517（人造黄油；动、植物油脂及其分离品）、HS1212（鲜、冷、冻或干的刺槐豆、海草及其他藻类、甜菜及甘蔗）、HS1516（动、植物油、脂及其分离品，全部或部分氢化、酯化或反油酸化，不论是否精制，但未经化学改性）、HS1905（面包、糕点、饼干及其他焙烘糕饼；圣餐饼、装药空囊、封缄、糯米纸及类似制品）、HS0306（活、鲜、冷、冻、干、盐腌、盐渍、熏制的带壳或去壳甲壳动物；蒸过或用水煮过的带壳甲壳动物；可供人食用的甲壳动物的细粉、粗粉及团粒）、HS0303（冻鱼）、HS0307（活、鲜、冷、冻、干、盐腌、盐渍、熏制的带壳或去壳的软体动物；可供人食用的软体动物的粗粉、细粉及团粒）、HS0714（鲜、冷、冻或干的木薯、兰科植物块茎、菊芋、甘薯及含有高淀粉或菊粉的类似根茎，不论是否切片或制成团粒；西谷茎髓）。

综上，中国出口印度尼西亚的农产品种类主要包括温带果蔬、烟草以及糖类，中国进口印度尼西亚的农产品种类主要包括动植物油脂、热带果蔬、热带水产品等。从贸易结构上看，中国出口至印度尼西亚的农产品种类较为丰富，而中国进口印度尼西亚的农产品种类则十分集中，排名前五之中有四种是HS15 章的农产品，主要是动、植物油脂一类。排名第七至第九均为HS03 章，主要是水产品类。另外，仅有HS0303 一种属于产业内贸易的农产品，其余均为不同的农产品，表明中国与印度尼西亚之间的农产品贸易主要是产业间贸易，产业内贸易种类少。

一、中国出口至印度尼西亚

1. HS0703（鲜或冷藏洋葱、青葱、大蒜、韭葱及其他葱属蔬菜）

图 8-2 和表 8-2 的数据显示，2005 年之前，中国 HS0703 类农产品对印度尼西亚的出口始终保持在 1 亿美元以下。自 2004 年中国与东盟"早期收获"计划开始实施以来，HS0703 类农产品在中国对印度尼西亚出口农产品中所占的比重不断上升，年均出口额为 3.19 亿美元，2010 年和 2016 年分别达到两个峰值为 5.54 亿美元和 6.71 亿美元，年平均占比 25.52%，2010 年达到比重最大 39.10%。总体上看，中国 HS0703 类农产品出口不断增加且波动幅度较大。2003—2007 年、2008—2010 年、2014—2016 年三个时期为出口增长的三个阶段，年均增长率分别为 33.37%、90.91%、41.11%。2007—2008 年、

2010—2012年、2016—2018年三个时期为出口减少的三个阶段，年均增长率为−28.30%、−22.24%、−34.15%。其中，2008年受金融危机影响，出口乏力，但是金融危机之后全球经济开始复苏，新一轮的经济增长动力使得印度尼西亚进口需求扩大，于是中国出口额创下新高。2013年受印度尼西亚国内通货膨胀影响，印度尼西亚国内进口贸易受到打击，中方出口水平趋于停滞。

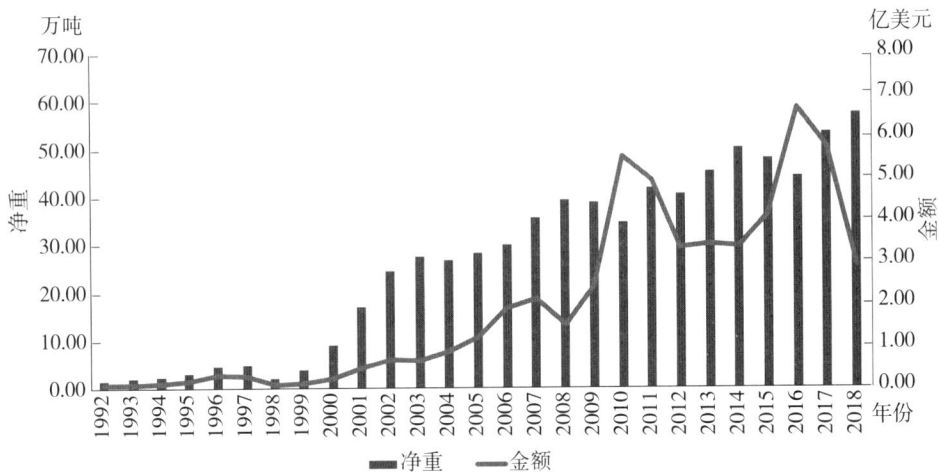

图 8-2　中国 HS0703 出口至印度尼西亚数额

数据来源：根据联合国统计司相关统计数据整理计算而作，参见联合国统计司网站：https://unstats. un. org/home/。

表 8-2　HS0703 占总出口的比值

单位：亿美元、%

年份	出口额	占比	年份	出口额	占比
1999	0.10	1.95	2009	2.43	24.08
2000	0.24	4.61	2010	5.54	39.10
2001	0.49	16.46	2011	4.98	30.67
2002	0.68	14.24	2012	3.35	21.20
2003	0.67	14.04	2013	3.45	21.16
2004	0.88	23.70	2014	3.37	19.17
2005	1.24	36.33	2015	4.15	27.17
2006	1.90	36.98	2016	6.71	36.57
2007	2.12	24.88	2017	5.76	24.69
2008	1.52	17.43	2018	2.91	11.06

数据来源：根据联合国统计司相关统计数据整理计算而作，参见联合国统计司网站：https://unstats. un. org/home/。

2. HS0808（鲜的苹果、梨及榅桲）

图 8-3 和表 8-3 的数据显示，1999 年以前，中国 HS0808 类农产品对印度尼西亚的出口水平一直保持在 0.05 亿美元之下，曲线情况波动较小。从 1999 年至 2003 年，出口开始提速，年均增长率为 61.48%，年均出口额达到 0.20 亿美元。2004 年由于"早期收获"计划正式实施，刺激出口，年增长率达到 70.59%，出口额突破 0.5 亿美元。自 2004 年起，虽然出口总趋势在上升，但出口波动情况较大，在 2004—2008 年、2008—2011 年、2013—2014 年、2015—2018 年，出口均呈增长趋势，年均出口额分别为 0.81 亿美元、1.68 亿美元、2.07 亿美元、2.17 亿美元，年均增长率分别为 19.93%、28.74%、7.00%、20.94%。其中，2011 年出口额达到 2.39 亿美元，占总出口比值也达到最大值 14.71%。相反，在 2008—2009 年、2011—2013 年、2014—2015 年这三段时期内，出口呈下降趋势，年均出口额分别为 1.20 亿美元、2.22 亿美元、1.64 亿美元，年均增长率分别为 −0.83%、−8.52%、−25.23%。其中 2015 年出口额跌破 2 亿美元，造成断崖式下降。整体上看，自 2004 年起，HS0808 类农产品出口占总出口的比重提升较大，年均占比为 12.85%，除 2016 年外基本保持在 10% 之上。

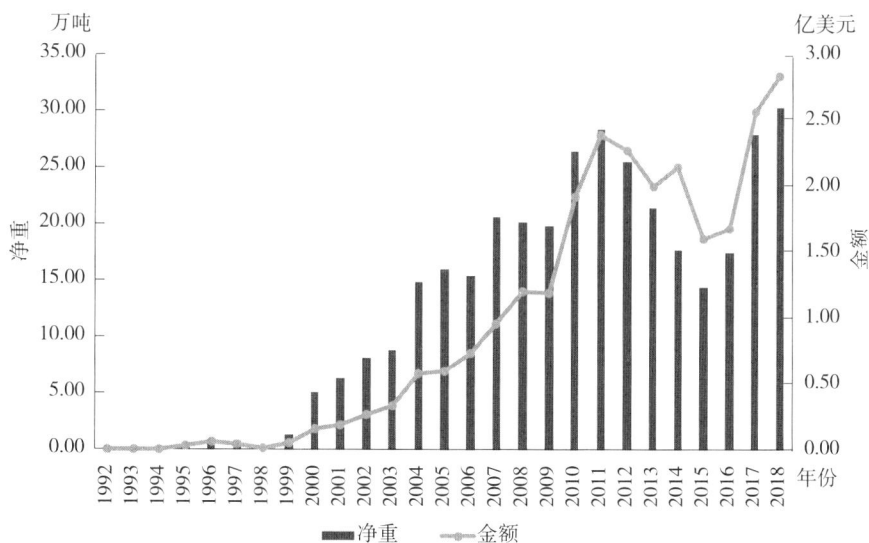

图 8-3 中国 HS0808 出口至印度尼西亚数额

数据来源：根据联合国统计司相关统计数据整理计算而作，参见联合国统计司网站：https://unstats.un.org/home/。

表 8-3 HS0808 占总出口的比值

单位：亿美元、%

年份	出口额	占比	年份	出口额	占比
1999	0.05	0.94	2009	1.19	11.83
2000	0.16	2.95	2010	1.92	13.57
2001	0.19	6.34	2011	2.39	14.71
2002	0.27	5.59	2012	2.27	14.39
2003	0.34	7.07	2013	2.00	12.27
2004	0.58	15.56	2014	2.14	12.18
2005	0.60	17.56	2015	1.60	10.47
2006	0.74	14.32	2016	1.67	9.12
2007	0.96	11.23	2017	2.57	11.01
2008	1.20	13.81	2018	2.83	10.74

数据来源：根据联合国统计司相关统计数据整理计算而作，参见联合国统计司网站：https：//unstats. un. org/home/。

3. HS2401（烟草；烟草废料）

图 8-4 和表 8-4 的数据显示，2004 年之前，中国对印度尼西亚 HS2401 类农产品的出口情况较为稳定，2004 年以后出口额增长开始提速，到 2008 年，出口额首次突破 1 亿美元，2011 年突破 2 亿美元，到 2012 年达到最大出口额

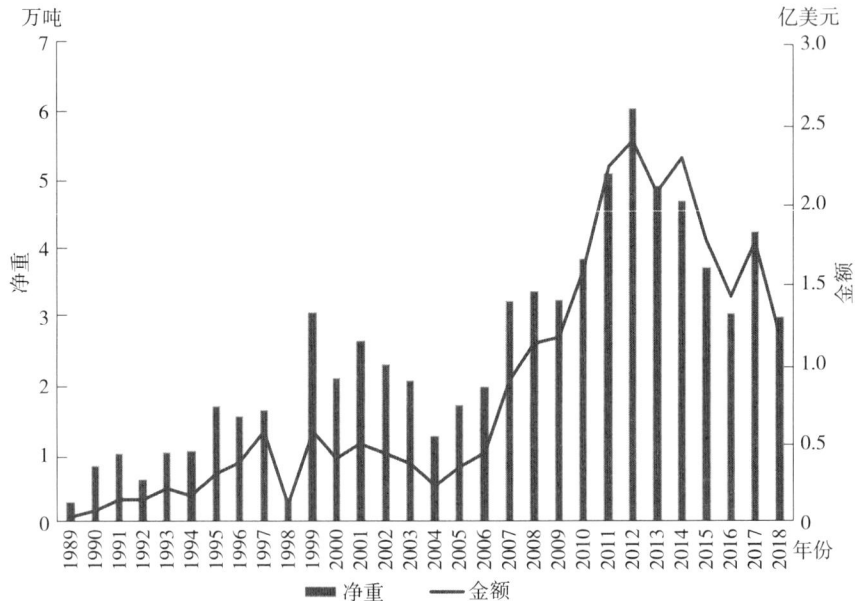

图 8-4 中国 HS2401 出口至印度尼西亚数额

数据来源：根据联合国统计司相关统计数据整理计算而作，参见联合国统计司网站：https：//unstats. un. org/home/。

2.39 亿美元，2004 年至 2012 年出口额不断增加，年均出口额为 1.56 亿美元，年均出口增长率为 34.74％。2012 年以后出口额呈波动下降，在 2014 年和 2017 年分别达到两个峰值 2.28 亿美元和 1.75 亿美元，在 2013 年、2016 年、2018 年分别达到三个低峰值 2.07 亿美元、1.41 亿美元和 1.15 亿美元。总体上看，2012 年为 HS2401 类农产品出口额的分水岭，自 2012 年以后，该类农产品出口呈下降趋势。表 8-4 的数据显示，中国烟草类农产品出口至印度尼西亚在 2001 年达到最大比重，为 16.28％，2007 年至 2015 年期间出口比重也均保持在 10％之上，年平均占比达到 12.43％。2016 年出口额占比跌破 10％，2016 年之后的比重不断降低，在 2018 年达到最低占比 4.35％。

表 8-4　HS2401 占总出口的比值

单位：亿美元、%

年份	金额	占比	年份	金额	占比
1999	0.57	10.80	2009	1.16	11.49
2000	0.40	7.60	2010	1.57	11.12
2001	0.49	16.28	2011	2.23	13.70
2002	0.43	9.02	2012	2.39	15.13
2003	0.37	7.74	2013	2.07	12.67
2004	0.22	6.06	2014	2.28	12.96
2005	0.35	10.18	2015	1.77	11.61
2006	0.44	8.47	2016	1.41	7.68
2007	0.88	10.39	2017	1.75	7.51
2008	1.12	12.83	2018	1.15	4.35

数据来源：根据联合国统计司相关统计数据整理计算而作，参见联合国统计司网站：https：//unstats. un. org/home/。

4. HS0303（冻鱼）

图 8-5 和表 8-5 的数据显示，2006 年之前中国 HS0303 类农产品出口额均保持在 0.1 亿美元以下，且增幅较为稳定，1999 年至 2006 年的年均增长率为 45.79％，2007 年以后，该类农产品的出口额开始急速上升，2010 年首次突破 1 亿美元，达到 1.63 亿美元，在 2011 年达到最大出口额 2.40 亿美元，且同时达到最大占比 14.81％。2007—2011 年的年均增长率为 151.49％。但 2011 年之后出口水平遭遇断崖式下跌，出口额降低了 0.81 亿美元，年增长率为 −33.75％。2012 年以后，出口额虽然不断减少，但是其减速较为平缓，总体

上看，2011—2016 年的年均增长率为 17.27％，出口额整体下降了 1.47 亿美元。2017 年出口额转降为升，增长了 0.77 亿美元，达到了第二个峰值。总体上，2010 年以来的出口额波动情况较大，年平均出口额为 1.45 亿美元。1999—2018 年，该类农产品出口额占总出口额的平均比值为 4.70％，总体的增幅趋势呈倒 V 形，1999 年开始占比不断上升，在 2011 年达到最大比值 14.81％，然后开始逐渐下降，到 2018 年下降至 4.77％。

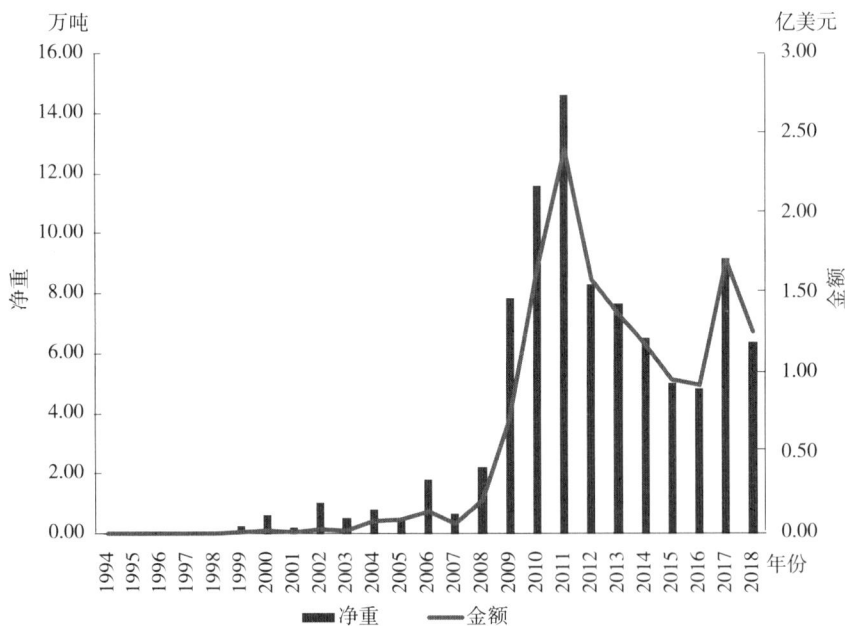

图 8-5　中国 HS0303 出口至印度尼西亚数额

数据来源：根据联合国统计司相关统计数据整理计算而作，参见联合国统计司网站：https：//unstats. un. org/home/。

表 8-5　HS0303 占总出口的比值

单位：亿美元、％

年份	金额	占比	年份	金额	占比
1999	0.01	0.14	2006	0.14	2.68
2000	0.01	0.28	2007	0.06	0.68
2001	0.01	0.21	2008	0.20	2.33
2002	0.03	0.58	2009	0.71	7.05
2003	0.02	0.37	2010	1.63	11.52
2004	0.08	2.09	2011	2.40	14.81
2005	0.09	2.63	2012	1.59	10.07

（续）

年份	金额	占比	年份	金额	占比
2013	1.38	8.44	2016	0.93	5.07
2014	1.18	6.73	2017	1.70	7.31
2015	0.96	6.29	2018	1.26	4.77

数据来源：根据联合国统计司相关统计数据整理计算而作，参见联合国统计司网站：https://unstats.un.org/home/。

5. HS2106（其他品目未列名的食品）

图 8-6 和表 8-6 的数据显示，2005 年之前，中国 HS2106 类农产品的出口额增幅趋势较为平缓，年出口额均在 0.1 亿美元以下。2005 年之后，该类农产品的出口波动幅度较大，共出现 6 个高峰值和 5 个低峰值，高峰值分别是 2006 年的 0.17 亿美元、2008 年的 0.33 亿美元、2011 年的 1.18 亿美元、2014 年的 0.88 亿美元、2016 年的 0.73 亿美元以及 2018 年的 0.96 亿美元。其中，2011 年出口额首次突破 1 亿美元，达到了出口额 1.18 亿美元，占比 7.27%。低峰值分别为 2007 年的 0.15 亿美元、2009 年的 0.20 亿美元、2012 年的 0.76

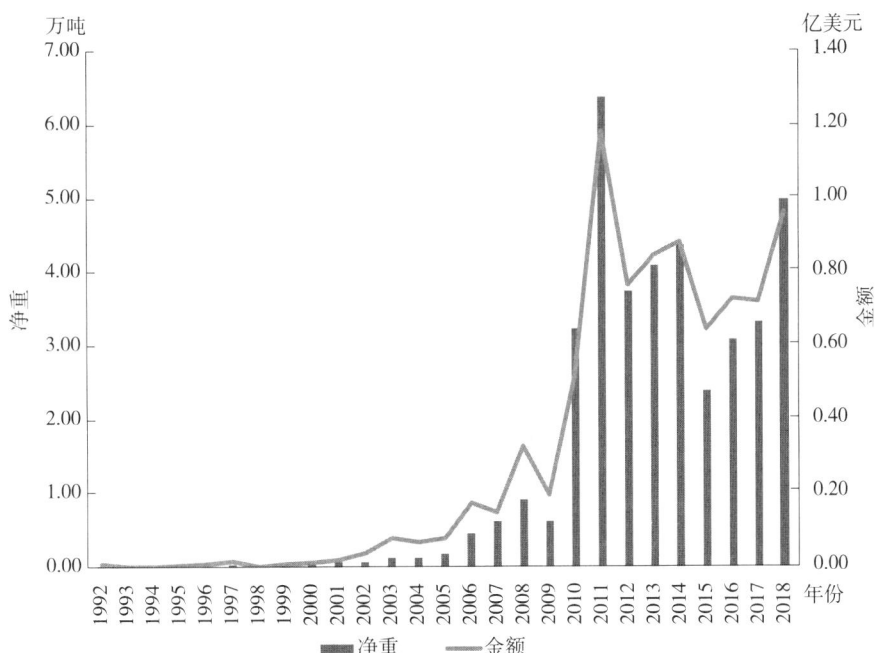

图 8-6　中国 HS2106 出口至印度尼西亚数额

数据来源：根据联合国统计司相关统计数据整理计算而作，参见联合国统计司网站：https://unstats.un.org/home/。

亿美元、2015 年的 0.64 亿美元以及 2017 年的 0.72 亿美元。该类农产品的出口占全部农产品出口的比重始终保持在 8% 以下，自 1999 年以来，该比重不断增加，2003 年首次突破 1%，达到 1.62%，并且在 2011 年达到最高占比 7.27%，2011 年以后占比不断降低，到 2018 年下降到 3.64%。

表 8-6　HS2106 占总出口的比值

单位：亿美元、%

年份	金额	占比	年份	金额	占比
1999	0.01	0.15	2009	0.20	1.94
2000	0.01	0.23	2010	0.52	3.66
2001	0.02	0.58	2011	1.18	7.27
2002	0.04	0.80	2012	0.76	4.84
2003	0.08	1.62	2013	0.84	5.18
2004	0.07	1.83	2014	0.88	5.01
2005	0.08	2.29	2015	0.64	4.22
2006	0.17	3.37	2016	0.73	3.97
2007	0.15	1.71	2017	0.72	3.09
2008	0.33	3.74	2018	0.96	3.64

数据来源：根据联合国统计司相关统计数据整理计算而作，参见联合国统计司网站：https://unstats.un.org/home/。

6. HS1702（其他固体糖，包括化学纯乳糖、麦芽糖、葡萄糖及果糖；未加香料或着色剂的糖浆；人造蜜，不论是否掺有天然蜂蜜；焦糖）

图 8-7 和表 8-7 的数据显示，HS1702 类农产品的出口额总体上呈增长趋势，2007 年以前的增幅平缓，年出口额保持在 0.05 亿美元以下，2008 年出口额达到 0.10 亿美元，占比突破 1%，达到 1.16%。2008 年至 2013 年为第一阶段高速增长期，年均增长率为 51.57%，年均出口额为 0.47 亿美元。2014 年出口额稍有下行，2014 年至 2018 年为第二阶段高速增长期，年均增长率为 23.33%，年均出口额达到 1.17 亿美元。其中，2016 年出口额突破 1 亿美元，达到 1.34 亿美元，2018 年出口额达到最大值 1.55 亿美元。另外，该类农产品在全部农产品中的比重也不断上升，自 2008 年起，占比均在 1% 以上，年平均占比达到 4.36%，2015 年达到最大比重 6.16%。总体上看，HS1702 类农

产品出口增长趋势十分稳定。

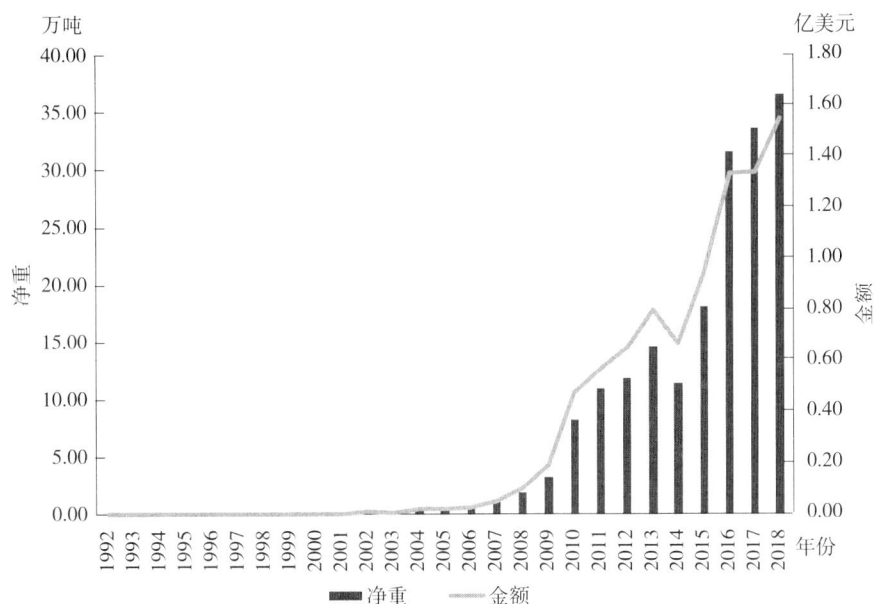

图 8-7　中国 HS1702 出口至印度尼西亚数额

数据来源：根据联合国统计司相关统计数据整理计算而作，参见联合国统计司网站：https：//unstats. un. org/home/。

表 8-7　HS1702 占总出口的比值

单位：亿美元、%

年份	金额	占比	年份	金额	占比
1999	0. 00	0. 00	2009	0. 20	1. 94
2000	0. 00	0. 00	2010	0. 47	3. 35
2001	0. 00	0. 00	2011	0. 57	3. 49
2002	0. 01	0. 22	2012	0. 66	4. 15
2003	0. 00	0. 10	2013	0. 80	4. 92
2004	0. 02	0. 63	2014	0. 67	3. 81
2005	0. 02	0. 57	2015	0. 94	6. 16
2006	0. 02	0. 46	2016	1. 34	7. 29
2007	0. 05	0. 58	2017	1. 34	5. 74
2008	0. 10	1. 16	2018	1. 55	5. 88

数据来源：根据联合国统计司相关统计数据整理计算而作，参见联合国统计司网站：https：// unstats. un. org/home/。

7. HS2008（其他未列名目的水果、坚果及植物）

图 8-8 和表 8-8 的数据显示，2002 年以前，HS2008 类农产品的出口增长趋势较为平稳，出口额始终保持在 0.1 亿美元以下，增速也较为缓慢。2002 年以后出口进入提速阶段，2003 年出口额首次突破 0.1 亿美元，达到 0.11 亿美元，到 2013 年为第一段增长期，2013 年达到最高峰值 0.75 亿美元，同时也是该类农产品占总出口比值中最高的一年，占比 4.60%。2003—2013 年间的出口增长率为 21.12%，年平均出口额达到 0.36 亿美元。2013—2016 年出口额呈下降趋势，到 2016 年达到最低值 0.48 亿美元，年均增长率为 −13.82%。2016—2018 年为第二段出口增长期，到 2018 年出口额达到历史最大值 1.12 亿美元，年均增长率达到 52.75%。HS2008 类农产品的出口在总出口中所占比重始终保持在 5% 之下，2001 年突破 1%，2013 年达到最高值 4.60%，自 2001 年至 2018 年，该类农产品出口的年均占比为 3.30%。总体上，该类农产品的出口额占比较为稳定，且呈增长趋势。

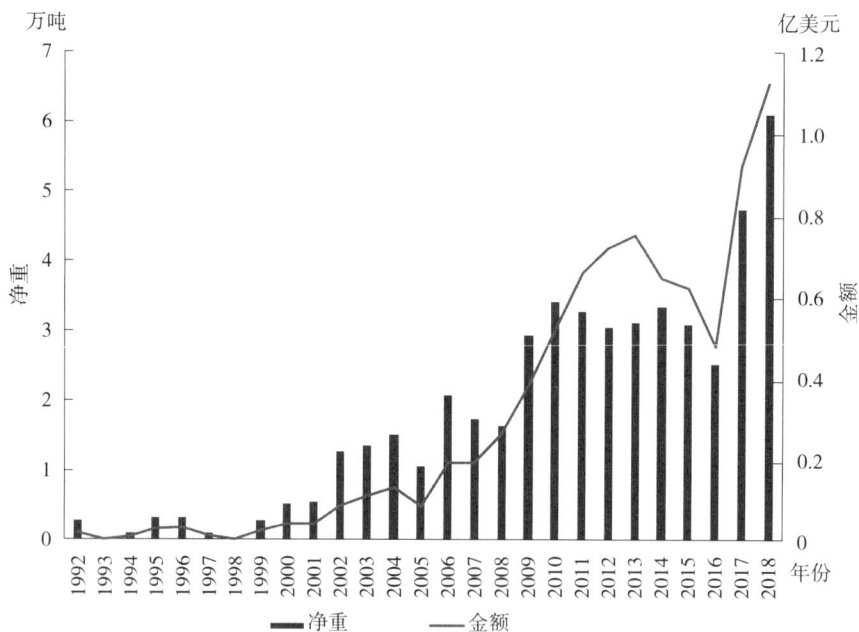

图 8-8　中国 HS2008 出口至印度尼西亚数额

数据来源：根据联合国统计司相关统计数据整理计算而作，参见联合国统计司网站：https：//unstats. un. org/home/。

表 8-8　HS2008 占总出口的比值

单位：亿美元、%

年份	金额	占比	年份	金额	占比
1999	0.02	0.43	2009	0.38	3.77
2000	0.04	0.74	2010	0.52	3.67
2001	0.04	1.33	2011	0.66	4.04
2002	0.08	1.75	2012	0.72	4.55
2003	0.11	2.24	2013	0.75	4.60
2004	0.13	3.49	2014	0.64	3.65
2005	0.08	2.48	2015	0.62	4.05
2006	0.19	3.68	2016	0.48	2.60
2007	0.19	2.24	2017	0.92	3.94
2008	0.26	2.99	2018	1.12	4.26

数据来源：根据联合国统计司相关统计数据整理计算而作，参见联合国统计司网站：https://unstats.un.org/home/。

8. HS2309（配制的动物饲料）

图 8-9 和表 8-9 的数据显示，2008 年之前，该类农产品的出口水平低，2009 年开始，出口进入提速阶段，总体上呈上升趋势，但是出口额的波动情

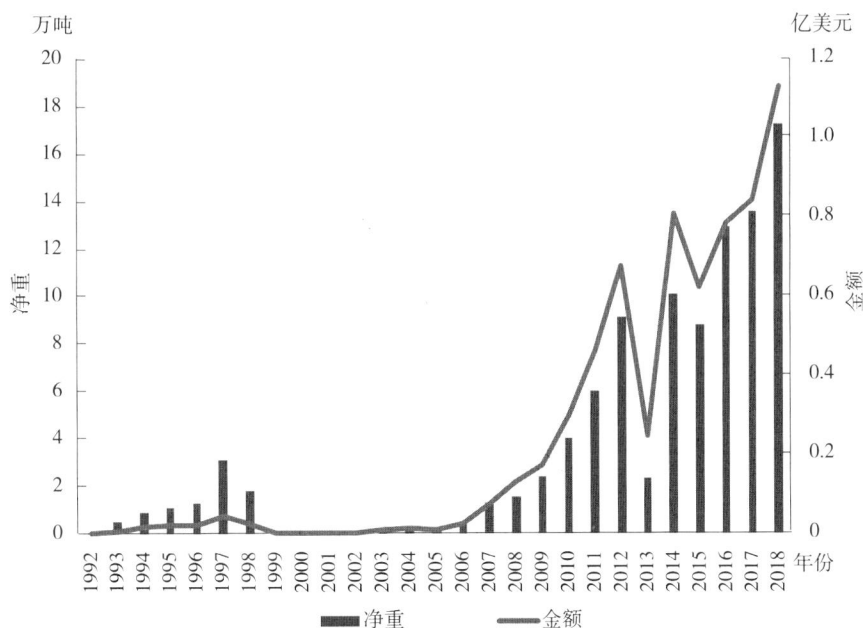

图 8-9　中国 HS2309 出口至印度尼西亚数额

数据来源：根据联合国统计司相关统计数据整理计算而作，参见联合国统计司网站：https://unstats.un.org/home/。

况较大。其中，2008—2012 年、2013—2014 年、2015—2018 年的出口额处于
增长阶段，年平均增长率分别为 51.23％、224％、22.15％。这三个阶段中，
2014 年的增长速度最快，同时也达到了最大的占比 4.59％。2012—2013 年、
2014—2015 年的出口额处于下降阶段，年平均增长率为 63.24％和 23.46％，
其中，2013 年的出口额降低速度最快，整体降低了 0.43 亿美元，占总出口的
比重也下降了 2.78％。HS2309 类农产品占全部出口印度尼西亚农产品的比值
较低，总体保持在 5％以下。2008 年占比首次突破 1％，达到 1.47％，2014 年
达到历史最大的占比 4.59％。2008 年至 2018 年的年平均占比为 3.16％。

表 8-9　HS2309 占总出口的比值

单位：亿美元、%

年份	金额	占比	年份	金额	占比
1999	0.00	0.03	2009	0.17	1.70
2000	0.00	0.03	2010	0.29	2.08
2001	0.00	0.07	2011	0.46	2.86
2002	0.00	0.05	2012	0.68	4.29
2003	0.01	0.21	2013	0.25	1.51
2004	0.01	0.30	2014	0.81	4.59
2005	0.01	0.29	2015	0.62	4.07
2006	0.03	0.49	2016	0.79	4.28
2007	0.08	0.89	2017	0.84	3.62
2008	0.13	1.47	2018	1.13	4.28

数据来源：根据联合国统计司相关统计数据整理计算而作，参见联合国统计司网站：https://unstats.un.org/home/。

9. HS0805（鲜或干的柑橘属水果）

图 8-10 和表 8-10 的数据显示，中国 HS0805 类农产品的出口额总体上呈
较为明显的先增后降趋势。2003 年以前的出口水平较低，出口额增长较为缓
慢，2004 年出口额突破 0.1 亿美元，2004 年至 2012 年期间该类农产品的出口
额快速增长，年均增长率达到 40.91％，年均出口额达到 0.83 亿美元。2012
年起出口额呈下降趋势，其中 2012—2013 年下降得最快，达到 44.44％，
2013—2014 年和 2016—2017 年出口额又有小幅增长，其中 2014 年和 2017 年
达到两个出口峰值分别为 1.19 亿美元和 0.43 亿美元，在 2018 年出口额降到
0.25 亿美元。2000 年该类农产品在全部农产品的占比首次突破 1％，达到
1.11％。随后其所占比重不断增加，在 2009 年达到历史最高值 12.40％，之

后占比便呈减少趋势，在 2018 年更是跌破 1％，仅有 0.95％。总体上看，以 2012 年为分水岭，2012 年以前该类农产品的出口在不断增加，2012 年之后，该类农产品的出口便呈下降趋势，总体上的发展趋势呈较为明显的倒 V 形。

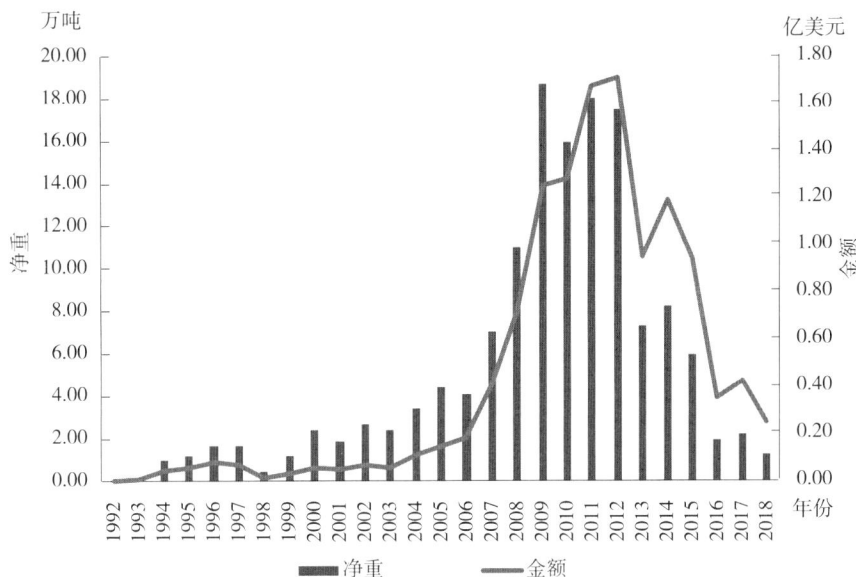

图 8-10 中国 HS0805 出口至印度尼西亚数额

数据来源：根据联合国统计司相关统计数据整理计算而作，参见联合国统计司网站：https：//unstats. un. org/home/。

表 8-10 HS0805 占总出口的比值

单位：亿美元、％

年份	金额	占比	年份	金额	占比
1999	0.03	0.59	2009	1.25	12.40
2000	0.06	1.11	2010	1.28	9.04
2001	0.05	1.64	2011	1.67	10.31
2002	0.07	1.47	2012	1.71	10.85
2003	0.06	1.22	2013	0.95	5.83
2004	0.11	3.00	2014	1.19	6.77
2005	0.15	4.35	2015	0.95	6.19
2006	0.18	3.58	2016	0.35	1.92
2007	0.41	4.84	2017	0.43	1.83
2008	0.71	8.22	2018	0.25	0.95

数据来源：根据联合国统计司相关统计数据整理计算而作，参见联合国统计司网站：https：// unstats. un. org/home/。

10. HS3301〔精油（无萜或含萜），包括浸膏及净油；香膏；提取的油树脂；用花香吸取法或浸渍法制成的含浓缩精油的脂肪、固定油、蜡及类似品；精油脱萜时所得的萜烯副产品；精油水馏液及水溶液〕

图 8-11 和表 8-11 的数据显示，1999—2008 年，HS3301 类农产品的出口额呈低速增长趋势，年均增长率为 24.14%，年均出口额为 0.07 亿美元。2008 年以后，该类农产品的出口额波动较大，其中，2009—2015 年、2017—2018 年的出口额呈高速上升趋势，年平均增长率分别为 58.92%、80.30%，年平均出口额分别为 0.60 亿美元和 0.93 亿美元。2014 年出口额首次突破 1 亿美元，达到 1.31 亿美元。2008—2009 年、2015—2017 年的出口额呈下降趋势，年平均增长率为 −35.71% 和 −32.53%，年平均出口额为 0.12 亿美元和 0.94 亿美元。HS3301 类农产品占全部出口农产品的比重始终低于 10%，2001 年占比首次突破 1%，到 2012 年占比始终保持在 3% 以下，在 2013 年、2014 年和 2015 年这三年中，其占比直线上升，分别达到 4.21%、7.43% 以及在 2015 年达到历史最高占比 9.52%。在 2015 年之后，其占比又逐渐呈下滑趋势。总体上看，该类农产品的出口波动情况呈较为明显的倒 V 形趋势。

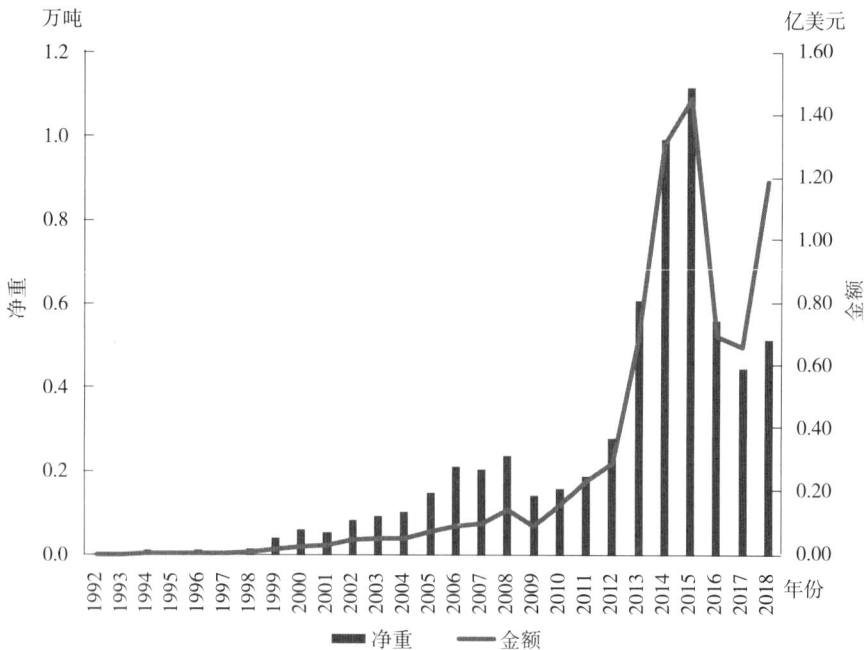

图 8-11　中国 HS3301 出口至印度尼西亚数额

数据来源：根据联合国统计司相关统计数据整理计算而作，参见联合国统计司网站：https://unstats.un.org/home/。

表 8-11　HS3301 占总出口的比值

单位：亿美元、%

年份	金额	占比	年份	金额	占比
1999	0.02	0.32	2009	0.09	0.89
2000	0.03	0.51	2010	0.16	1.12
2001	0.03	1.03	2011	0.23	1.44
2002	0.05	1.04	2012	0.29	1.84
2003	0.05	1.12	2013	0.69	4.21
2004	0.05	1.43	2014	1.31	7.43
2005	0.07	2.20	2015	1.45	9.52
2006	0.09	1.81	2016	0.69	3.79
2007	0.10	1.17	2017	0.66	2.84
2008	0.14	1.66	2018	1.19	4.50

数据来源：根据联合国统计司相关统计数据整理计算而作，参见联合国统计司网站：https：//unstats. un. org/home/。

二、印度尼西亚出口至中国

1. HS1511（棕榈油及其分离品）

图 8-12 和表 8-12 的数据显示，中国对印度尼西亚该产品的进口额在 1997 年以前呈低速增长状态，1997 年进口额首次突破 1 亿美元，达到 1.65 亿美元，2008 年首次突破 10 亿美元，达到 16.46 亿美元，2012 年达到进口的最大额 29.42 亿美元，2008—2018 年的年均进口额为 20.63 亿美元。2012 年以前的进口额总体呈快速上升状态，年均增长率为 24.81%。2012 年之后，进口额波动较大。其中 2013—2015 年和 2017—2018 年期间曲线较为平缓，年增长率为 3.75% 和 2.26%。2012—2013 年和 2015—2016 年进口额不断下降，年增长率为 -32.36% 和 -21.90%。且该类农产品占中国进口印度尼西亚所有农产品的比重最大，1999 年占比首次突破 50%，达到 52.15%。自 1999 年起，HS1511 在中国进口印度尼西亚农产品中所占比重不断上升，到 2004 年达到最大值 76.79%，此后虽在 2008 年、2009 年以及 2012 年占比均超越 70%，但总体上 HS1511 的占比趋势在不断降低。2016 年占比更是下跌到 50% 以下，为 45.95%。

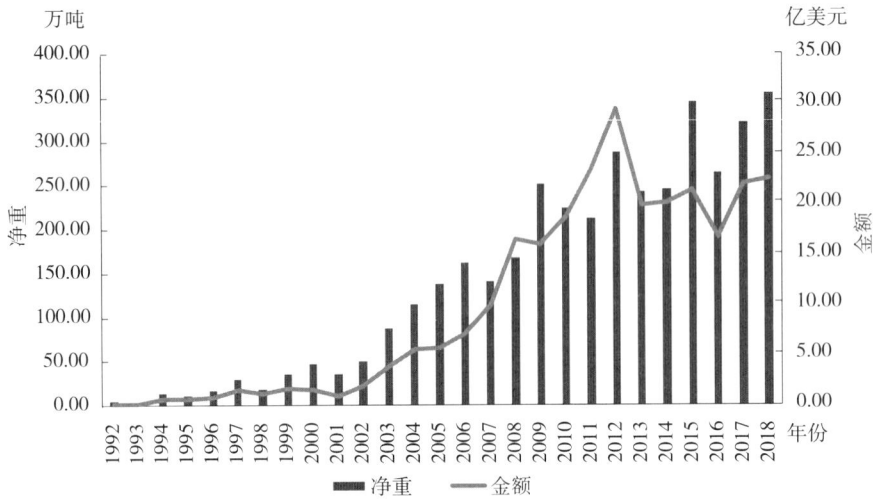

图 8-12　中国进口印度尼西亚 HS1511 数额

数据来源：根据联合国统计司相关统计数据整理计算而作，参见联合国统计司网站：https：//unstats. un. org/home/。

表 8-12　HS1511 占总进口的比值

单位：亿美元、%

年份	进口额	占比	年份	进口额	占比
1999	1.65	52.15	2009	16.05	72.30
2000	1.48	68.01	2010	18.74	66.63
2001	0.94	51.70	2011	23.37	63.84
2002	1.90	70.48	2012	29.42	70.39
2003	3.75	74.90	2013	19.90	61.75
2004	5.57	76.79	2014	20.15	57.11
2005	5.63	68.67	2015	21.42	56.91
2006	7.12	60.40	2016	16.73	45.95
2007	9.97	59.48	2017	22.09	50.43
2008	16.46	70.30	2018	22.59	45.64

数据来源：根据联合国统计司相关统计数据整理计算而作，参见联合国统计司网站：https：//unstats. un. org/home/。

2. HS1513（椰子油、棕榈油或巴巴苏棕榈果油及其分离品）

图 8-13 和表 8-13 的数据显示，1999 年以前，中国对印度尼西亚 HS1513 类农产品的进口水平低，1999 年进口额增长开始提速，1999—2004 年进口额年均增长率为 50.12%。2004 年进口额首次突破 1 亿美元，达到 1.22 亿美元。总体上看，进口额呈增长趋势，但自 2008 年起，进口曲线波动较大。其中，

2004—2008 年、2009—2012 年、2013—2017 年这三个阶段的进口额呈上升趋势，年均进口额分别为 2.45 亿美元、5 亿美元、5.97 亿美元，年均增长率分别为 37.02%、26.67%、18.80%。2008—2009 年、2012—2013 年、2017—2018 年这三个阶段的进口额呈下降趋势，年均进口额分别为 3.7 亿美元、4.94 亿美元、7.52 亿美元，年均增长率分别为 －27.91%、－36.15%、－4.04%。2004 年以来进口额出现的三个峰值分别为 2008 年的 4.30 亿美元、2012 年的 6.03 亿美元以及 2017 年的 7.67 亿美元。2000 年中国对印度尼西亚该农产品的进口占全部农产品进口的比重首次突破 10%，达到 10.18%，该比重在 2001 年达到最高值 24.38%，2000 年以来的年均占比达到 16.36%。总体上进口比重较为稳定。

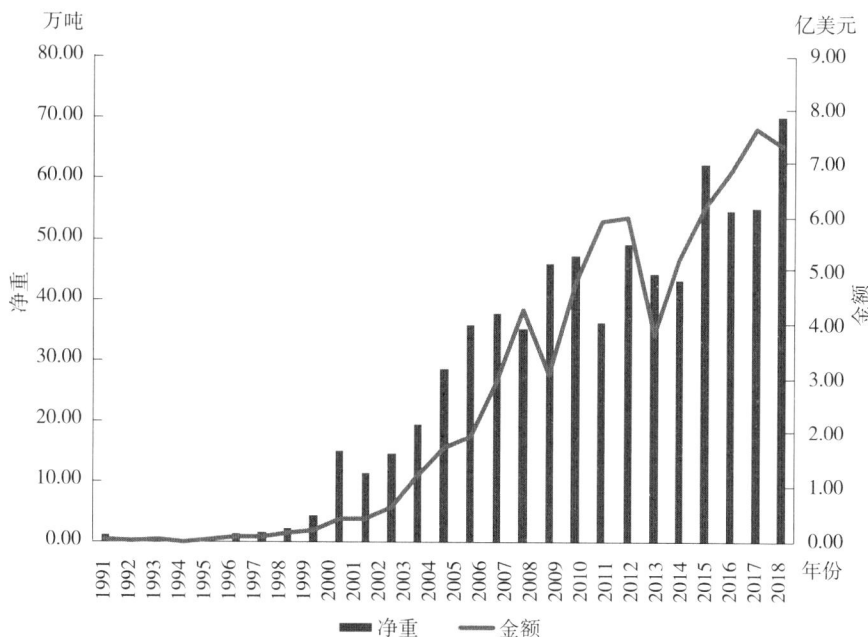

图 8-13 中国进口印度尼西亚 HS1513 数额

数据来源：根据联合国统计司相关统计数据整理计算而作，参见联合国统计司网站：https：//unstats. un. org/home/。

表 8-13 HS1513 占总进口的比值

单位：亿美元、%

年份	进口额	占比	年份	进口额	占比
1999	0.16	5.15	2002	0.43	16.02
2000	0.22	10.18	2003	0.65	13.03
2001	0.44	24.38	2004	1.22	16.83

（续）

年份	进口额	占比	年份	进口额	占比
2005	1.75	21.35	2012	6.03	14.42
2006	1.97	16.67	2013	3.85	11.95
2007	2.96	17.67	2014	5.24	14.84
2008	4.30	18.37	2015	6.20	16.47
2009	3.10	13.97	2016	6.88	18.91
2010	4.80	17.08	2017	7.67	17.51
2011	5.95	16.25	2018	7.36	14.86

数据来源：根据联合国统计司相关统计数据整理计算而作，参见联合国统计司网站：https://unstats.un.org/home/。

3. HS1517（人造黄油；动、植物油脂及其分离品）

图 8-14 和表 8-14 的数据显示，中国对印度尼西亚 HS1517 类农产品进口的波动幅度较大。2003 年以前，进口额在较低水平徘徊，自 2003 年开始，进口额经历了五次增长期和四次下降期。2003—2004 年、2005—2007 年、2009—2012 年、2013—2014 年、2015—2018 年的进口额呈增长趋势，其中，2009—2012 年的增速最快、增幅最大，年均增长率达到 133.43%。2011 年是进口额增长中的分水岭，首次突破 1 亿美元，陡增到 2.76 亿美元，2011 年以前的年均进口额为

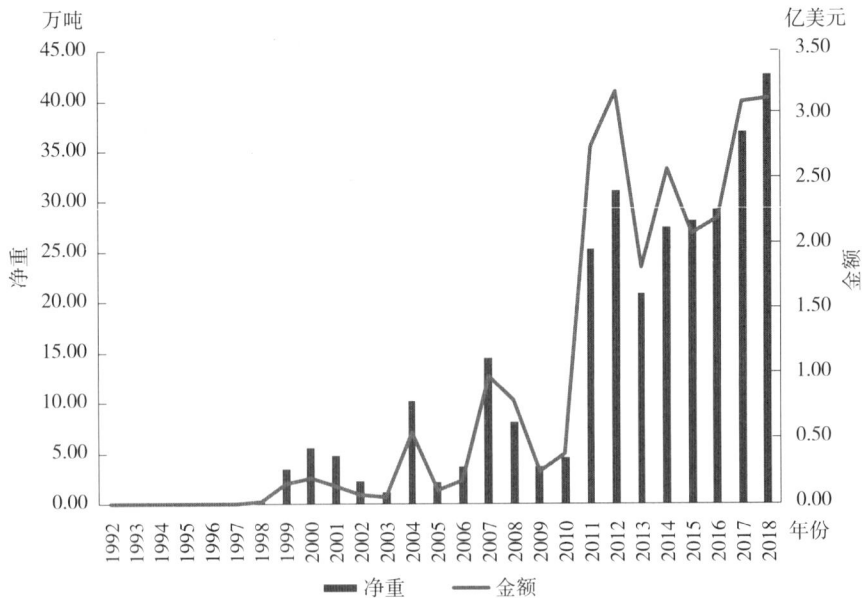

图 8-14　中国进口印度尼西亚 HS1517 数额
数据来源：根据联合国统计司相关统计数据整理计算而作，参见联合国统计司网站：https://unstats.un.org/home/。

0.32 亿美元，2011—2018 年的年均进口额达到 2.61 亿美元。2004—2005 年、2007—2009 年、2012—2013 年、2014—2015 年的进口额呈下降趋势，其中，2012—2013 年的进口额下降速度最快，年均增长率达到 −42.77%。2011 年以前，该类农产品在中国进口印度尼西亚全部农产品中的比重波动较大，年平均占比为 3.97%，自 2011 年起，该类农产品的占比便进入稳定状态，2011 年至 2018 年的年平均占比达到 6.65%。其中，2012 年达到历史最高占比 7.62%。

表 8-14 HS1517 占总进口的比值

单位：亿美元、%

年份	进口额	占比	年份	进口额	占比
1999	0.15	4.88	2009	0.25	1.11
2000	0.20	9.21	2010	0.39	1.37
2001	0.14	7.68	2011	2.76	7.53
2002	0.07	2.71	2012	3.18	7.62
2003	0.05	1.10	2013	1.82	5.66
2004	0.55	7.53	2014	2.59	7.34
2005	0.10	1.22	2015	2.09	5.54
2006	0.18	1.54	2016	2.21	6.07
2007	0.98	5.88	2017	3.11	7.10
2008	0.79	3.39	2018	3.13	6.33

数据来源：根据联合国统计司相关统计数据整理计算而作，参见联合国统计司网站：https://unstats.un.org/home/。

4. HS1212（鲜、冷、冻或干的刺槐豆、海草及其他藻类、甜菜及甘蔗）

图 8-15 和表 8-15 的数据显示，总体上看，中国对印度尼西亚 HS1212 类农产品的进口呈增长趋势。2001 年以前，进口额的增幅较为缓慢，2001 年以后开始进入提速阶段，2005 年进口额突破 0.1 亿美元，达到 0.13 亿美元，2011 年进口额突破 1 亿美元，达到 1.05 亿美元，2001 年至 2014 年进口额一直保持增长趋势，2014 年达到历史最大值 1.95 亿美元，2001 年至 2014 年的年均增长率为42.23%，年均进口额为 0.57 亿美元。2014 年至 2016 年进口额略有下降，到 2016 年达到最低峰值 1.21 亿美元，年均增长率为 −21.23%。2016 年至 2018 年恢复增长，年均增长率达到 25.97%。HS1212 在中国进口印度尼西亚全部农产品的占比始终保持在 6% 以下，1999 年至 2018 年的年平均占比为 2.43%。2002年首次突破 1%，达到 2.14%，到 2014 年其占比一直不断增长，2014 年达到最高值 5.51%。2014 年以后占比略有减少，但始终保持在 3%～4%。

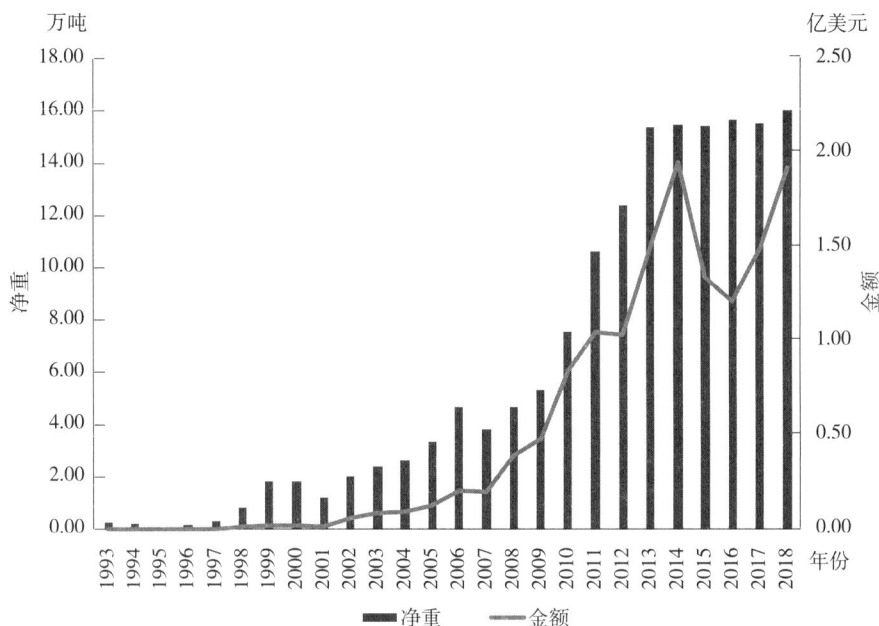

图 8-15　中国进口印度尼西亚 HS1212 数额

数据来源：根据联合国统计司相关统计数据整理计算而作，参见联合国统计司网站：https：//unstats. un. org/home/。

表 8-15　HS1212 占总进口的比值

单位：亿美元、%

年份	进口额	占比	年份	进口额	占比
1999	0.02	0.72	2009	0.48	2.17
2000	0.02	0.89	2010	0.84	3.00
2001	0.02	0.85	2011	1.05	2.86
2002	0.06	2.14	2012	1.03	2.47
2003	0.09	1.74	2013	1.51	4.68
2004	0.09	1.26	2014	1.95	5.51
2005	0.13	1.53	2015	1.33	3.54
2006	0.21	1.76	2016	1.21	3.33
2007	0.20	1.19	2017	1.50	3.41
2008	0.39	1.66	2018	1.92	3.88

数据来源：根据联合国统计司相关统计数据整理计算而作，参见联合国统计司网站：https：//unstats. un. org/home/。

5. HS1516（动、植物油、脂及其分离品，全部或部分氢化、酯化或反油酸化，不论是否精制，但未经化学改性）

图 8-16 和表 8-16 的数据显示，2006 年以前，中国对印度尼西亚 HS1516

类农产品的进口水平较低，增速较慢，始终保持在 0.01 亿美元左右，2006 年开始进口额陡增，直接突破 1 亿美元达到 1.40 亿美元。2006 年以后中国对该农产品的进口经历了两次过山车式的高峰阶段，分别为 2008 年的 2.07 亿美元和 2011 年的 3.14 亿美元。其中，2005 年至 2008 年以及 2009 年至 2011 年的进口额呈高速增长趋势，年均增长率分别为 1 073.27％和 164.15％。2008 年至 2009 年以及 2011 年至 2013 年的进口额呈下降趋势，年均增长率分别为－78.26％和－54.83％。2012 年以后，进口额的增长趋势较为平稳，2012 年至 2018 年的年均增长率为－5.42％，年均进口额为 0.78 亿美元。2006 年以前，该类农产品在全部进口印度尼西亚的农产品中的占比始终低于 1％，2006 年直接增长到 11.85％，达到历史最高值，2006 年以后的占比又逐渐下降，到2018 年下降到 1.27％。2006 年至 2018 年的年均占比为 4.64％。

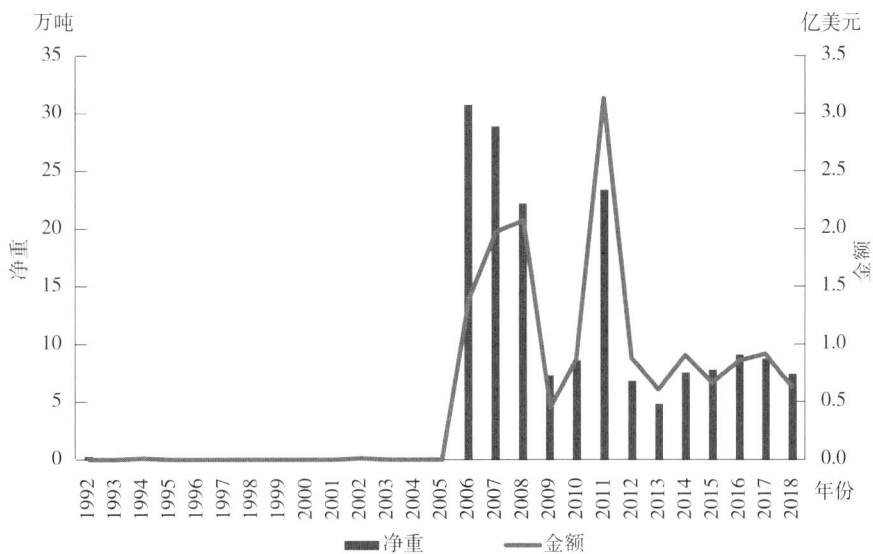

图 8-16　中国进口印度尼西亚 HS1516 数额

数据来源：根据联合国统计司相关统计数据整理计算而作，参见联合国统计司网站：https：//unstats.un.org/home/。

表 8-16　HS1516 占总进口的比值

单位：亿美元、％

年份	金额	占比	年份	金额	占比
1999	0.00	0.15	2003	0.01	0.15
2000	0.01	0.32	2004	0.01	0.07
2001	0.01	0.54	2005	0.00	0.02
2002	0.01	0.37	2006	1.40	11.85

（续）

年份	金额	占比	年份	金额	占比
2007	1.98	11.80	2013	0.61	1.91
2008	2.07	8.86	2014	0.91	2.58
2009	0.45	2.05	2015	0.67	1.77
2010	0.88	3.11	2016	0.86	2.37
2011	3.14	8.57	2017	0.92	2.10
2012	0.88	2.12	2018	0.63	1.27

数据来源：根据联合国统计司相关统计数据整理计算而作，参见联合国统计司网站：https://unstats.un.org/home/。

6. HS1905（面包、糕点、饼干及其他焙烘糕饼；圣餐饼、装药空囊、封缄、糯米纸及类似制品）

图 8-17 和表 8-17 的数据显示，中国对印度尼西亚 HS1905 类农产品的进口额总体上呈上升趋势，2008 年以前的进口额增长缓慢，进口额保持在 0.02 亿美元之下，2008 年开始进口额进入提速阶段，2014 年进口额突破 1 亿美元，达到 1.01 亿美元，2017 年达到历史最高值 2.08 亿美元，2017 年至 2018 年稍有回落。综上，2008 年以来中国对印度尼西亚 HS1905 类农产

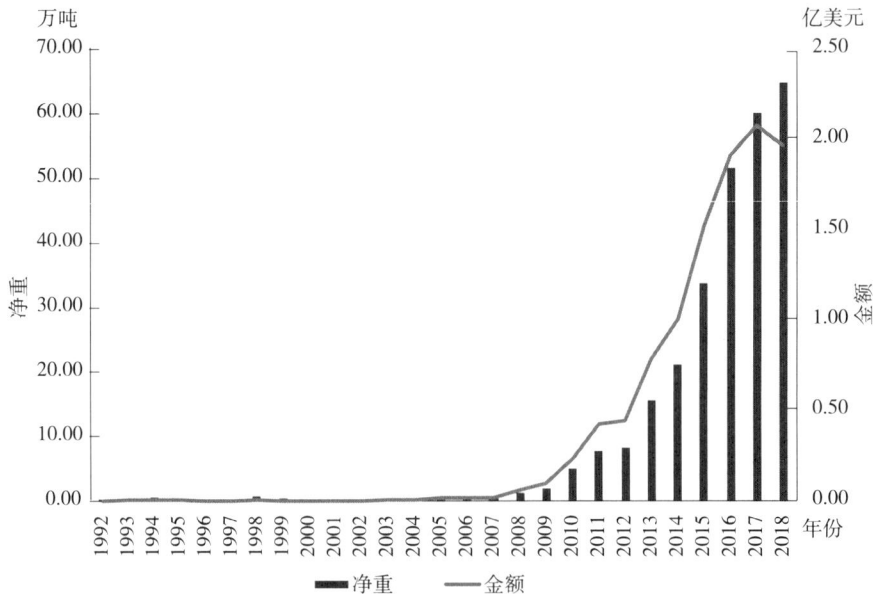

图 8-17 中国进口印度尼西亚 HS1905 数额

数据来源：根据联合国统计司相关统计数据整理计算而作，参见联合国统计司网站：https://unstats.un.org/home/。

品进口额的年均增长率为 41.79%，年均进口额为 0.96 亿美元。该类农产品占全部进口农产品中的比值一直保持稳定增长，2011 年突破 1%，达到 1.16%，2016 年达到历史最高值 5.25%。2016 年以后占比稍有下降，到 2018 年降到 3.97%。

表 8-17　HS1905 占总进口的比值

单位：亿美元、%

年份	金额	占比	年份	金额	占比
1999	0.00	0.08	2009	0.10	0.43
2000	0.00	0.07	2010	0.24	0.85
2001	0.00	0.06	2011	0.43	1.16
2002	0.00	0.08	2012	0.44	1.05
2003	0.01	0.11	2013	0.78	2.42
2004	0.01	0.12	2014	1.01	2.86
2005	0.02	0.23	2015	1.52	4.05
2006	0.02	0.14	2016	1.91	5.25
2007	0.02	0.12	2017	2.08	4.75
2008	0.06	0.26	2018	1.97	3.97

数据来源：根据联合国统计司相关统计数据整理计算而作，参见联合国统计司网站：https://unstats.un.org/home/。

7. HS0306（活、鲜、冷、冻、干、盐腌、盐渍、熏制的带壳或去壳甲壳动物；蒸过或用水煮过的带壳甲壳动物；可供人食用的甲壳动物的细粉、粗粉及团粒）

图 8-18 和表 8-18 的数据显示，中国对印度尼西亚 HS0306 类农产品的进口额总体上呈增长趋势，年均增长率为 21.35%。2011 年以前进口额保持较低水平的波动，1999 年至 2010 年的年均进口额为 0.13 亿美元，2011 年之后，进口额的增长进入提速阶段，年均达到 0.99 亿美元。其中 2015 年达到最大进口额 1.22 亿美元。但 2015 年至 2017 年的进口额呈降低趋势，年均增长率为 19.02%，2017 年降到 0.80 亿美元。该类农产品在全部进口农产品中的占比较为稳定，年平均占比达到 2.11%。在 2001 年达到最大值 5.53%。

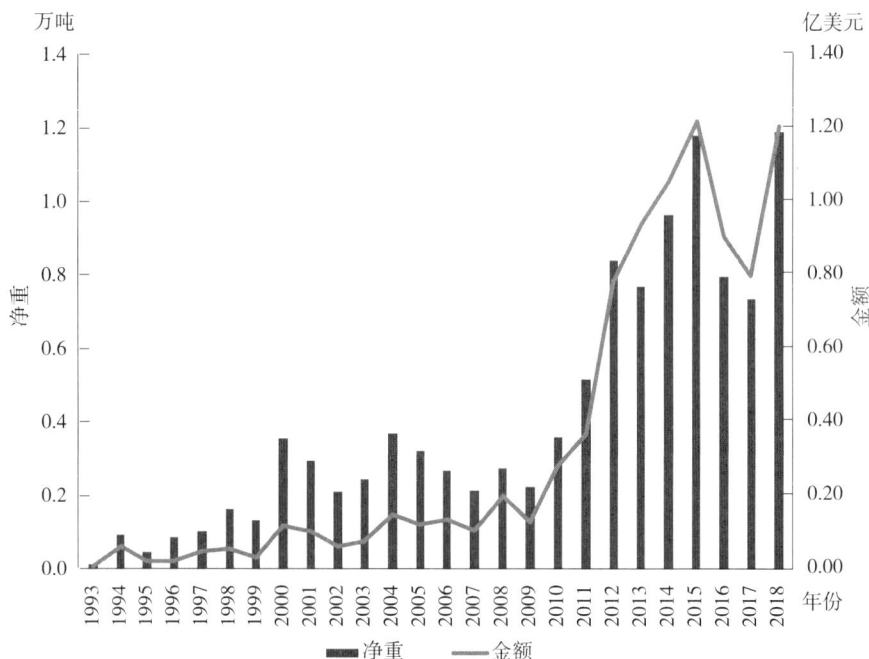

图 8-18　中国进口印度尼西亚 HS0306 数额

数据来源：根据联合国统计司相关统计数据整理计算而作，参见联合国统计司网站：https：//unstats. un. org/home/。

表 8-18　HS0306 占总进口的比值

单位：亿美元、%

年份	金额	占比	年份	金额	占比
1999	0.03	0.97	2009	0.13	0.57
2000	0.12	5.51	2010	0.28	0.99
2001	0.10	5.53	2011	0.37	1.00
2002	0.06	2.25	2012	0.78	1.87
2003	0.07	1.49	2013	0.94	2.92
2004	0.15	2.07	2014	1.05	2.98
2005	0.12	1.49	2015	1.22	3.24
2006	0.13	1.14	2016	0.90	2.48
2007	0.10	0.61	2017	0.80	1.82
2008	0.20	0.85	2018	1.21	2.44

数据来源：根据联合国统计司相关统计数据整理计算而作，参见联合国统计司网站：https：//unstats. un. org/home/。

8. HS0303（冻鱼）

图 8-19 和表 8-19 的数据显示，中国对印度尼西亚 HS0303 类农产品的进

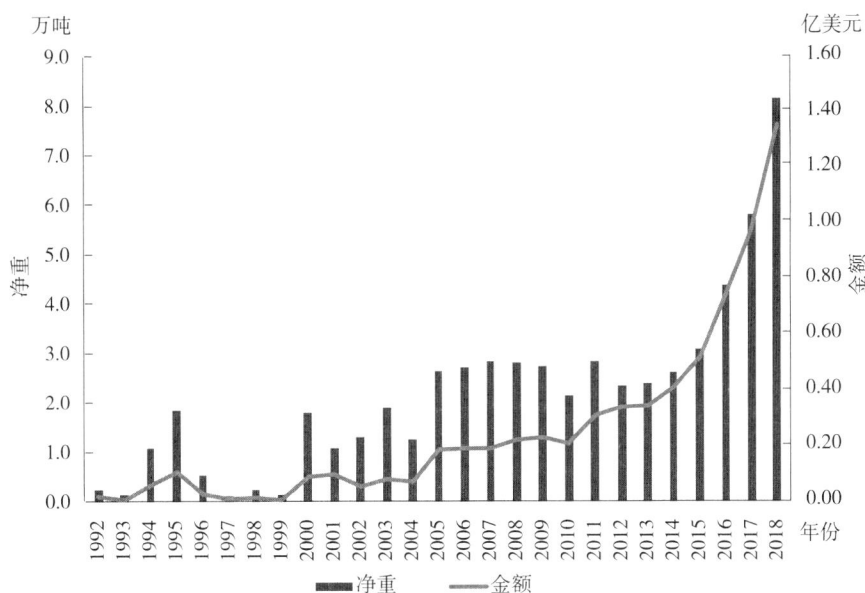

图 8-19　中国进口印度尼西亚 HS0303 数额

数据来源：根据联合国统计司相关统计数据整理计算而作，参见联合国统计司网站：https://unstats.un.org/home/。

口额呈稳定增长趋势，尤其是 2004 年以后的增长速度不断提升，2018 年达到最大值 1.35 亿美元，年均增长率为 29.46%，年均进口额为 0.33 亿美元。该类农产品占全部进口农产品的比值波动较大，2001 年达到最大占比 5.37%，2001 年以后的年均占比为 1.44%，其中，2012 年占比降到 0.81%。

表 8-19　HS0303 占总进口的比值

单位：亿美元、%

年份	金额	占比	年份	金额	占比
1999	0.01	0.20	2009	0.23	1.03
2000	0.09	4.05	2010	0.21	0.74
2001	0.10	5.37	2011	0.31	0.84
2002	0.05	2.00	2012	0.34	0.81
2003	0.08	1.55	2013	0.34	1.06
2004	0.07	0.96	2014	0.41	1.16
2005	0.18	2.25	2015	0.52	1.38
2006	0.19	1.61	2016	0.74	2.05
2007	0.19	1.12	2017	0.97	2.23
2008	0.22	0.94	2018	1.35	2.73

数据来源：根据联合国统计司相关统计数据整理计算而作，参见联合国统计司网站：https://unstats.un.org/home/。

9. HS0307（活、鲜、冷、冻、干、盐腌、盐渍、熏制的带壳或去壳的软体动物；可供人食用的软体动物的粗粉、细粉及团粒）

图 8-20 和表 8-20 的数据显示，中国对印度尼西亚 HS0307 类农产品的进口额呈增长趋势，2011 年以前的增幅较为平缓，年均增长率为 35.99％。2011年以后的进口额开始进入高速增长阶段，年均增长率达到 52.92％，2016 年进口额突破 1 亿美元，达到 1.22 亿美元，2018 年达到最大值 2.35 亿美元。该类农产品在全部农产品中的占比呈稳定增长趋势，2001 年占比突破 1％，达到1.24％，到 2018 年达到最大值 4.75％，1999 年至 2018 年的年均占比达到 1.24％。

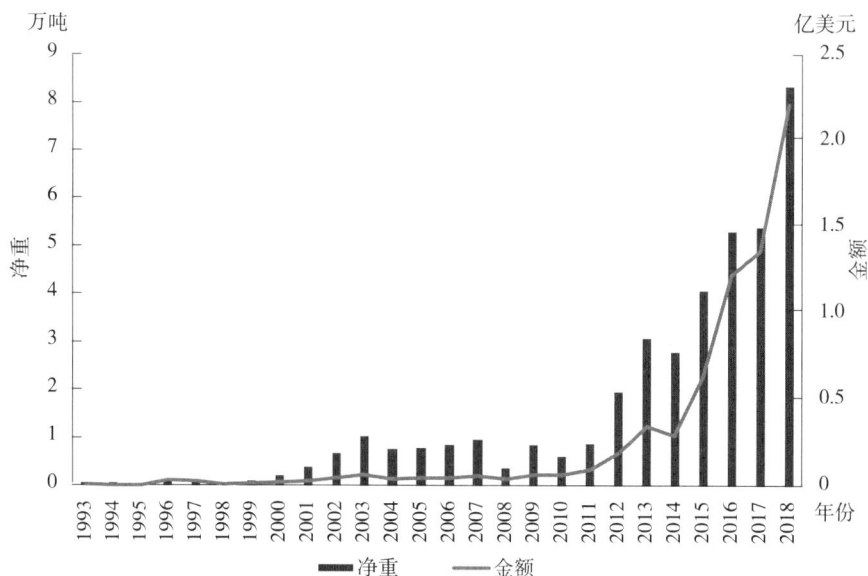

图 8-20　中国进口印度尼西亚 HS0307 数额

数据来源：根据联合国统计司相关统计数据整理计算而作，参见联合国统计司网站：https：//unstats.un.org/home/。

表 8-20　HS0307 占总进口的比值

单位：亿美元、％

年份	金额	占比	年份	金额	占比
1999	0.00	0.10	2004	0.07	0.93
2000	0.02	0.80	2005	0.04	0.49
2001	0.02	1.24	2006	0.05	0.40
2002	0.03	1.12	2007	0.08	0.46
2003	0.05	1.01	2008	0.05	0.23

（续）

年份	金额	占比	年份	金额	占比
2009	0.10	0.43	2014	0.46	1.29
2010	0.12	0.43	2015	0.75	2.00
2011	0.12	0.33	2016	1.22	3.35
2012	0.29	0.69	2017	1.38	3.14
2013	0.53	1.64	2018	2.35	4.75

数据来源：根据联合国统计司相关统计数据整理计算而作，参见联合国统计司网站：https://unstats.un.org/home/。

10. HS0714（鲜、冷、冻或干的木薯、兰科植物块茎、菊芋、甘薯及含有高淀粉或菊粉的类似根茎，不论是否切片或制成团粒；西谷茎髓）

图 8-21 和表 8-21 的数据显示，中国对印度尼西亚 HS0714 类农产品的进口额波动极大，总体呈下降趋势。1995 年达到最大值 0.33 亿美元，之后分别在 1999 年、2001 年、2005 年、2007 年、2010 以及 2013 年达到峰值，分别为 0.17 亿美元、0.15 亿美元、0.29 亿美元、0.24 亿美元、0.30 亿美元以及 0.28 亿美元。2003 年和 2012 年为两个低峰值 0.04 亿美元和 0.09 亿美元。1999 年至 2018 年的年均增长率为－13.85％，年均进口额为 0.17 亿美元。该类农产品在全部进口农产品中占比的均值为 2.03％，2001 年达到最高的 8.29％，2001 年以后占比不断降低，到 2018 年最低为 0.01％。

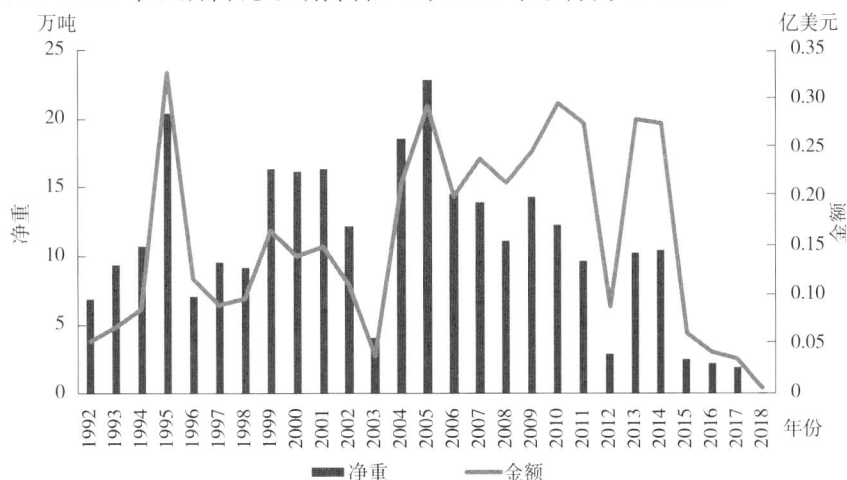

图 8-21　中国进口印度尼西亚 HS0714 数额

数据来源：根据联合国统计司相关统计数据整理计算而作，参见联合国统计司网站：https://unstats.un.org/home/。

表 8-21 HS0714 占总进口的比值

单位：亿美元、%

年份	金额	占比	年份	金额	占比
1999	0.17	5.24	2009	0.25	1.11
2000	0.14	6.43	2010	0.30	1.05
2001	0.15	8.29	2011	0.28	0.75
2002	0.11	4.06	2012	0.09	0.21
2003	0.04	0.77	2013	0.28	0.87
2004	0.21	2.94	2014	0.28	0.78
2005	0.29	3.58	2015	0.06	0.16
2006	0.20	1.70	2016	0.04	0.12
2007	0.24	1.43	2017	0.04	0.08
2008	0.21	0.92	2018	0.01	0.01

数据来源：根据联合国统计司相关统计数据整理计算而作，参见联合国统计司网站：https://unstats.un.org/home/。

第九章 CHAPTER 9
中国与印度尼西亚的农业合作 ▶▶▶

第一节　总体概况

中国与印度尼西亚同为亚洲农业大国，在地理状况、自然条件、资源禀赋等方面存在差异，基于两国国情的农业发展水平和结构也存在较为明显的差异性。近年来两国在农产品贸易方面往来密切，在种植业合作领域取得一系列成果。产业园区投资成效显著，农业科技合作覆盖面广，合作层面也不断得到拓展。

21世纪初，中国与印度尼西亚双边关系持续发展，包括农业在内的各领域交流合作不断深化。2000年5月，中国与印度尼西亚签署了《中华人民共和国和印度尼西亚共和国关于未来双边合作的联合声明》，这是面向新世纪发展两国关系的纲领性文件。[①] 2001年11月，第五次中国与东盟领导人会议将农业确定为21世纪中国和东盟合作的五大重点领域之一，中国与东盟成员国领导人签署了《中国-东盟农业合作谅解备忘录》。同年，在中国-东盟农业合作的框架下，中国与印度尼西亚两国政府农业部门签署了《农业合作谅解备忘录》，有效期5年。备忘录规定的合作领域和合作的具体途径如表9-1所示。

表9-1　中国与印度尼西亚农业合作领域和合作途径

合作领域	合作途径
主要粮食作物、农业研究与开发	就共同感兴趣的农业课题开展合作研究与培训

---

① 林梅，张洁，《中国与印度尼西亚之间的农产品贸易及农业经济合作》，《南洋问题研究》，2005年第4期，第31~35页。

（续）

合作领域	合作途径
农业机械、种子业、生物技术	交流农业科学信息
园艺、畜牧业及相关产业	就共同感兴趣的农业主题举办培训课程、学术研讨会和展会
农业企业管理	促进对农业产业化和农业工业融合的联合投资及其贸易发展
多年生生物	双方可能同意的任何其他形式的合作

资料来源：中华人民共和国驻印度尼西亚共和国大使馆，http://id.china-embassy.org/chn/zgyyn/zywx/t86598.htm。

这一合作备忘录首先从机构上打破限制，鼓励中国与印度尼西亚双方的国有机构、私营机构、大专院校、科技单位以及商务团体等各类机构积极参与双方农业合作，不断拓展其感兴趣的领域。并指出应促进农业企业与合资企业的合作，同时，还决定设立中国-印度尼西亚农业合作联合委员会，由该委员会负责两国农业合作活动的规划、协调和监督。相比中国与其他国家在农业方面建立的各类合作、交流机制，中国与印度尼西亚农业合作联合委员会设立较早，是两国农业合作的一大创新尝试，为早期的两国农业合作提供了有效的指导。

2005年4月，时任中国国家主席胡锦涛访问印度尼西亚，双方签署《中华人民共和国与印度尼西亚共和国关于建立战略伙伴关系的联合宣言》，宣布中国与印度尼西亚双方建立战略伙伴关系。这一宣言是两国关系中里程碑式的文件，进一步明确了加强双方在农业、渔业、基础设施、油气资源开发等领域的合作。具体到农业领域，这一文件重点关注了科技与人力资源在农业合作中的基础性作用，提出要加快落实各项合作机制，提高人力资源开发、科技开发、技术援助、生产率和多样化、可持续管理和能力建设的水平[①]。

2013年，国家主席习近平对印度尼西亚进行国事访问，这标志着中国与印度尼西亚两国关系进入新的阶段，两国外交关系层级由战略伙伴关系提升为全面战略伙伴关系，两国合作得到深化，合作领域更加全面。两国在雅加达联合发表的《中印尼全面战略伙伴关系未来规划》中指出，两国元首同意重启两

---

① 中国政府网，《中华人民共和国与印度尼西亚共和国关于建立战略伙伴关系的联合宣言》，http://www.gov.cn/gongbao/content/2005/content_64213.htm。

国农业合作谅解备忘录，加强双边农业合作的磋商以及在粮食生产与加工、食品安全、化肥和农产品互惠贸易等领域开展务实、全面的合作，保障粮食安全①。这标志着两国农业合作进入新的阶段，两国高层对于粮食安全、食品安全等国际性议题也颇为重视。

2015年，印度尼西亚新任总统佐科应邀出席博鳌亚洲论坛年会，并对中国进行了首次国事访问。这次访问后两国发表的《中华人民共和国和印度尼西亚共和国关于加强两国全面战略伙伴关系的联合声明》中指出，两国元首一致同意未来双方将重点加强贸易、投资和经济发展领域合作。同时，双方同意发挥好中国与印度尼西亚农业联合委员会机制作用，加强在杂交水稻种植、经济作物开发、农业技术交流、动物疫病防控、食品安全等领域合作，探索建立农业合作产业园区和水稻合作生产园区②。这是时隔十多年后，两国农业联合委员会机制再次被写入官方文件，为下一阶段发挥这一机制作用提供了新的方向，特别是在服务中国企业投资印度尼西亚经济作物开发、农业科技交流等方面，将进一步深化合作。此外，文件强调下一步要加强两国检验检疫领域合作，为两国农产品贸易的发展提供保障③。

在政府层面，2018年，李克强总理对印度尼西亚进行正式访问。这次访问充分肯定了两国建立全面战略伙伴关系5年来双边关系取得的重要进展，特别是两国推动"21世纪海上丝绸之路"倡议和"全球海洋支点"构想对接所取得的合作成果，两国深化双边务实合作取得了显著成效。这次访问结束后发表的联合声明中指出，中国与印度尼西亚两国将不断深化贸易、基础设施、产能、工业、投融资等经贸重点领域合作，支持电子商务和互联网经济等新兴领域合作。除重点基础领域之外，电子商务和互联网经济的合作为下一阶段两国经济合作增加了充分的想象空间。具体到农产品贸易方面，中方鼓励中资企业根据市场原则增加进口印度尼西亚棕榈油等农产品，双方将推动双边贸易和投资更多地使用本币结算，促进经贸合作便利化。此

① 中华人民共和国外交部，《中印尼全面战略伙伴关系未来规划》（全文），https：//www.fmprc.gov.cn/web/gjhdq_676201/gj_676203/yz_676205/1206_677244/1207_677256/t1084574.shtml。

② 中国政府网，《中华人民共和国和印度尼西亚共和国关于加强两国全面战略伙伴关系的联合声明》，http：//www.gov.cn/xinwen/2015-03/27/content_2838995.htm。

③ 高鹏、杨双曲，《竞争性区域合作机制背景下的中国-印度尼西亚战略合作》，《世界经济与政治论坛》，2017年第2期，第110～127页。

外，双方同意续签已经到期的农业合作谅解备忘录，并决定早日召开农业合作联合委员会以加强农业互利合作①。

在高层互动的指导下，中国-印度尼西亚科技创新合作论坛于 2017 年 11月在印度尼西亚科技研究与高等教育部隆重举行，这是两国涉农领域科技合作的最高级别平台。时任中国国务院副总理刘延东、印度尼西亚人类发展与文化统筹部部长出席论坛并发表主旨演讲，并见证了中国科学技术部和印度尼西亚科技研究与高等教育部签署《科技创新合作三年行动计划（2018—2020）》和《关于共建中国-印度尼西亚港口建设与灾害防治联合研究中心的实施协议》等合作协议②。同时，中印尼生物技术联合实验室、中印尼技术转移中心等具体合作项目揭牌，为农业科技合作搭建平台③。中国科学技术部下一阶段也将围绕合作协议与印度尼西亚方面拓展新领域联合实验室建设，推动两国农业、生物科技务实合作。科技创新合作论坛为两国副总理级人文交流机制活动内容的重要组成部分，内容涵盖农业、生物、信息、电子、环境、能源、中医药、灾害防治、疾病预防等领域，交流活动有力地推动了双方的创新发展，同时在中国-东盟乃至"一带一路"参与国际科技创新合作中产生了积极影响和示范作用。

两国中央政府农业部门作为具体落实两国高层共识，推动两国农业合作的部门，在近年来也密切交流，通过双边和多边等多个平台洽谈合作对接，在多个领域取得重要成果。2014 年 9 月，中国农业部长韩长赋与来华出席亚太经合组织（APEC）第三届农业与粮食部长会议的印度尼西亚农业部长会谈，双方就全面推进中国与印度尼西亚农业交流合作交换了意见并达成一系列合作意向④。两国农业部长同意在中国与印度尼西亚农业合作谅解备忘录框架下，加强农业与粮食安全多边政策协调、促进农业投资发展、推动农业贸易发展。具体而言，在种植业方面，推进优质高产农作物示范性合作，推动种植业领域技术交流；在农业产业方面，促进相互间农业产业投资，推进更多项目落地；在

---

① 中国政府网，《中华人民共和国政府和印度尼西亚共和国政府联合声明》，http：//www.gov.cn/xinwen/2018-05/08/content_5288955.htm。

② 中华人民共和国驻印度尼西亚共和国大使馆经济商务处，《中印尼科技创新合作论坛在雅加达举行》，http：//id.mofcom.gov.cn/article/jjxs/201712/20171202683034.shtml。

③ 中华人民共和国科学技术部，《科技部党组书记、副部长王志刚出席中印尼副总理级人文交流机制第三次会议及系列活动》，http：//www.most.gov.cn/kjbgz/201712/t20171201_136609.htm。

④ 中国政府网，《农业部部长会见印度尼西亚农业部长苏斯沃诺》，http：//www.gov.cn/xinwen/2014-09/18/content_2752661.htm。

农业科技方面，加强基础建设，深化双边技术交流与合作；在农产品贸易方面，增加农产品贸易往来，推动品种品质的不断提高。

2016 年 9 月，时任中国农业部副部长张桃林在印度尼西亚雅加达与印度尼西亚农业部长会谈，这次会见围绕农业科技交流、先进技术示范、农产品贸易、农业产业投资等方面展开了广泛交流①。针对下一阶段两国农业合作，中方提出，首先，两国要继续发挥农业联合委员会的机制性作用，就双方共同关注的合作项目进行磋商并推动项目落地；其次，两国要共同规划农业合作重点和发展方向，确定优势合作领域；最后，要加强合作载体和合作环境的建设，共建两国农业合作园区、平台和基地。而印度尼西亚方面首先对于加强与中国的农业投资合作表示期待，将安排 200 万公顷土地用于发展畜牧业、玉米、甘蔗。同时，愿与中方开展政府间合作，建立农业产业园区。其次，在农产品贸易方面，印度尼西亚市场对玉米、肉牛、蔗糖等农产品有较大需求，印度尼西亚方欢迎中方扩大对印度尼西亚农产品出口，也希望中方进口更多的印度尼西亚水果。最后，在农业科技方面，印度尼西亚方面还提出了加强农业人才的培训合作意愿。这一系列政策主张在近年来两国农业合作实践中已经得到了充分的落实，两国农业各领域合作呈现蓬勃发展的势头。

实践成果表明，近年来两国农业部门的交流与磋商推动产生了一系列合作成果，尤其是在农业科技合作、农业产业投资与农业产业合作园区方面，两国取得了突破性进展，实现了合作项目落地、实际资金到位、系列技术转移。同时，作为两国关系重要组成部分的经贸合作，也为两国人民带来实实在在利益，两国农产品贸易实现了互利互惠。

一个大的背景是，近年来中国与印度尼西亚经贸合作发展势头迅猛，两国经贸往来频繁，这也为两国农业合作提供了良好的发展机遇。2016 年以来，中国持续成为印度尼西亚的第一大出口目的国。截至 2020 年 6 月，中国已经连续多年成为印度尼西亚最大的贸易伙伴。以 2020 年第一季度为例，中国在印度尼西亚仍实现实际投资 13 亿美元，位列印度尼西亚第二大外资来源国，双边贸易额高达 177 亿美元②，继续位列印度尼西亚贸易伙伴第一位。中国与

① 中华人民共和国农业部，《张桃林会见印度尼西亚农业部长阿姆兰·苏莱曼》，http：//www.moa.gov.cn/xw/zwdt/201609/t20160920_5279181.htm。
② 中华人民共和国驻印度尼西亚共和国大使馆经济商务处，《肖千大使：中印尼经贸合作本质是互利共赢》，http：//id.china-embassy.org/chn/sgsd/t1785726.htm。

印度尼西亚经贸合作项目涵盖三大产业，遍布于印度尼西亚各大主要岛屿。

第二节 地方合作

中国与印度尼西亚在农业领域的地方合作覆盖了多个省级行政区，主要以在涉农领域开展投资洽谈活动、通过贸易交易会等多种活动形式开展。近年来，中国地方政府"走出去"的步伐也不断加快，主动与印度尼西亚对接，为当地相关企业寻求各类投资、合作机会。

一、中国地方省区市与印度尼西亚的农业合作

广西壮族自治区是中国与东盟国家合作的桥头堡，也是与印度尼西亚合作的重要省份。广西是中国独具热带和亚热带气候特点的农业大省，在种植业、畜牧养殖业等领域优势明显。更重要的是，广西与印度尼西亚部分地区气候条件相近，合作前景十分广阔。早在 2007 年，广西便以政企代表团的形式赴印度尼西亚，与地方政府及客商谈合作、交朋友、签项目，对拓展两地的经贸合作特别是农业产业合作具有重要意义[①]。

作为中国-东盟博览会永久会址地，在中国-东盟合作框架下，广西与印度尼西亚的农业合作具有一定便利性，也为广西提供了合作机遇。农产品和农业科技历来是广西与东盟国家开展合作的重要内容，在每届中国-东盟博览会上，农产品是重点展示和促成交易的六大类重点专题商品之一。此外，博览会这一交易平台通过展示多种市场潜力较大、经济效益和社会效益较好的农业种植技术、农产品深加工技术、农用机械技术等项目，也引起了包括印度尼西亚在内的东盟国家的广泛兴趣。

2019 年 9 月，第 16 届中国-东盟博览会和中国-东盟商务与投资峰会在广西壮族自治区首府南宁市举办，印度尼西亚为本届博览会主题国。此届博览会展出了多达 110 家印度尼西亚企业所带来的优质的展品，主要包括食品、饮料、消费品、水疗、草药、家居等。这其中以"棕榈之家"为主题的棕榈行业的集中展示，是印度尼西亚特色农产品的代表，展现了印度尼西亚的各类棕榈

---

① 中国-东盟博览会官方网站，《广西与印度尼西亚就深化农业合作达成共识》，http://www.caexpo.org/index.php? m＝content&c＝index&a＝show&catid＝120&id＝71887。

加工产品，这些产品可以满足从专业行业到普通消费者的各种需求，也是印度尼西亚农产品加工行业的缩影。

具体到农业合作领域，广西与印度尼西亚可从多方面开展合作。在种植业方面，可重点开展良种推广、杂交水稻生产技术、有机菜果种植等技术合作，这也将是保障粮食安全的重要措施；在农业产业化即农产品加工方面，可加强甘蔗种植与制糖、木薯种植及加工等合作，这将充分发挥广西作为甘蔗种植大区、全国制糖基地的优势，有力支持印度尼西亚制糖工业的发展，推动农产品产业链纵深发展；在农业技术方面，可开展农村家庭沼气利用等生态农业技术的运用，有效改善农业生产环境。此外，在畜牧养殖方面，也可开展具有地理特点的近海养殖、人工胚胎繁殖等技术交流与合作。

与广西相邻的广东省经济发达，气候、作物等生产要素与印度尼西亚农业生产现状较为相似。广东在与印度尼西亚的农业合作中，充分发挥华侨华人的资源优势，实现了广东农业技术的"走出去"优势。广东在良种繁殖与农田治理方面在亚洲居于领先地位，在印度尼西亚的大量华侨协助引进了广东农业企业的相关农业技术与人才资源，创办了农副产品生产基地，重点提升水果、橡胶、茶叶等农作物质量，并实现规模化生产。这一举措既实现了对印度尼西亚市场的开发，也可将农产品出口中国，实现了经济效益的优化。这为中国的部分省区市提供了与印度尼西亚开展农业合作新的思路，即充分利用旅居印度尼西亚的华侨华人资源，发挥本地农业特色优势，推广本地农业特色技术，进而实现经济效益与社会效益相统一。华侨华人同时也可为本地农业企业"走出去"直接投资提供一定便利，在当地文化层面、社会生活层面提供相关的指导。

位于东南沿海的福建省也在近年来通过投资推介的形式与印度尼西亚对接，商讨包括农业在内的合作机遇。福建作为"21 世纪海上丝绸之路"的起点，从古至今都是海上丝绸之路最重要的参与者与见证者，作为改革开放的先行地区和重点发展区域，长期以来与印度尼西亚等"海上丝绸之路"沿线国家有着紧密的经贸合作关系[①]。2019 年，中国（福建）-印度尼西亚双向投资合作推介会在厦门举办。福建与印度尼西亚的经贸往来在近年来日益密切，在产业结构和产品结构上具有很强的互补性，双方从海洋合作起步，以海水养殖

---

① 中华人民共和国国务院新闻办公室，《尤权在 21 世纪海上丝绸之路国际研讨会上致辞》，http://www.scio.gov.cn/ztk/wh/slxy/31200/Document/1394907/1394907.htm.

业、渔业加工业为代表，推动蓝色经济发展。在双方的农产品贸易中，来自福建的商贸物流企业大量进口印度尼西亚特色水产品、天然橡胶、棕榈油、热带水果等，通过福建便捷的沿海口岸和陆路通道，把印度尼西亚的农产品销往广阔的内陆省份[①]。

二、印度尼西亚鼓励发展的产业

2012 年以来，印度尼西亚为了平衡地区发展，按照总体规划部署和各地区自然禀赋、经济水平、人口状况等维度进行规划布局，重点发展不同产业与功能定位的"六大经济走廊"（Economic Corridors）[②]，旨在实现国内经济布局的错位发展（表 9-2）。

表 9-2　印度尼西亚六大经济走廊及其产业与功能定位

经济走廊	产业与功能定位
爪哇走廊	工业与服务业中心
苏门答腊走廊	能源储备、自然资源生产与处理中心
加里曼丹走廊	矿业和能源储备生产与加工中心
苏拉威西走廊	农业、种植业、渔业、油气和矿业生产与加工中心
巴厘-努沙登加拉走廊	旅游和食品加工中心
巴布亚-马鲁古群岛走廊	自然资源开发中心

资料来源：商务部国际贸易经济合作研究院，商务部投资促进事务局，中国驻印度尼西亚大使馆经济商务参赞处：《对外投资合作国别（地区）指南-印度尼西亚（2018 年版）》，第 46 页。

印度尼西亚中央政府按照这一区域发展规划出台了具体的政策和措施，对在上述地区发挥比较优势的产业提供税收补贴等优惠政策，优先鼓励当地发展规划所布局的产业。除爪哇岛等地区外，未来几年印度尼西亚的发展重点，将包括巴布亚、马鲁古、苏拉威西、加里曼丹、努沙登加拉等地区在内的印度尼西亚东部地区，中央政府进一步出台向投资当地的企业提供税收优惠等吸引投资政策[③]。这一规划布局为下一阶段中国与印度尼西亚地方农业合作提供了具

---

① 印度尼西亚《国际日报》2019 年 9 月 19 日，A8 版，http://www.guojiribao.com/shtml/gjrb/20190919/1497897.shtml。

② 中国民生银行研究院宏观经济研究团队，《印度尼西亚投资机遇及风险分析》，《中国国情国力》，2018 年第 2 期，第 66～69 页。

③ 商务部国际贸易经济合作研究院，商务部投资促进事务局，中国驻印度尼西亚大使馆经济商务参赞处，《对外投资合作国别（地区）指南—印度尼西亚（2018 年版）》，第 46 页。

体指导，六大经济走廊中的苏拉威西走廊、巴厘－努沙登加拉走廊等将成为农业发展的重点区域，为中资企业提供平台。

2017年，印度尼西亚总统在出席首届"一带一路"国际合作高峰论坛时提出建设"区域综合经济走廊"的倡议，即在北苏门答腊、北加里曼丹、北苏拉威西和巴厘四个省建设区域综合经济走廊，并希望中方予以支持①，这是对经济走廊概念的进一步深化。本着"政府引导、企业主体、市场化运作"原则支持印度尼西亚"区域综合经济走廊"建设。这一倡议也在随后得到了实践。2018年，李克强总理访问印度尼西亚期间，中国国家发改委与印度尼西亚海洋统筹部签署《关于推进区域综合经济走廊建设合作的谅解备忘录》，正式启动中国与印度尼西亚"区域综合经济走廊"建设合作。2019年，双方又签署了《关于建立区域综合经济走廊建设合作联合委员会的谅解备忘录》，确定了联委会这一合作机制并召开了协调对接会谈②。目前，农业联合委员会机制同时构成了新时期中国与印度尼西亚区域综合经济走廊建设合作联合委员会机制的重要组成部分，这将在区域综合经济走廊建设的框架下发挥作用。

第三节　农产品贸易政策

由于地理位置和自然条件的整体差异，中国与印度尼西亚两国农业发展各有特点，这种差异性和互补性正是双方合作的基础。在农产品贸易中，贸易产品呈现出了较明显的互补性：印度尼西亚出口产品主要为热带蔬菜、水果、橡胶和植物油；中国出口产品主要为水果、温带蔬菜、鱼类和其他加工产品③。

中国－东盟自由贸易区协议（CAFTA）签订后，由于关税税率处于较低水平，中国与印度尼西亚农产品贸易量不断增加。但同时，中国出口至印度尼西亚的农产品贸易额的增速却远低于印度尼西亚出口至中国的农产品贸易额增速，而且中国出口至印度尼西亚的农产品关税税率调整时间相对较慢，这就导致中国的出口贸易增加额相对较低。因此，下一阶段改善双方的贸易格局和增强中国自身农产品的竞争力，对于双边农产品贸易持续健康发展具有十分重要

① 中国工业新闻网，《中印尼"区域综合经济走廊"建设合作联委会召开首次会议》，http://www.cinn.cn/ydyl/201903/t20190325_209184.html.
② 中华人民共和国驻印度尼西亚共和国大使馆，《中印尼"区域综合经济走廊"建设合作联委会第一次会议成功召开》，http://id.china-embassy.org/chn/zgyy/t1649184.htm.
③ 张洁，《对中国与印度尼西亚农业合作问题的几点思考》，《东南亚》，2006年第1期，第48～52页.

的意义。

就中国农产品出口的结构而言，温带蔬菜、水果和畜牧产品是具有比较优势的特色农产品。但相对中国农业生产规模和国际农产品进口市场而言，中国的农产品出口结构还显得比较单一。同时，由于印度尼西亚农业生产和农产品结构的原因，也决定了中国从印度尼西亚进口的农产品限制在《乌拉圭回合农业协定》附录所规定的第 15 章的动植物油脂、第 14 章的编结用植物材料、第 20 章的蔬菜和水果等、第 24 章的烟草及其制品，以及第 10 章的谷物及谷物制品等，其中第 14 章的编结用植物材料是印度尼西亚出口比较优势最强的产品，中国是印度尼西亚该类产品的第一大进口国，印度尼西亚平均每年该类产品对中国的出口占中国在东盟进口的该类产品的 80％[①]。

印度尼西亚政府对进口农产品制定了严格的检验标准，其目的在于限制农产品进口，这些条例包括《关于进出口植物源性新鲜食品安全控制的条例》《输入印度尼西亚新鲜水果和水果类蔬菜植物检疫措施要求》和《农民保护与赋权法案》等。其中，《农民保护与赋权法案》还以保护国内农民利益为由，细化了对农产品的进口限制，包括进口农产品只能从政府指定的口岸入关，相关口岸必须装备检验检疫设施等措施等[②]。

与多数亚洲国家类似，政府在印度尼西亚的农业发展过程中起着至关重要的作用。这一关键作用的表现形式是各种政府政策，如贸易政策和农业政策。这些政策的工具是进口关税、价格支持、直接付款和投入补贴（针对化肥和种子）等。就关税而言，有两个因素决定关税的适用，即世界市场价格和汇率。如果当地货币趋于贬值，则不必适用关税。相反，如果本币趋于升值，则需要立即实施关税政策，以避免价格低于规定的基准价格。

印度尼西亚政府保护该国农业行业发展的三个主要原因在于，第一，保护国内生产者免受廉价劳动力生产的有竞争力的进口产品的压力；第二，使进口产品的价格与国内产品的价格持平，从而使当地生产者能够与其他国家的生产者竞争；第三，实行非关税保护，减少国内失业，克服一定的国际收支赤字。世界贸易组织（WTO）同意的一般从价关税税率容忍度很低，最高为 5％。

---

① 金缀桥、杨逢珉，《中国对印度尼西亚农产品出口增长的影响因素分析——以"21 世纪海上丝绸之路"为视角的研究》，《世界农业》，2016 年第 4 期，第 91～98，195～196 页。

② 人民网，《印度尼西亚：惠农法案促农业发展》，http://finance.people.com.cn/n/2013/0821/c70846-22637640.html。

在这样的关税水平下，政府对限制进口商品入境的保护效果甚微。适用的关税水平应与针对一定水平的价格政策相一致[①]。

以粮食政策为例，印度尼西亚的粮食价格政策是一种二元政策。一方面，粮食价格政策必须使消费者负担得起粮食的价格。另一方面，粮食价格政策也必须能够保护生产者，使生产者能够得到合理的激励来进行可持续的生产。因此，为了兼顾消费者和生产者的利益，政府在生产者和消费者两级都设定了参考价格。参考价格的确定是通过颁布贸易部长法令来执行的，最近的一项法令是 2018 年颁布的第 58 号"贸易条例"（Permendag）[②]。印度尼西亚贸易部发布的几种战略商品在农场一级的参考价格，一般都高于获得足够利润的合理价格。对于玉米、大豆和糖，参考价格比合理价格分别高出了 0.28%、14.3% 和 13.4%[③]。同时，贸易部发布的参考价格一般高于平均进口价格，这说明农民得到了足够的利益保障。目前的进口关税水平一般低于维持参考价格水平所需的关税水平，这一价格是高于进口平均价格的。

为了使几种战略商品的参考定价政策与进口政策同步，玉米的进口关税需要提高 4.10%，大豆提高 15.02%，蔗糖提高 7%。但是，必须指出的是，提高进口关税税率的政策将引起国内市场上以这些商品为原料的行业的强烈反应，以及国际市场贸易伙伴的类似反应。这同时也说明，在贸易自由化时代，国内的价格政策必须根据国际市场的价格变动来实施。适当的贸易政策可以为国内生产者提供更好的机会。

2012 年以来，印度尼西亚贸易部、工业部、农业部等相继发布了一系列限制进出口贸易的政策规定。这其中最受中方政府和企业关注的就是进口禁令，这一政策对于两国农产品贸易产生了一定影响。2012 年 5 月，出于对本国农产品的保护，印度尼西亚政府颁布了《关于进一步规范蔬果进口的条例》（2012 年第 30 号），通过进口许可证的方式限制新鲜蔬菜和水果的进口。6 月，印度尼西亚政府对进口新鲜瓜果蔬菜采取贸易保护措施，将进口上述农产品的 8 个航空港和海运港口缩减至 4 个，并对各国出口商的相关资质增设了一定限制。

以果蔬产品为例，中国是印度尼西亚最大的果蔬供应国。2015 年，中国

① Tahlim Sudaryanto, Reni Kustiari, Sri Hery Susilowati, Adjusting Import Tariff for Strategic Agricultural Commodities in Indonesia, http: //ap. fftc. agnet. org/ap _ db. php? id=973。

② Kementerian Perdagangan. Peraturan Menteri Perdagangan Republik IndonesiaNomor 58 Tahun 2018 tentangPenetapan Harga Acuan Pembelian di Petani dan Harga, Acuan Penjualan di Konsumen。

③ Badan Pusat Statistik, StrukturOngkos Usaha Tani，2017。

向印度尼西亚出口蔬菜水果 75.35 万吨，货值 7.63 亿美元，同比分别下降 9.38％和 0.52％，约占印度尼西亚果蔬进口总量的六成。为了保护本国果蔬产业发展，印度尼西亚从 2012 年起，相继实施了《农民保护与赋权法案》，加大了对进口水果检疫的审查力度，中国果蔬出口受到影响。例如，中国对印度尼西亚出口柑橘从 2012 年的 19.8 万吨，降至 2015 年的 5.94 万吨。2016 年 2 月，印度尼西亚正式实施的《关于新鲜植物源性食品进出口食品安全控制的条例》的相关安全控制规定，导致中国出口印度尼西亚的果蔬全面受到阻碍。受此影响，中国出口印度尼西亚的主要水果蔬菜出口量均大幅下降，其中 2016 年柑橘出口 2.85 万吨，货值 4 960 万美元，同比分别下降 65.5％和 57.6％[1]；梨出口 4.51 万吨，货值 3 449 万美元，同比分别下降 49.4％和 65％[2]。

反观印度尼西亚的出口方面，根据印度尼西亚农业部统计数据，2014 年至 2018 年，出口到中国的农产品大幅增长，达 33.63％或每年 9.27％，这意味着从 399 万吨升至 534 万吨。这其中最高的园艺产品出口额增长了 27.98％[3]，种植和畜牧产品出口额增长 26.10％和 16.15％。这也带来了印度尼西亚对中国贸易顺差的大幅增长，增长率高达 35.23％。在此期间，贸易平衡盈余均达 361 万吨，按当期价格计算为 26.13 万亿印度尼西亚盾[4]。

这里以山竹、菠萝和棕榈油产品为例。山竹是印度尼西亚的优质特色热带水果，但在 2013 年，中国检验检疫部门在进口的印度尼西亚山竹中多次发现有害生物，检出重金属镉超标，其中甚至包括中国禁止入境的检疫性有害生物，因此暂停了山竹的进口。而随着印度尼西亚方面采取一系列改进措施并与中国相关部门达成共识后，中国重新允许山竹进入中国市场销售。2019 年 4 月，第二届"一带一路"国际合作高峰论坛期间，双方签署了《中华人民共和国海关总署与印度尼西亚共和国农业部关于印度尼西亚山竹输华植物检疫要求的议定书》[5]。基于双方达成的严格检验检疫要求基础上，中国重新开放山竹的进口与销售。

① 庞淑婷，程光伟，刘颖，《"一带一路"市场农产食品贸易及其技术性贸易壁垒分析》，《中国标准化》，2019 年第 7 期，第 160～164 页。
② Badan Pusat Statistik，StrukturOngkos Usaha Tani，2017。
③ 中华人民共和国驻印度尼西亚共和国大使馆经济商务处，《2014 年至 2018 年印度尼西亚对中国出口农产品增加 33％》，http：//id. mofcom. gov. cn/article/sbmy/201908/20190802886819. shtml。
④ 中国-印度尼西亚经贸合作网，《印度尼西亚 2020 年将向中国出口新鲜菠萝》，http：//www. cic. mofcom. gov. cn/article/economicandtrade/staticaldata/201908/412434. html。
⑤ 中华人民共和国海关总署，《倪岳峰在署会见印度尼西亚外交部长蕾特诺·马尔苏迪一行》，http：//www. customs. gov. cn/customs/xwfb34/302425/2401385/index. html。

这一措施将促进印度尼西亚山竹大规模出口到中国。而印度尼西亚农业部也将采取集约化生产的措施，分发研发机构生产的良种，支持特色产地山竹树的补种计划。

另一种普遍受市场青睐的热带水果菠萝长期以来也因未获得检疫准入许可而不能销往中国市场，但这一情况在 2019 年第二届中国国际进口博览会（CIIE）后得到了改变。按计划在 2020 年，印度尼西亚菠萝将进军中国市场。来自印度尼西亚菠萝主要产区的 Great Giant Foods 公司近年来在做好安全保证的同时不断提高物流管理技术水平，向包括中国、日本在内的东亚国家和中东国家出口新鲜菠萝。在得到中国海关总署的批准后，该公司在 2019—2020 年出口了价值达 5 000 万美元的新鲜菠萝。

不同于前述两类热带水果，印度尼西亚重要的经济作物产品棕榈油也与中国存在广泛的合作空间。2018 年 11 月，在亚太经合组织（APEC）巴布亚新几内亚领导人非正式会议期间，习近平主席与印度尼西亚总统谈到了棕榈油产业的合作问题。这是在印度市场销售受阻，导致印度尼西亚棕榈油出口形势恶化后，印度尼西亚急迫向中国这一巨大市场寻求帮助。此前，李克强总理在访问印度尼西亚后表示"中方将增加 50 万吨印度尼西亚棕榈油进口配额，以更好平衡中国与印度尼西亚的贸易逆差"[1]。2019 年 9 月至 2020 年 1 月 1 日，印度尼西亚将不征收棕榈油出口关税，这将更大规模促进印度尼西亚棕榈油产品的出口。

对此，未来在农产品贸易方面，中国应根据印度尼西亚农产品市场需求，结合自身种植特色，鼓励优势产业的种植。首先，温带农产品在数量和质量上都应有所提高，需大力发展农产品加工业，进一步提高农产品附加值。其次，要引进种植条件适合的优质蔬菜品种，培育特色农产品[2]。最重要的是，要尽快建立统一标准的质量认证体系，建设出口农产品生产示范基地，推动出口农产品的规模化生产。这将有利于提高农业现代化水平，从而在保持与印度尼西亚优势互补的条件下，扭转中国在两国农产品贸易中的逆差地位。与此同时，加强与印度尼西亚方的信息沟通尤为重要，这将更为精准地把握印度尼西亚农产品市场的实际和潜在需求。

---

① 中华人民共和国中央政府网，http://www.gov.cn/guowuyuan/2018-05/08/content_5289223.htm。

② 胡威，《CAFTA 框架下印度尼西亚农业政策对中印农产品贸易的影响》，《商》2012 年第 14 期，第 115～116 页。

中国国际农产品交易会（简称"农交会"）为双方农产品贸易提供了一个国家级的专业交易平台。农交会是由中国农业农村部主办、商务部重点引导支持的大型综合性农业盛会。自 2003 年以来已经连续成功举办了 15 届。15 年来，农交会的国际化程度不断提高，境外参展商持续增长，参展农产品的品种也越来越丰富，农交会成为中国农业领域对外开放的一个重要窗口。近两届农交会，印度尼西亚农业企业都有组团参加，同时，来自印度尼西亚的国际采购商也随团到会洽谈合作事宜，并集中参观采购，他们的采购意向包括食品、水产品、农业机械等。

通过农交会这一平台中国的优质农产品走出去，将外国的特色商品和民族文化引进来。这既是"买全球卖全球"国际化思路的体现，也是各国农业交流融通的有效手段，不仅有利于促进中国农业产业转型升级，还将为全球农业可持续发展贡献中国智慧，为构建开放型世界经济发挥更大作用[1]。

第四节　种植业合作

尽管农业在印度尼西亚的国民经济结构中历来占有重要地位，但印度尼西亚仍面临耕地流失、农业科技推广乏力、基础设施不足等问题，农业现代化步伐缓慢。印度尼西亚具有劳动力低廉的优势，且印度尼西亚政府重视农业多元化经营，采取综合型农业发展战略，粮食生产与经济作物发展逐渐趋向平衡，为农业领域开展国际合作提供了机遇[2]。粮食安全仍然是印度尼西亚政府面临的最大问题，中国与印度尼西亚两国在种植业领域具有广泛的合作前景。

2007 年，印度尼西亚政府实施的新投资法（2007 年第 25 号法）替代了 1967 年的旧法，对一系列政策进行了改革以吸引外资。新投资法减少了投资限制，鼓励扩大就业、带动中小微企业等外资合作，注重提高农产品附加值的产业投资。这一版投资法除了延长商业种植用地使用期限最高至 85 年外，还允许外国投资者对主要粮食种植产业的个人公司拥有 49％的公司所有权，而按照此前的法律规定，国外投资者是被禁止进入粮食种植产业领域的。[3]（根

---

① 本刊综述，《在这里 中国农业与世界共舞》，《农产品市场周刊》，2018 年第 43 期，第 16～21 页。

② 尹必健，《印度尼西亚农业发展概述》，《粮食流通技术》，2011 年第 6 期，第 38～40 页。

③ 朱增勇，曲春红，《印度尼西亚种植业及其与中国合作研究》，《世界农业》，2015 年第 10 期，第 64～68 页，239 页。

据 2009 年第 41 号关于保护农业用地可持续利用的法令，主要粮食作物玉米、大豆、花生、绿豆、水稻、木薯和红薯等，种植面积超过 25 公顷的，外资股权比例最高不能超过 49%）限制外国投资者对与食品有关的土地资源如稻田的所有权，其持有的股份比例不得超过 49%。这些政策措施为两国农业合作中的种植业合作提供了充分的法律、政策支持。

2015 年起，印度尼西亚中央政府向集成型农业产业（即从种植到生产加工的一体化农业生产方式）提供财政及非财政优惠措施，集成型农业生产企业的生产活动不仅产生更大利润，同时还能生产更多的衍生产品[①]。到印度尼西亚进行种植业和农产品加工业投资的中资企业，在合作层次和领域等方面仍具有很大的拓展潜力，围绕水稻、玉米、油棕、橡胶、木薯等粮食作物和经济作物，可开展从育种、生产资料一直到作物种植、农产品加工和仓储物流系统的产业合作。在提升粮食作物生产能力的同时，还可通过农产品精深加工、物流基础设施等投资合作，充分提高投资合作效益。在充分尊重印度尼西亚需求的前提下，中资企业应着眼于大农业产业链，布局种植业上下游环节，发挥好技术和资金上的优势，实现两国种植业的全产业链合作。

至 2018 年，印度尼西亚农业部已松绑对妨碍到印度尼西亚农业领域投资的 141 项条例。除此之外，还有 50 项条例也正在进行松绑过程，以便能吸引国外投资者投资。[②]当前，印度尼西亚种植业和畜牧业领域的投资额已不断上升，印度尼西亚政府对妨碍投资的条例进行松绑的政策取得了系列成效，为种植业合作提供了政策空间。

中国与印度尼西亚种植业合作中的生产试验在地方层面落地相对较早，这是地方自主探索合作的一项重要成果。2002 年开始实施的中国湖南省与印度尼西亚西努沙登加拉省杂交水稻研究和生产试验项目，分三个阶段执行，以技术交流和育种为重点，两国农业部给予了重点支持。

2013 年，中国与印度尼西亚农业合作示范项目巴厘省杂交水稻高产栽培示范在达板楠县辜固村举行现场验收收割仪式，这是中国与印度尼西亚在农业领域开展合作造福当地人民的一个见证。在印度尼西亚政府有效的水稻增产计

---

① 沈铭辉、张中元，《"一带一路"背景下的国际产能合作——以中国-印度尼西亚合作为例》，《国际经济合作》，2017 年第 3 期，第 4～11 页。

② 中华人民共和国驻印度尼西亚大使馆经济商务处，《为吸引投资印度尼西亚农业部松绑 141 项条例》，http://id.mofcom.gov.cn/article/jjxs/201804/20180402727665.shtml。

划带动下，当地水稻产量逐年增长，随着引进中国杂交水稻种植技术，印度尼西亚的粮食生产必将进一步提高，农民的生活水平必将得到更大的改善。中国在印度尼西亚累计推广种植 10 万公顷杂交水稻，将印度尼西亚水稻平均产量由每公顷 5 吨提高至 9 吨。

此外，针对中国与印度尼西亚种植业合作基础设施薄弱、投融资存在困难等问题，两国相关机构在近年来签署了《中国进出口银行、印度尼西亚共和国财政部和印度尼西亚共和国国家发展计划部关于基础设施融资合作实施协议》《中国国家开发银行与印度尼西亚投资协调委员会投资促进合作谅解备忘录》，将为种植业合作融资与基础设施投资提供支持。

除此之外，双边合作的形式也不断创新。2019 年，由中国农业农村部国际交流服务中心承办的印度尼西亚农村管理研修班在北京举行。印度尼西亚派遣 1 000 名农村管理者和农村企业代表到中国研习农村发展经验。在两国政府的高度重视下，部分印度尼西亚学员在中国开展研修学习。他们在北京了解农业产业扶贫和农村发展相关政策，前往江苏、上海实地走访典型农村和农业企业，学习中国乡村发展、治理和乡镇企业建设的经验和做法。可有效应用于种植业的高效灌溉系统、智慧施肥机、智慧农业、云平台等产品设备的展示，及相关种植技术系统应用的操控演示，为印度尼西亚农村管理者提供了新的视角。这类研修走访活动同时也为两国地方种植业合作搭建了合作平台。

近年来，经济作物的种植在印度尼西亚受到重视，经济作物的种植区域逐渐扩大。在经济作物品种和产业中，可可加工业得到了较快的发展。2014—2017年，印度尼西亚的可可种植业不再集中于传统的种植基地爪哇岛上，开始向印度尼西亚东部转移并扩大，投资额也相应地从 2010 年的 2.5 亿美元增长至 2015年的 6 亿美元，增幅高达 140%。为进一步推动可可加工业的发展，吸引国内外投资，印度尼西亚政府出台了可可加工设备进口免关税等税收优惠政策，以及一站式服务、通关便利化、产业基础设施配套等支持措施。这些政策将更好地促进两国在经济作物种植方面的合作，实现经济作物产值的不断提升。

第五节　产业园区与投资

2007 年，印度尼西亚中央政府出台了《国家长期发展规划》（Rencana Pembangunan Jangka Panjang Nasional，RPJPN），这一长期规划的时间跨度长达 20 年，即从 2005 年到 2025 年。《国家长期发展规划》将国家工业部门定位为未来促进经济增长的重要引擎，并强调农业、服务业、采矿业要为国家工业部门的发展提供有效的支持。这一长期规划为印度尼西亚农业的产业化发展提供了有效的政策保证。

这一长期规划承诺要消除市场存在的垄断行为和其他市场扭曲现象，提高初级部门的生产效率以促进印度尼西亚企业在本地和国际上的竞争力，进一步支持印度尼西亚本土中小企业融入全球价值链，通过产品深加工和多元化价值链的发展（下游发展）、结构深化（上游发展）以及垂直一体化（上游和下游共同发展），加强其在前向、后向价值链中的联系以及企业间横向的产业间的联系①。同时，规划提出将推动一系列制造业及其子行业作为重点发展行业，进一步创造就业机会，更好地满足国内需求，有效开发包括农业资源在内的国内自然资源，使印度尼西亚制造产品更加具有竞争力，进而扩大出口。

一、双边经贸合作区

近年来，到印度尼西亚寻求投资合作的中国企业不断增加，投资领域也不断扩大，大型投资项目不断涌现，中国对印度尼西亚投资主要领域包括矿冶、农业、电力、地产、家电与电子和数字经济等。中国已成为印度尼西亚第三大投资来源国，总投资额仅次于新加坡和日本。

在这一背景下，中国-印度尼西亚经贸合作区应运而生。这是中国在印度尼西亚设立的第一个集工业生产、仓储物流、贸易为一体的国家级境外经贸合作区，是广西在境外设立的第一个境外经贸合作窗口园区，同时也是印度尼西亚唯一一个通过中国商务部、财政部确认考核的综合性境外经贸合作园区。这一园区位于首都大雅加达地区东部的工业长廊——雅万经济带的中心地区。园区成立于 2008 年，由广西农垦集团有限责任公司投资建设。其地理位置、交通非常便利，距离雅加达市 37 千米，距离苏加诺国际机场 60 千米，距离雅加达国际港口丹戎不碌港 50 千米，与印度尼西亚第二大城市万隆距离则不足100 千米。同时，连接雅加达和万隆的雅万高速 37 千米处在园区附近设有出入口，由中资企业正在加速建设的雅万高铁在合作区附近也设有站点。

---

① 沈铭辉，张中元，《"一带一路"背景下的国际产能合作——以中国-印度尼西亚合作为例》，《国际经济合作》，2017 年第 3 期，第 4～11 页。

园区总体规划面积 455 公顷，其中一期规划建设 205 公顷，主要产业定位为机械制造、农产品精深加工、汽配制造、仓储物流服务等；二期规划建设 250 公顷，主要在园区一期基础上建设智慧型科技园区，将园区打造成集工业生产、商贸、仓储、服务为一体的现代化国际经贸合作区，同时也是来自中国的优势产业在印度尼西亚的重要产供销仓储集散中心[①]。

企业在这一合作区投资设厂方式主要有两种：一是企业购买土地自建厂房，二是企业租赁合作区的标准厂房。其他合作方式，根据企业的需要可与合作区运营方另行协商。合作区是中国企业到印度尼西亚投资建厂的重要平台和基地，为中国企业在境外实现产业聚集、抱团发展、抵御风险提供有力支持。企业到园区投资建厂，可以有效地规避境外购买土地的相关风险，大大缩短投资建厂的政府审批时间，并将享受一系列优惠政策（图 9-1）。

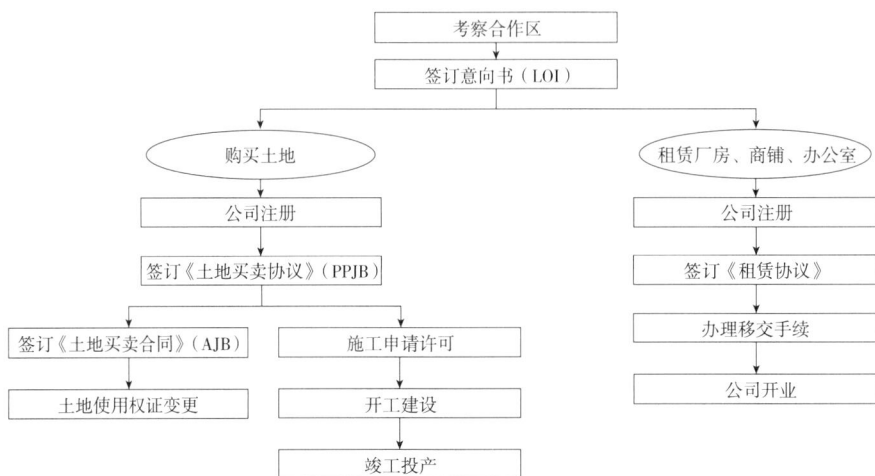

```
                    ┌──────────────┐
                    │   考察合作区   │
                    └──────┬───────┘
                    ┌──────┴───────┐
                    │ 签订意向书（LOI）│
                    └──────┬───────┘
            ┌──────────────┴──────────────┐
      ╭─────┴─────╮               ╭───────┴───────╮
      │  购买土地  │               │ 租赁厂房、商铺、办公室 │
      ╰─────┬─────╯               ╰───────┬───────╯
    ┌───────┴───────┐             ┌───────┴───────┐
    │    公司注册    │             │    公司注册    │
    └───────┬───────┘             └───────┬───────┘
  ┌─────────┴─────────┐           ┌───────┴───────┐
  │签订《土地买卖协议》（PPJB）│           │ 签订《租赁协议》 │
  └─────────┬─────────┘           └───────┬───────┘
    ┌───────┴────────┐            ┌───────┴───────┐
┌───┴────┐     ┌─────┴────┐       │  办理移交手续  │
│签订《土地  │     │ 施工申请许可 │       └───────┬───────┘
│买卖合同》 │     └─────┬────┘       ┌───────┴───────┐
│（AJB）  │     ┌─────┴────┐       │    公司开业    │
└───┬────┘     │  开工建设  │       └───────────────┘
┌───┴────┐     └─────┬────┘
│土地使用   │     ┌─────┴────┐
│权证变更   │     │  竣工投产  │
└────────┘     └──────────┘
```

图 9-1　中国-印度尼西亚经贸合作区企业投资流程

资料来源：中国-印度尼西亚经贸合作区官方网站，http：//www.kitic.net/col.jsp? id＝123。

园区的优惠政策包括：

（1）普惠制（GSP）。享受欧盟国家普惠制的关税减免待遇。

（2）进口关税。企业自用的生产原材料、机械设备、零配件及辅助设备等基本物资免征进口税。

（3）税收便利。6 年内对实现的投资利润降低 30％的所得税；加速折旧和摊销；10 年内结转亏损的便利。

[①]　王燕青，谢克红，杜悦英，等，《广西农垦："一带一路"上的深耕与求索》，《中国发展观察》，2019 年第 16 期，第 24～30 页。

（4）出口退税。对在印度尼西亚国内购买的出口产品所需的奢侈品与原材料，免征增值税与销售税。

（5）保税区。凡经印度尼西亚政府核准在保税区内设立的企业，皆可享受进口关税、进口货物税、扣缴税及国内货物税等各项税收的减免优惠待遇。

（6）外汇管制。印度尼西亚属非外汇管制国家，外国投资者的外汇投资及在印度尼西亚国内完税后利润可自由汇出境外①。

截至 2020 年 2 月，合作区内入驻企业包括中国西电集团、蒙牛集团、南通康桥油脂公司、澄天伟业印度尼西亚公司、北京物华天宝公司等知名企业。合作区入驻企业共计 54 家，中资企业 27 家、占比 50%，建成投产企业 36 家，施工建设企业 9 家，入园企业项目协议总投资超过 12 亿美元。投资领域涉及农产品加工、食品加工、机械制造、变压器、汽车装配、仓储物流等产业。中国与印度尼西亚双方的战略发展目标高度契合，为农产品加工等企业深入开展合作奠定了坚实的基础。中国-印度尼西亚经贸合作区仅用 10 多年的时间，成为中外企业互利合作的试验田，为中国企业的"走出去"提供了可借鉴的样板。

二、境外农业产业园区

建设境外农业产业园区是由政府引导，企业参与的农业领域国际合作的新形式，有利于更好地发挥企业"走出去"投资的集聚效应，践行互利共赢的农业国际化发展理念，正在成为推动农业企业"走出去"的一支积极力量。因此，积极推动中方企业在印度尼西亚境内投资建设农业产业园区，引导农业企业在印度尼西亚实现集聚发展，提升园区内企业的产业化水平，将有效降低企业的对外投资风险，使其能够以开放的机制和完善的基础设施吸引优秀企业入园共同建设园区，打通农产品生产、加工、储存、销售、物流等环节，形成农业产业链的协同发展机制，提高农业企业的资源配置能力和竞争能力。②

天津聚龙嘉华投资集团在印度尼西亚中加里曼丹省会巴朗卡利亚投资建

---

① 中国-印度尼西亚经贸合作区官方网站，http://www.kitic.net/col.jsp? id=116。
② 张蕾，《境外合作区案例之二：农业生产型　印度尼西亚农业产业区：产业链的整合者》，《中国投资》，2015 年第 7 期，第 44～46 页。

设的产业园区就是一个较为典型的案例。中国具备油棕种植条件的地区很少，棕榈油的使用绝大部分依靠进口。为响应国家"走出去"号召，2006年，总部位于天津的聚龙集团在印度尼西亚加里曼丹省建设了第一个1.2万公顷的油棕种植园。自2012年起，中国与印度尼西亚两国开始在印度尼西亚建设农业综合产业园区。该合作区规划面积4.3万千米^2，按照"一区多园、合作开发、全产业链构建"的规划进行开发，建设成一个以油棕种植开发、精深加工、仓储物流等为主的农业产业园区。初步形成了以油棕产业为主及相关产业链配套的集群式发展和产业聚集的重要平台，在推进"一带一路"倡议落地，推动农业对外投资合作中发挥了重要作用，与印度尼西亚方也实现了互利共赢。

特别值得一提的是，在园区建设推进过程中，该合作区大胆启用、系统培训印度尼西亚本地员工，这有力地促进了两国文化融合。此外，还通过合作种植、兴建水利等公共基础设施、开办学校等方式，积极践行社会责任，同时也造福了当地群众[①]。

2015年以来，这一产业园区累计吸纳就业9 000余人。更为关键的是，园区已经建成了全产业链结构，包含了多家棕榈油压榨厂、包装公司、物流公司。产业园区的发展模式使原本单一的种植园模式实现了转变，不再仅追求生产体量，同时也为各类生产企业搭建了平台。

三、相关机构合作

中国相关机构与印度尼西亚农村合作社联合会（Induk Koperasi Unit Desa，简称Induk KUD）开展的交流合作也是双方产业园区合作的又一案例。成立于1973年的Induk KUD，是印度尼西亚也是全世界最大的合作社组织，拥有超过1 300万个会员家庭，相关的会员家庭人口数近6 000万，有9 437个地方分社遍布印度尼西亚全国。长期以来，联合会发挥自身优势协助政府解决目前存在的农渔村贫困问题。在中国与印度尼西亚双方资源互补互利的框架下，这一机构对于与中国公司开展合作也非常欢迎。

在2015年签约的项目包括：Induk KUD与中国水产科学研究院签约的水

---

① 《2018"一带一路"境外农业产业园区建设创新案例　中国·印度尼西亚聚龙农业产业合作区》，《世界热带农业信息》，2018年第12期，第57页。

产养殖合作计划、与中国相关食品工业企业合作的木薯生产园区计划，以及"中国-印度尼西亚海上丝绸之路产品展示中心及网上交易平台"项目。这些项目涵盖种植、养殖、捕捞、加工、仓储、物流等，总价值1.6亿美元①。其中，东南亚最大的中国及国际产品O2O展示交易中心——丝路国际经济文化O2O发展中心，设立创新O2O线上线下常年直接交易平台，拟通过跨境电子商务并提供全程贸易一站式服务，降低买卖双方交易成本，协助中国企业及"一带一路"沿线国家企业特别是中小企业走出去。

四、中资企业直接投资

根据印度尼西亚2020—2024年国家中期发展计划，基础设施和人力资源将成为政府进一步优先发展的项目。在未来5年印度尼西亚政府仍将积极推动基础设施的发展，这将串起小型工业区、经济特区、旅游区、农业区和渔业区，更好地吸引投资。

对于中国企业而言，"走出去"投资前景广阔，境外全产业链也在逐步形成，但技术、管理人才短缺正成为发展瓶颈。中国蒙牛集团在印度尼西亚投资设厂，不断克服困难，打造完整产业链条。2018年11月，蒙牛集团在印度尼西亚西爪哇省勿加西县投资建立了乳制品工厂。截至到目前，这一工厂效益良好，将一条"海外奶源—海外加工—海外销售"的完整链条深深扎根于海外市场。蒙牛也借此不断实践"以我为主"的全球资源配置，打造出一条"Global for China"的全球乳业价值链，为中国乳业振兴发展探索国际化道路②。

蒙牛集团一直将东南亚作为最重要的海外市场，印度尼西亚工厂的建成，是继新西兰蒙牛雅士利工厂后，蒙牛在海外建成的第二家工厂，也是蒙牛在东南亚建立的首个乳制品生产基地，这将提升蒙牛在整个东南亚市场的竞争力。如今，蒙牛以优秀的业绩证明了选择印度尼西亚市场的前瞻性。蒙牛还根据当地消费者需求陆续推出新品，快速形成具有本地特色的酸奶、乳酸菌饮料产品矩阵。投产仅8个月后，蒙牛为当地打造的YoyiC产品已经进入印度尼西亚

---

① 人民网，《"印度尼西亚全国乡村合作社联盟"与中国多家公司合作签约》，http://world.people.com.cn/n/2015/0713/c1002-27298055.html。
② 人民论坛网，《蒙牛集团：全球乳业价值链布局成效凸显》，http://www.rmlt.com.cn/2019/1126/562584.shtml。

35 000多个销售终端，受到消费者广泛欢迎。同时，印度尼西亚市场的表现也提升了蒙牛品牌在整个东南亚的美誉度。这也给相关农业企业走出去投资设厂提供了宝贵经验，即在产品布局与品牌塑造方面要与当地特色相结合，不断开拓本地市场。

此外，针对印度尼西亚特色天然橡胶行业，海南农垦集团通过设立海南天然橡胶产业集团股份有限公司，拓展"一带一路"相关适宜天然橡胶产业发展国家的投资经营业务，通过充分利用当地良好的自然环境、优惠的投资和税收政策、丰富的土地和劳动力资源等有利条件，在东南亚、非洲等适宜经营发展天然橡胶产业的国家和地区进行产业布局。以海南天然橡胶产业集团股份有限公司（新加坡）为平台，联合印度尼西亚、马来西亚等国家的橡胶企业拓展市场。

五、印度尼西亚相关改革措施

2019年7月，印度尼西亚农业部颁布了《印度尼西亚农业部关于农业部门商业许可程序的第40/2019号条例：简化、流动和促进投资》文件。这被视为吸引投资者发展该国农业产业的一种表态。它是通过简化基于承诺平台的许可证发放程序而实施的。

这一条例的执行将促进农业方面的更高投资和增长，增加农民和其他从业者的就业和收入。简而言之就是通过简化农业营业执照申请程序，增加更多的投资机会。该条例框架下建立符合要求和承诺的商业或经营许可证在线单一提交系统，许可证的类型和范围包括种植园、粮食作物、园艺和牲畜分部门的登记、推荐和认证等。从本质上讲，第40/2019号条例是印度尼西亚政府的一项主动努力，旨在推动印度尼西亚农业企业注册程序的简化。

第六节　农业科技合作

中国与印度尼西亚农业科技合作以两国农业相关科研机构、高等学校之间交流合作为主，体现了专业性的导向，以实现技术优势有效互补为主要目标，同时还借两国官方交流平台开展相关合作，取得了一系列丰硕成果，有效推动两国农业现代化进程，造福两国人民。

一、科研机构合作

中国农业科学院是国家综合性农业科研机构，担负着全国农业重大基础研究、应用研究和高新技术研究的任务，在国际科技交流合作方面发挥重要作用。2017 年中国农业科学院与印度尼西亚农业研究发展署（IAARD）及其所属的 7 个研究所签署了科技合作备忘录[①]，就加强兽医生物技术、动物分子育种、种子资源交换、农业遥感、土壤管理、基础能力建设等领域达成了合作意向。这些合作领域多集中在中国农业科学院的优势研究领域，特别是在分子育种等生物技术方面，将为印度尼西亚相关领域提供技术支持。而农业遥感与土壤管理也是农业生产不可或缺的技术支撑。

中国热带农业科学院是国家级热带农业科研机构，其科学研究与试验也集中在热带地区。2019 年，中国热带农业科学院代表团访问印度尼西亚农业部合作局和当地两家大型甘蔗农业公司。在深化热带农业科技交流与合作、合作平台共建特别是农业机械合作研发推广方面达成了一系列共识。

中国热带农业科学院农机所联合机械制造企业研发的 1GYF-200 型、1GYF-240A 型甘蔗叶粉碎还田机和 3ZSP-2A 型甘蔗中耕施肥培土机，受到了印度尼西亚相关企业的广泛需求，累计已经出口三批次 20 余台。1GYF-240A 型甘蔗叶粉碎还田机是农机所针对东南亚蔗区自然条件进行最新优化的粉碎还田装备，相较于之前的机型具有转速稳定、作业平稳、节能降耗、效率高等优点，更加适合印度尼西亚当地蔗叶量大且集中等特点。该样机已在印度尼西亚做推广性试验，粉碎质量等各项参数指标达到预期，得到用户的高度认可。3ZSP-2A 型甘蔗中耕施肥培土机是农机所与广西双高农机有限公司联合研制的新型样机，采用大圆盘破垄开沟、后置大培土机构，并且配套了农机所的发明专利"液压圆盘刮板式排肥装置"，发往印度尼西亚爪哇岛做推广性试验，农机所也将不断跟进试验，改进样机，力争将 3ZSP-2A 型甘蔗中耕施肥培土机打造成适合于印度尼西亚种植模式的又一款主推科研产品[②]。

---

① 中国农业科学院，《中国农科院全面推进与新西兰、澳大利亚、印度尼西亚农业科技合作》，http：//www.caas.cn/xwzx/gjhz/284986.html。

② 中国热带农业科学院，《农机所第 11 批甘蔗生产机械出口印度尼西亚》，http：//www.catas.cn/contents/15/136313.html。

中国热带农业科学院香料饮料研究所与农机所的科研人员赴印度尼西亚执行了"一带一路"热带农业资源联合调查与开发评价任务，重点调查了咖啡、可可、波罗蜜等热带香料饮料和印度尼西亚当地木本粮食作物的栽培模式及病虫害发生情况，同时详细了解了当地咖啡、可可、波罗蜜等作物的产业规模、种植模式、田间病虫害种类、加工方法及存在问题等。在当地农业机械公司以及种植农庄，开展了甘蔗、天然橡胶和木薯等热带作物生产机械化技术与装备交流及需求调研，并与当地企业签订合作协议[①]。

中国热带农业科学院椰子所在椰子育种、栽培、加工等方面科技力量雄厚，投资也相对较大，与印度尼西亚椰子协会合作往来密切。中国椰子产品消费市场潜力巨大，椰子所在椰子、油棕等热带油料作物方面取得了系列成就，尤其是在综合加工技术方面取得一定成就，打造了精深加工产品，这与印度尼西亚对于椰子生产技术的需求相呼应。

受天然橡胶价格持续低迷的影响，印度尼西亚的天然橡胶产业面临用工荒问题，对机械化割胶操作技术需求较大。中国热带农业科学院橡胶所的智能化采胶设备可在印度尼西亚试用，为中国天然橡胶科技"走出去"提供了联合示范推广平台。

总体来看，印度尼西亚相关科研机构、行业协会对中国热带农业科学院所掌握的橡胶机械割胶技术，香蕉、甘蔗、椰子、油棕组织培养技术，菠萝叶纤维制备技术和水稻玉米的丰产栽培技术等方面有较大的技术需求，同时相关机构还希望在"一带一路"总体合作框架下，中方能通过投资等方式转移相关椰子加工技术，并协助相关企业在印度尼西亚建设椰子加工厂，建立"印度尼西亚-中国热带作物科学技术联合研究中心"等跨国联合研究机构。

在地方层面，山东、上海农业科研机构与印度尼西亚相关方面在近年来也开展合作。山东是玉米种植大省，山东省农业科学院与印度尼西亚国家玉米研究所和印度尼西亚和荣农业有限公司自 2008 年开始，在印度尼西亚开展了玉米引种试验，对于表现良好的品种进行了示范推广，育成的玉米品种"鲁单9088"较当地品种增产高达 61%，并指导和荣公司在印度尼西亚建成 1 个高产核心试验示范基地，总规模 3.33 公顷，包括 2 个核心试验点和 5 个辐射示范试验点。双方在种质资源交换、合作研发及种质创新、人员互访、品种审

---

① 《中国热带农业科学院农机所与印度尼西亚企业签署合作协议开展甘蔗、橡胶等机械化技术合作》，《世界热带农业信息》，2018 年第 9 期，第 7～9 页。

定、玉米制种及品种推广领域的合作已经较为成熟。同时，山东省农业科学院玉米所与印度尼西亚哈山努丁大学签定了国家重点研发计划国际战略性合作重点专项"印度尼西亚优异玉米品种选育合作研究与示范"项目，建有山东省农业科学院-印度尼西亚哈山努丁大学玉米联合实验室。印度尼西亚农业领域的权威机构印度尼西亚国家谷物研究所和印度尼西亚哈山努丁大学也将借助这一平台，在未来选派杰出青年专家到山东省农科院玉米研究所进行学习交流。

2018 年 6 月，来自山东省农科院玉米研究所和花生研究所的十几名农业专家，与印度尼西亚同行完成了"中国玉米花生生产技术培训交流暨现场观摩"活动。花生单粒精播技术和花生玉米间作技术在中国已非常成熟，在印度尼西亚的试验也取得非常好的示范效果，为下一阶段规模化技术引进奠定了良好的基础。事实上，两种生产技术在印度尼西亚部分产区的应用，已经实现了产量的提升与成本的控制，经济效益较好。

上海市农业科学院与印度尼西亚南苏拉威西省在水稻栽培和种植技术方面展开了一系列的交流合作。双方就水稻生产的气候、土壤及灌溉条件等基本情况进行了交流，也进一步了解了中国节水抗旱稻的育种过程、稻米品质及栽培基本要求等，并就进一步在南苏拉威西省开展中国节水抗旱稻的试验示范达成了合作意向。

二、涉农高校间合作

涉农高校方面，与印度尼西亚合作较多的高校主要集中在东南沿海地区，以农林类高校为主，综合类高校为辅。

印度尼西亚玛琅国立大学（State University of Malang）创建于 1954 年，是印度尼西亚历史最悠久的公立大学之一，共有 2.4 万名学生。该校与南京农业大学有着长期良好的合作关系。2010 年 12 月，玛琅国立大学首批 14 名硕士研究生来南京农业大学参加生物化学课程短期培训。此后，这一培训项目规模不断扩大，覆盖的学科也不断增加。截至 2017 年 5 月，已有超过 150 名玛琅国立大学的硕士研究生来南京农业大学进修交流。

2018 年 4 月，"中国-东盟采后生物学与贮藏物流技术研讨会"在浙江大学农业与生物技术学院召开。中国与印度尼西亚等东盟国家的水果交易零关税，极大促进了园艺产品交易规模的快速增长。然而，采后贮藏物流过程的品质劣变和高损耗直接影响了采后增值和农业增效。双方在采后贮藏物流方面面临类似的共性产业问题。围绕园艺产品采后生物学、品质评价、贮藏与物流技术等主题，24 位专家学者在研讨会上做了报告，涉及了番茄、榴梿、椰子、龙眼、山竹、芒果、火龙果、柑橘、香蕉、柿和桃等。研讨会的召开对于推进中国与东盟国家的科技合作与交流，构建"一带一路"国家的农产品互通物流网路提供了科技支撑和示范效应。

第十章 CHAPTER 10
中国与印度尼西亚农业贸易的机遇 ▶▶▶

第一节　中国与印度尼西亚农业贸易的机遇

一、政府友好互动提供政治基础

近年来，中国与印度尼西亚双边政治关系稳定发展，为经济贸易往来奠定了较为坚实的政治基础。农产品贸易作为中国与印度尼西亚双边经济合作的重要组成部分，一直是两国政府大力支持并且高度关注的内容。同时，双方在农业生产和农业技术合作方面也一直保持着良好的互动氛围。客观上看，中国与印度尼西亚之间的农产品贸易与合作符合两国经济发展的客观规律与主观需求，农业贸易得益于双方之间政治互信的增长，同时贸易关系的日益紧密也能够为两国进一步的交往和互动起到一定的推动作用。

中国-东盟自由贸易区为中国与印度尼西亚的双边农产品贸易提供了稳定的政治基调和制度基础，为双边农产品贸易提供了较为安全稳定的贸易环境，双方可以就具体的贸易事项进行沟通与协商，为中国-东盟贸易发展提供良好的互动平台。2002 年 11 月，中国与东盟签订了《中国-东盟自由贸易区全面经济合作框架协议》，在自贸区的合作框架下，中国与东盟国家建立了较为完善的制度安排、贸易宗旨以及贸易范围等，促使双边农产品贸易更加稳定。在自贸区的制度安排下，2004 年双方开始实施"早期收获"计划，分别对农产品进行降税减税，为中国与印度尼西亚之间的农产品贸易提供了重要动力。

二、农产品双边贸易互补性较强

中国与印度尼西亚都是传统的农业大国，依托自然资源禀赋，两国在很多农产品上都具有强大的比较优势，尤其是棕榈油、烟草等大宗农产品。两国双边农产品贸易进出口排名前十的农产品中，仅有 HS0303（冻鱼）一类属于同种类型的农产品，其余农产品品种均不同，在中国-东盟自由贸易区框架下，中国与印度尼西亚的农产品贸易能够最大限度地发挥本国的比较优势。中国的温带农产品与印度尼西亚的热带农产品存在相当程度的互补性，如中国的温带果蔬以及温带水产品是主要出口印度尼西亚的农产品，印度尼西亚的热带果蔬、棕榈油、椰子油等是出口到中国的主要农产品。对于中国而言，棕榈油等农产品的大量进口满足了中国在植物油市场的需求，同时，烟草等大宗农产品的出口也开拓了海外市场，满足了中国的出口需求。建立在市场需求基础之上的贸易关系具有稳定性，两国对相互间具有比较优势农产品进行货物贸易能够有效满足本国的农产品市场需求，维持本国农产品消费市场的平衡。鉴于中国与印度尼西亚两国的广阔市场，双方之间的农产品贸易还具有较为广阔的合作空间与发展潜力。

三、跨境电商拓展双边贸易新方式

近年来，随着电子商务的迅速发展，中国境内兴起了一大批跨境电子商务企业，而印度尼西亚的电子商务产业发展晚，有关农产品的电子商务企业少。印度尼西亚拥有东南亚地区最大的投资市场，电子商务的发展空间和发展潜力都十分可观。因此，中国一直在积极探索两国在农产品贸易方式上的新途径与新内容，以便更好地服务于双边农产品贸易。同时，两国在电子商务领域的合作，能够使双边贸易突破传统贸易方式的界限，更及时、准确地满足双方的农产品市场需求。

目前，阿里巴巴、京东集团等企业已经成为中国跨境电商的主要代表，积极在印度尼西亚拓展市场空间和发挥影响力。政府的相关政策支持也推动以阿里巴巴为代表的中国跨境电商在印度尼西亚的投资。2018 年的政府工作报告进一步提出了对跨境电商的一系列优惠政策，不仅降低了跨境电商的交易成本，而且为中国电子商务企业的跨境活动创造了良好的发展氛围。同时，将农产品贸易与"互联网＋"相结合，跨境电商的发展将使得跨境物流变得更加高效。随着中国与印度尼西亚之间的跨境物流方式的不断完善，使有效信息资源得到高效整合，能够有助于将中国的优势和优质农产品推向印度尼西亚市场，扩大农产品的出口份额，实现双边贸易的平衡与稳定，推动传统贸易方式的创新与升级。

四、"一带一路"倡议提供战略机遇期

印度尼西亚作为中国"一带一路"倡议在东南亚最大的参与国，"一带一路"倡议能够与印度尼西亚的海洋强国战略"全球海洋支点"相对接，农业作为两国经贸合作的重要部分，如果能够抓住机遇期，推进两国农业发展有效对接，进一步优化双边农产品贸易结构，逐步减少非关税壁垒，共同维护平等自由的贸易环境，将既有利于中国实行"走出去"方略、推动"海上丝绸之路"的建设，也有利于印度尼西亚本国的农业发展。若中国与印度尼西亚能够充分利用战略机遇期，探索农业合作的新模式，也能够为中国与东盟其他国家创新农业贸易方式提供借鉴，进而推动中国与东盟整体农产品贸易额的增长，实现双赢。

第二节　推动中国与印度尼西亚农业贸易的举措

为应对第四次工业革命的到来，印度尼西亚政府于2018年4月推出了"印度尼西亚制造4.0"计划及其路线图，其中设置了5个优先发展行业：食品和饮料、汽车、纺织、电子和化工。在基础设施建设与工程机械领域，印度尼西亚地方基础设施相对较落后，在一定程度上限制了经济的发展。为此，印度尼西亚政府一直在推进基础设施建设上发力。在政府积极推进基础设施建设的背景下，印度尼西亚对重型机械相关产业的需求更是不断提高，这为下一阶段在两国重型农业机械合作及技术交流提供了广阔的平台。

经济特区是国家实施开放与现代化建设的重要窗口，在印度尼西亚经济特区投资的企业往往可以享受减税、原材料进口免增值税、物业所有权和提供居住证等优惠政策。2019年6月，印度尼西亚政府相关官员表示正在修订法规，

为经济特区的企业提供减税优惠，其中最值得关注的就是给予在经济特区的公司和外国务工者免税期和免税额。目前有 12 个经济特区，每个都有注重发展的行业，其中有 8 个经济特区已经投入运营，剩下 4 个经济特区仍在建设规划中。这其中将农业作为重点产业发展的包括：Bitung 特区位于北苏拉威西省，主要发展渔业、农业和物流业，已于 2019 年投入运营；Palu 特区位于中苏拉威西省，主要发展冶炼、农业和物流业，已于 2017 年投入运营；Arun Lhokseumawe 特区位于亚齐省，主要发展石化、农业、物流和造纸，也于 2017 年投入运营。

一、中国与印度尼西亚农业贸易面临的问题

（一） 中国出口额增长缓慢

印度尼西亚是中国传统出口市场，且其国内对农产品的需求量较大，尤其是在其国内农业生产技术较落后的阶段，如 2000 年以前，双边贸易中中国的出口额基本上保持在进口额之上。在 2000 年以后，出口额依然保持增长，但相比进口额而言，其增速十分缓慢。2004 年以后，进口额以出口额两倍的体量逐年增长，中国与印度尼西亚的双边贸易额几乎完全依靠印度尼西亚向中国出口来拉动。2018 年，中国的贸易逆差达到最大值 23.14 亿美元，这表明中国出口优势逐渐减少，也反映了中国对印度尼西亚农产品的依赖度不断增加。

（二） 双边贸易额不平衡

从长远角度来看，对等的平衡的农产品贸易才是真正有利于双边经贸关系持续发展的。"不对等的双边贸易格局会对中国推广农产品品种、打造农产品品牌、实现农业产业化等造成负面影响[1]。"

中国出口至印度尼西亚的农产品总量相较于进口而言有很大差距，2003 年起，中方在两国的农产品双边贸易中开始处于逆差状态，随着双方贸易水平的不断提高，中方的农产品贸易逆差额持续增加，并在 2018 年达到最大值 23.14 亿美元[2]。2004 年，中国与东盟开启"早期收获"计划，双方同意逐步削减《海关税则》前八章农产品的关税，同时中国与印度尼西亚两国政府决定

---

[1] 杨亮，吕耀，《中国-东盟农产品贸易及其影响分析》，《资源科学》，2009 年第 10 期，第 54 页。

[2] 数据来源：联合国统计司，https://unstats.un.org/home/。

将棕榈油、咖啡、椰子油等16种产品列为特定产品，享受零关税的优惠政策。而中国每年自印度尼西亚进口的主要农产品就是棕榈油等动植物油脂类，因此，此项政策促进了印度尼西亚出口棕榈油等农产品到中国。中国国内市场庞大，加之对棕榈油等的需求量大，此项政策之后，中国每年进口印度尼西亚棕榈油等植物油类几乎都在150万吨以上[①]。相较于进口而言，中国农产品出口优势明显不足，2018年中国的出口额仅为进口额的一半。

（三）双边贸易结构单一

中国与印度尼西亚两国之间历年进出口最多的农产品均为各自有较为明显地域特征的优势产品，进出口的农产品种类集中，中方的进口主要集中在棕榈油、热带果蔬及水产品，中方的出口主要集中在温带果蔬及水产、烟草以及糖类农产品，而其他种类的农产品进出口占比少，鲜有深加工和精加工类农产品。如中国历年进口印度尼西亚的 HS1511 类农产品占据全部进口一半以上的份额，多数年份甚至高达70%。随着中国国内市场的不断扩大，进口棕榈油的需求会不断增加。中国出口印度尼西亚的 HS0808 类农产品常年保持占总出口的20%以上[②]。

农产品进出口商品结构的高度集中不仅不利于双边农贸结构的平衡发展，拓展新的农产品贸易领域，而且风险性系数高，一旦受到人为或者自然因素的影响，双方的农产品进出口水平将发生大幅变化，对双边贸易将会产生不利影响。

（四）双边贸易阶段性特征突出，发展动力不足

进入2000年以后，双边贸易额在高速增长的同时，呈现出十分明显的阶段性发展特征，大致可分为三个发展阶段：第一阶段为2003年至2008年，双边农产品进出口贸易的年均增长率为15.79%；第二阶段为2009年至2012年，进出口年均增长率为21.28%；第三阶段为2013年至2018年，年均增长率为9.35%[③]。每一阶段后期的贸易水平都会呈现一定程度上断崖式下跌，尤其是2013年至2016年期间，双边贸易额增长缓慢，表明双边贸易发展持续性差，发展的后续动力不足，成为两国农产品贸易明显的特征之一。因此，如何突破

---

① 数据来源：联合国统计司，https：//unstats. un. org/home/。
② 数据来源：联合国统计司，https：//unstats. un. org/home/。
③ 数据来源：联合国统计司，https：//unstats. un. org/home/。

两国农产品贸易后续动力不足的情况，是双方亟须面对的难题。

（五） 贸易保护主义阻碍双边贸易的持续增长

农业政策对一国农业种植、生产以及贸易均有重大的影响。印度尼西亚是农业大国，农产品出口创汇是其国民生产总值的重要组成部分，农业安全涉及国家经济安全与战略利益。因此为了保护本国的农业产业以及农产品进出口，防范国外农产品冲击本国农业生产和农产品市场，政府经常会出台一些对农产品进出口进行限制的政策。

中国是印度尼西亚最大的果蔬供应国，中国的蔬果质高价低，出口竞争优势强，印度尼西亚对中国果蔬类农产品的依赖性较高，中国果蔬的大量出口会对印度尼西亚国内相关产业造成冲击。因此，为保护其国内果蔬产业的发展，自 2012 年起，印度尼西亚政府颁布第 30 号农业部长令，实施《农民保护与赋权法案》，通过进口许可证的方式限制新鲜蔬菜水果的进口，对进口的水果蔬菜进行严格审查，导致中国出口至印度西尼亚的果蔬农产品总量大幅下跌。2015 年印度尼西亚政府颁布了第 4 号农业部长令，要求自 2016 年 2 月 17 日起，他国出口到印度尼西亚的共 103 种果蔬产品必须得到来自印度尼西亚食品安全体系的认证，或者需要随出口果蔬附上经印度尼西亚食品安全体系认证的实验室出具的检测报告[①]。2016 年 2 月 17 日实施的《关于新鲜植物源性食品进出口安全控制》的相关规定，直接导致中国果蔬类农产品对印度尼西亚的出口额下降幅度达到历史最高。

这些政策通过非关税贸易壁垒直接限制了中国对印度尼西亚果蔬类农产品的出口，增加了中国农产品出口的难度，导致中国对印度尼西亚果蔬出口量的大幅度萎缩。长此以往，将会打击中国与印度尼西亚双边贸易额的增长动力，影响两国农产品贸易的长久健康发展。

二、推动中国与印度尼西亚农业贸易的举措

（一） 政府积极引导，为双边贸易增添发展新动力

2013 年，中国与印度尼西亚建立全面战略合作伙伴关系，成立农业合作

---

① 《印度尼西亚官方出台新政 农产品出口印度尼西亚条件放宽》，中华人民共和国商务部贸易救济调查局 2017 年 2 月 3 日，http://gpj.mofcom.gov.cn/article/zuixindt/201702/20170202509061.shtml。

联合委员会推动双边农业合作。2017 年 5 月两国共同签署了《共同推进"一带一路"建设农业合作的愿景与行动》，为两国农产品贸易奠定基调及指明方向。双方在推动农业贸易的同时，积极构建信息与政策沟通平台，贯彻落实双边农产品优惠政策。只有在政府顶层设计支持的保护下，双边农产品贸易才能够稳定发展。因此，要不断加强协商与对话机制，积极构建信息交流平台。将相关优惠政策落到实处，积极应对双边贸易中出现的问题与挑战。

（二）提升出口质量，促进进出口贸易额平衡发展

农产品质量问题是决定一国农产品进出口的主要因素，加强质量检测、保障产品安全，是提高农产品竞争力的重要手段。在深化中国与印度尼西亚全面战略合作伙伴关系、夯实政治合作基础的同时，要加强和完善中国在农产品生产和出口质量安全相关的法律法规建设，严格落实农产品生产、加工和出口的检疫与检验工作，排查并淘汰不符合检疫检测标准的农产品，完善监督机制和相关法律法规，为农产品贸易安全保驾护航。同时要注重树立和维护中国农业企业的口碑与形象，加大对发展绿色健康无公害农产品的支持和鼓励。加大对农业生产和研发的投资力度，提高农产品在种植和生产上的效率。依托自然资源禀赋，提升出口农产品的竞争力。

（三）优化贸易结构，开拓农产品进出口新内容

总体上看，中国出口至印度尼西亚的农产品中，份额比重较大的均为初级农产品，如大蒜、柑橘、苹果等果蔬类，而加工农产品所占比重相对较小。中国作为加工制造业大国，应当发挥优势，拓展农业合作空间，在继续支持传统贸易的同时积极寻求双边贸易的新的增长点。这需要中国加强对印度尼西亚国内农产品市场的调查和认知，充分挖掘合作潜能。积极拓展并完善双边农产品贸易的产业链条，推动深加工和精加工农产品的出口，提高农产品附加值。挖掘两国在加工农产品领域的贸易空间和潜力。同时要积极寻找主要进口农产品的替代产品，如棕榈油。由于自然地理因素，中国国内棕榈油产量很少，绝大部分依赖于进口，主要集中于印度尼西亚和马来西亚两个棕榈油生产和出口大国。随着国内市场对棕榈油的需求不断增加以及进口关税的削减和配额的取消，中国棕榈油进口量爆发式增长，从长期看，该进口量将会持续增加，这造成中国对印度尼西亚和马来西亚的棕榈油进口依赖性极强。因此，为了保护本

国相关产业的健康可持续发展，应当积极寻找其他替代产品与进口来源，分散进口过于集中的风险和压力，以便随时应对因任何人为或自然原因导致世界棕榈油市场产量不足的特殊状况。

（四）完善贸易渠道，促进贸易方式向多方向延伸

中国与印度尼西亚建立在自然资源禀赋上的农产品互补性，以及双方都处于亚洲的区位优势，使得两国之间的农产品贸易更具低成本的优势。因此，中国应当充分利用资源优势和地理优势，扩大贸易交易渠道，深化合作水平，积极调查和了解印度尼西亚的市场需求以及产业特点。发挥非政府组织、公司企业、商会以及相关专门机构的优势作用，为两国农产品贸易带来更多商机。印度尼西亚是中国农产品出口的传统市场，且其国内对农产品的需求量较大。近年来，中国对印度尼西亚农产品的出口量始终保持正增长，但总体上增速较慢，中国应当在继续扩大政策支持力度的基础上，积极鼓励现有的出口农产品，而且应当对印度尼西亚的国内市场进行深入调研与了解，积极关注印度尼西亚政府相关农业政策的变动情况，并结合当地的市场需求，继续开发和出口符合印度尼西亚市场需求的农产品。同时要通过多种途径进一步打开印度尼西亚市场，提高出口额的增长率，进一步增加中国农产品在印度尼西亚的市场占比。

（五）维护自由贸易，坚决抵制贸易保护主义

中国与印度尼西亚均为农业大国，双边农产品贸易是两国货物贸易的重要组成部分。维持和谐稳定的农产品贸易水平有利于保障中国与印度尼西亚的粮食安全，有助于推动双边经贸关系的良性发展，为双方开展更加广泛的自由贸易奠定坚实基础，更有利于维护安全稳定的地缘政治环境，促进双方在政治、军事层面的互信。非关税壁垒和相关限制性的贸易政策会使两国农产品贸易遭遇掣肘，消减农产品进出口的热情与信心。因此，双方要遵守互利共赢的合作理念，维护自由贸易与良性竞争，推动两国农产品贸易的持续发展。同时要密切关注贸易合作国的技术性贸易壁垒动态，及时掌握相关法规的具体要求，加强对相关国际条约和国际规则的学习与运用，提高应对贸易和投资风险的能力。促进中国与印度尼西亚开展范围更广、水平更高、层次更深的农产品贸易。

相关网站资料

|*Related Websites*|

◆ **中国**

中华人民共和国驻印度尼西亚共和国大使馆，http：//id. china-embassy. org/chn

中华人民共和国驻印度尼西亚共和国大使馆经济商务处，http：//id. mofcom. gov. cn

中华人民共和国驻泗水总领事馆经商室，http：//surabaya. mofcom. gov. cn

中国国际贸易促进委员会，http：//www. ccpit. org

中国国际贸易促进委员会驻印度尼西亚代表处，http：//www. ccpit. org/indonesia

中国热带农业科学院，http：//www. catas. cn

中国食品土畜进出口商会，http：//www. cccfna. org. cn

中国投资指南网，http：//www. fdi. gov. cn

中国-东盟博览会官方网站，http：//www. caexpo. org

◆ **印度尼西亚**

印度尼西亚国家粮食后勤总署，http：//www. bulog. co. id

印度尼西亚农业部，http：//www. pertanian. go. id

印度尼西亚贸易部，https：//www. kemendag. go. id

印度尼西亚财政部，http：//www. depkeu. go. id

印度尼西亚商业部，http：//www. gbgindonesia. com

印度尼西亚中央统计局，http：//www. bps. go. id

印度尼西亚中央银行，http：//www. bi. go. id

印度尼西亚农村合作社联合会，https：//induk-kud. com

印度尼西亚旅游网，http：//www. indonesia. travel/cn

参考文献

References

2011，2011 年印尼可可产量达不到指标［J］．世界热带农业信息（10）：17.

2011，2011 年印尼气候异常将使咖啡生产减少 30％［J］．世界热带农业信息（5）：17.

2011，2012 年印尼咖啡收成将增加［J］．世界热带农业信息（9）：16-17.

2011，降雨量导致印尼可可产量和出口均减少［J］．世界热带农业信息（6）：24.

2011，印尼林业部统一东爪哇省外南梦作业林变为甘蔗园［J］．世界热带农业信息（1）．

2011，印尼限制活牛进口重量，澳大利亚大受打击［J］．湖北畜牧兽医（4）.

2012，2015 年印尼工业将吸收 80 万吨可可籽［J］．世界热带农业信息（11）：18.

2012，2014 年印尼可可产量将达全球第一［J］．世界热带农业信息（8）：19.

2012，印尼计划未来 5 年控制国际咖啡市场［J］．世界热带农业信息（10）：22.

2012，印尼咖啡产量下降导致出口持续下滑［J］．世界热带农业信息（4）：18-19.

2012，预计未来 5 年印尼可可产量将减少 11％［J］．世界热带农业信息（4）：20.

2013，2014 年印尼加工业可可籽需求将达 60 万吨［J］．世界热带农业信息（12）：17-18.

2013，印尼积极发展可可下游业［J］．世界热带农业信息（1）：24.

2013，印尼可可出口将逐年下降［J］．世界热带农业信息（1）：25.

2014，印尼茶叶产量持续下降［J］．世界热带农业信息（2）：21.

2014，印尼农业部拨款改善提高茶园产量［J］．世界热带农业信息（6）：22.

2014，印尼农业部冀提高咖啡出口附加值［J］．世界热带农业信息（12）：9-10.

2015，2014 年印尼可可豆产量降低［J］．世界热带农业信息（5）：23-24.

2015，价格持续下降使印尼民营橡胶产量下滑 30％［J］．世界热带农业信息（3）：4.

2016，印（尼）马泰三大生产国减少橡胶出口量［J］．世界热带农业信息（4）：4.

2016，印尼国内咖啡需求量每年提升 8％［J］．世界热带农业信息（5）：25.

2016，印尼椰子加工产业协会担忧原料供应短缺 呼吁政府禁止鲜椰子出口［J］．世界热带农业
　　信息（8）：50-51.

2016，印尼椰子加工产业协会呼吁政府禁止鲜椰子出口［J］．世界热带农业信息（9）：38.

2018，印尼政府发布咖啡路线图［J］．世界热带农业信息（4）：33.

2019，泰国扶持天然橡胶生产［J］．特种橡胶制品，40（3）：19.

2019，印度尼西亚生胶业绩有望回升［J］．橡胶工业，66（8）：623.

2019，印尼采购橡胶提振生产［J］．特种橡胶制品，40（3）：35.

D. 斯夸尔斯，S. 泰伯，达冰，1993，印尼农业的技术效率和远期生产增益［J］．南洋资料译丛（2）.

Riri Fithriadi，徐红，1997，印度尼西亚制定农场计划的培训［J］．林业与社会（1）.

Subronto，Prodjoharjono，王光雷，1992，印度尼西亚的奶牛健康问题［J］．草食家畜（2）.

安圆缘（PRATHANA INNGAM），2016，泰国棕榈油出口贸易发展的问题及对策［D］．长春：吉林大学.

曹红星，杨蒙迪，冯美利，等，2019，印度尼西亚油棕产业发展的现状和展望［J］．热带农业科学，39（12）：101-105.

曹建华，李晓波，林位夫，等，2010，油棕人工授粉与风媒授粉比较研究［J］．热带作物学报，31（3）：339-344.

曹旭平，管志杰，沈杰，2008，中印马三国棕榈油国际贸易比较之实证分析［J］．粮油加工（12）：18-21.

曹彦辉，2014，ENSO 对全球农产品生产的影响［N］．期货日报，2014-06-23.

陈慧，2000，橡胶种植技术的革新历程及印度尼西亚农场主动态［J］．世界热带农业信息（12）：4-7.

饭岛正，萧彬，1974，印度尼西亚的土地改革与村社［J］．南洋问题资料（2）.

傅国华，黄循精，1995，印尼椰子业的现状、问题与展望［J］．世界热带农业信息（3）.

高慧娟，2014，泰国天然橡胶（HS4001）产业的出口竞争力研究［D］．北京：首都经济贸易大学.

韩文炎，2013，印度尼西亚茶叶生产现状及发展趋势［J］．中国茶叶（4）：4-7.

何政，2014，印度尼西亚经济社会地理［M］．北京：中国出版集团，世界图书出版公司.

胡威，2012，CAFTA 框架下印尼农业政策对中印农产品贸易的影响［J］．商（4）.

怀勉，1982，日本—印尼进行农业病虫害预防协作［J］．农药译丛（3）.

黄蓓，1996，印尼在实施害物综合治理中农药的功能［J］．农药译丛（6）.

黄春杰，2018，2018 年印度尼西亚国际农机展及印尼农机市场分析［J］．农机质量与监督（11）.

黄丁兰，1988，印尼调整农业生产结构［J］．南洋问题研究（3）.

黄丁兰，1990，印尼的绿色革命与农村的两极分化［J］．南洋问题研究（3）.

黄丁兰，林事恒，1982，印尼农业发展战略和政策初探［J］．南洋问题（3）.

黄丁兰，林事恒，1984，试论印度尼西亚农村的生产关系［J］．南洋问题（3）.

黄慧德，2017，印度天然橡胶动态［J］．世界热带农业信息（6）：19-20.

黄艳，2019，泰国橡胶受到真菌病害侵袭［J］．世界热带农业信息（11）：41-42．

基斯 O. 富格利，2005，印度尼西亚农业生产率的提高［J］．南洋资料译丛（3）．

蒋炳奎，汪建国，1992，印尼的农业机械化［J］．东南亚研究（6）．

蒋炳奎，汪建国，1993，印度尼西亚农机化和农机工业［J］．粮油加工与食品机械（2）．

蒋细定，1993，印尼国家农业研究系统［J］．南洋问题研究（4）．

蒋宗勇，1995，赴印度尼西亚考察报告［J］．广东畜牧兽医科技，20（2）．

金缀桥，杨逢珉，2016，中国对印度尼西亚农产品出口增长的影响因素分析——以"21世纪海
    上丝绸之路为视角的研究［J］．世界农业（4）．

李房玲，2017，印尼向中国出口农产品的竞争力研究［D］．上海：东华大学．

李国章，2012，印尼大力提升农业生产综合能力［J］．农民科技培训（9）．

李慧仙，1988，印度尼西亚农业的发展［J］．热带作物译丛（6）．

李霁云，2015，印尼棕榈油市场发展概况［J］．日常化学品科学，38（2）：11-14．

李磊，2010，中国与印尼双边农产品贸易增长因素比较研究［J］．企业家天地（理论版）
    （11）．

李磊，2010，中国与印尼农产品贸易比较研究［D］．长沙：中南大学．

林克明，1979，印度尼西亚土地关系史简述［J］．南洋问题研究（3）．

林梅，张洁，2005，中国与印尼之间的农产品贸易及农业经济合作［J］．南洋问题研究（4）．

刘凯，2015，印尼农业科技传播的组织问题研究［D］．南宁：广西大学．

刘帅，2014，科技传播的产业要素及其结构分析［J］．科技传播（20）．

卢泽回，2014，经济转型背景下印尼农业结构演变研究［J］．生产力研究（4）．

马汝骏，1981，印度尼西亚农业［J］．世界农业（12）．

莫业勇，杨琳，2020，2019年国内外天然橡胶产销形势［J］．中国热带农业（2）：8-12．

那美君，2015，东南亚主要橡胶出口国竞争力对比分析研究［D］．杭州：浙江工业大学．

农业农村部国际合作司，农业农村部国际贸易促进中心，2018，国际农产品贸易统计年鉴2018
    ［M］．北京：中国农业出版社．

潘德·拉贾·西拉拉希，翁锡辉，1983，调整印度尼西亚与日本的经济关系势在必行［J］．东
    南亚研究资料（4）．

彭继光，刘淑娟，包小村，2009，印尼茶叶生产和科研考察报告［J］．茶叶通讯（2）：32-33．

彭姣，2009，中国与东盟三国农产品贸易现状与比较研究［D］．上海：上海外国语大学．

商务部国际贸易经济合作研究院，商务部投资促进事务局，中国驻印度尼西亚大使馆经济商务
    参赞处，2018，对外投资合作国别（地区）指南—印度尼西亚（2018年版）［R］．

沈燕清，2010，印度尼西亚国内移民计划浅析（1905—2000年）［J］．东南亚纵横（9）．

石少空，2016，印度尼西亚的椰园［J］．粮油市场报（8）：50-51．

淑兰，1974，印度尼西亚和日本的关系［J］．南洋问题资料（2）．

孙瑞松，郭晖，2014，中国天然橡胶产业国际竞争力研究［J］.福建林业科技，41（4）：230-234.

孙思思，2017，中国与"一带一路"沿线国家农产品贸易影响因素研究［D］.杭州：浙江工业大学.

田亚雄，2019，厄尔尼诺现象对棕榈油市场的影响［N］.期货日报，2019-01-14（003）.

汪佳滨，2019，印度尼西亚热带农业科技概况［J］.世界热带农业信息（10）.

汪慕恒，1988，日本对印尼的援助［J］.东南亚研究（3）.

王守儒，1983，印尼利用国际援助发展农业［J］.世界农业（10）.

吴崇伯，1996，印尼农业发展的成就与存在的问题［J］.南洋问题研究（3）.

吴崇伯，1997，90年代印度尼西亚的粮食问题［J］.当代亚太（3）.

吴崇伯，2009，印尼农业发展成就、政府扶助农业的主要政策措施及存在的问题［J］.南洋问题研究（1）.

吴崇伯，2017，印度尼西亚佐科政府的粮食自给与粮食安全政策分析［J］.创新（6）.

吴正锋，孙全喜，张建成，等，2019，印度尼西亚东爪哇省适宜花生品种筛选［J］.花生学报（3）.

谢舜，刘凯，2015，嵌入式整合：印尼农业科技传播体系转型研究——基于资源依赖理论视角［J］.学术论坛（10）.

许利平，薛松，刘畅，2019，印度尼西亚［M］.北京：社会科学文献出版社.

薛冬蕊，刘瑞涵，2019，中国与印度尼西亚甘薯贸易及未来增长潜力分析［J］.农业贸易展望（7）.

杨连珍，2007，印度尼西亚天然橡胶业发展分析［J］.世界热带农业信息（4）：1-6.

杨亮，吕耀，2009，中国—东盟农产品贸易及其影响分析［J］.资源科学（10）.

杨世基，1996，印度尼西亚农业科技体系及其管理［J］.世界农业（6）.

尹必健，2011，印度尼西亚农业发展概述［J］.粮食流通技术（6）.

俞亚克，1997，发展中的印度尼西亚农业［J］.东南亚（3）.

张博文，2014，日本对东南亚国家的援助：分析与评价［J］.国际经济合作（4）.

张箭，2012，可可的起源、发展与传播初探［R］//第10届东亚农业史国际学术研讨会.

张洁，2006，对中国与印尼农业合作问题的几点思考［J］.东南亚（1）.

张蕾，2015，境外合作区案例之二：农业生产型 印尼农业产业区：产业链的整合者［J］.中国投资（7）.

张莉，2011，印度尼西亚畜牧业政策及畜产品贸易分析［J］.黑龙江畜牧兽医（12）.

张蓉芳，丁士军，陈玉萍，等，2006，从马来西亚棕榈油产业看中国油脂业［J］.江苏农村经济（2）：62-63.

张玉娥，曹历娟，魏艳骄，2016，农产品贸易研究中农产品范围的界定和分类［J］.世界农业

（5）．

张月华，2018，印度尼西亚木薯蚕养殖的现状及其建议［J］．安徽农业科学（27）．

张中元，2017，中国与印尼的农业产能合作研究［J］．国际经济合作（4）．

赵溪竹，赖剑雄，朱自慧，等，2017，椰园间作可可栽培模式种间营养竞争机理研究［R］．中国热带农业科学院香料饮料研究所．

郑国富，2018，"一带一路"倡议下中国与印度尼西亚农产品贸易合作发展的路径与前景［J］．世界农业（4）．

郑建伟，陈秀珍，1995，日本对印尼的援助和直接投资的相互作用［J］．南洋资料译丛（1）．

郑仁良，1988，印尼落后地区的农业开发［J］．东南亚研究（2）．

郑淑娟，2019，2019年3月天然橡胶信息［J］．世界热带农业信息（4）：11-15．

中国茶叶流通协会，2019，"一带一路"沿线主要产茶国发展报告［EB/OL］．http：//m．tea160．com/．

中国民生银行研究院宏观经济研究团队，2018，印度尼西亚投资机遇及风险分析［J］．中国国情国力（2）．

中华人民共和国商务部，2018，出口印尼果蔬技术指南（2018版）［R］．

中华人民共和国商务部，2019，对外投资合作国别（地区）指南—印度尼西亚（2019年版）［R］．

朱行，2008，印度尼西亚农业发展概述［J］．粮食流通技术（2）．

邹远红，2017，泰国橡胶局开发本土品牌轮胎［J］．中国橡胶（8）：37．

Achmad Suryana，2019，Fertilizer Subsidy And Retail Price Policies to Support Food and Nutrition Security in Indonesia［EB/OL］．FFTC，November 1．

Andi Syah Putra，Guangji Tong，Didit Okta Pribadi，2020，Spatial Analysis of Socio-Economic Driving Factors［EB/OL］．Sustainability，21 February．

Badan Pusat Statistik，2017，Struktur Ongkos Usaha Tani［R］．

Badan Pusat Statistik，2020，Statistik Year Book of Indonesia 2020［R］．

Biro Hukum，Kementerian Pertanian，2016，Rencana Strategi Kementerian Pertanian Tahun 2015-2019［R］．

Biro Hukum，Kementerian Pertanian，2019，Peraturan Menteri Pertanian Republik Indonesia Nomor49 Tahun 2019［R］．

Effendi Andoko，Edyta Zmudczynska，2019，A Review of Indonesia's Organic Agriculture Development［EB/OL］．FFTC，May 28．

Effendi Andoko，2019，The Analysis of Indonesian Tobacco Industry：Regulations and Government Strategic Development［EB/OL］．FFTC，July 29．

Effendi Andoko，2019，Analysis of Indonesia'Government Strategy for Rural Development through Agriculture [EB/OL] . FFTC, Nov 8.

Effendi Andoko, Edyta Zmudczynska, 2018, Overview of the Indonesian Government Assistance Program for Food Plants Sector [EB/OL] . FFTC, December 18.

Kementerian Perdagangan, 2018, Peraturan Menteri Perdagangan Republik IndonesiaNomor 58 Tahun 2018 tentang Penetapan Harga Acuan Pembelian di Petani dan Harga [R] . Acuan Penjualan di Konsumen.

M. Faiz Syuaib, 2016, Sustainable agriculture in Indonesia: Facts and challenges to keep growing in harmony with environment [EB/OL] . AgricEngInt, June.

MOA, 2019, Renstra Teknokratik (Tecnocratic-Strategic Plan) 2020-2024 [R] .

Suryana A, 2016, Implementation Progress of ASP/TSP in Indonesian Agency for Agricultural Research and Development Presentation at the Workshop on ASP/ATP Management [R]. Bogor, 12-13 May.

Tahlim Sudaryanto, Iqbal Rafani, 2019, Regulation of the Indonesian Ministry of Agriculture Number 40/2019 on Business Licensing Procedures in Agricultural Sector: Simplifying, Streaming, and Promoting Investments [EB/OL] . FFTC, Dec 9.

Tahlim Sudaryanto, 2014, The Frame of Agricultural Policy and Recent Major Agricultural Policies in Indonesia [EB/OL] . FFTC, July 2.

Tahlim Sudaryanto, 2018, Presidential Regulation on Agrarian Reform [EB/OL] . FFTC, November.

Tahlim Sudaryanto, 2020, Iqbal Rafani, Strategic Plan of the Indonesian Ministry of Agriculture 2020-2024 [EB/OL] . FFTC, March 23.

USDA, 2017, Indonesia Voluntary Poultry Report [R] .

USDA, 2017, Indonesia Food Processing Ingredients [R] .

USDA, 2019, Food and Agricultural Import Regulations and Standards Report [R] .

USDA, 2019, Indonesia Oilseeds and Products Update July 2019 [R] .

USDA, 2019, Indonesia Coffee Annual [R] .

USDA, 2019, Indonesia Dairy and Products Annual [R] .

USDA, 2020, Indonesia Grain and Feed Annual [R] .

USDA, 2020, Indonesia Confirms African Swine Fever Outbreak [R] .

USDA, 2020, Sugar Annual Indonesia [R] .